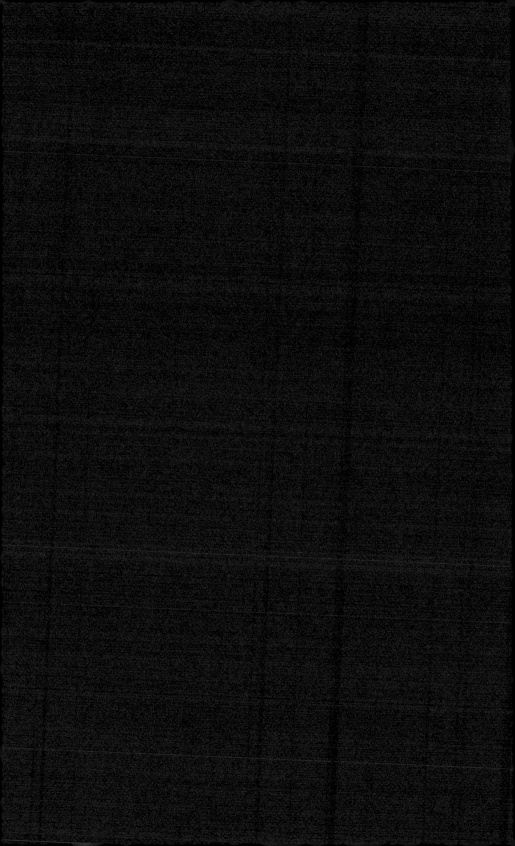

단군의 나라
카자흐스탄

단군의 나라, 카자흐스탄

© 김정민, 2016

2판 1쇄 발행__2016년 04월 15일
2판 10쇄 발행__2024년 09월 20일

지은이__김정민
펴낸이__홍정표

펴낸곳__글로벌콘텐츠
　　　　등록__제 25100-2008-000024호

공급처__(주)글로벌콘텐츠출판그룹
　　　　대표__홍정표 이사__김미미 편집__임세원 강민욱 남혜인 홍명지 권군오 기획·마케팅__이종훈 홍민지
　　　　주소__서울특별시 강동구 풍성로 87-6 전화__02-488-3280 팩스__02-488-3281
　　　　홈페이지__www.gcbook.co.kr

값 20,000원
ISBN 979-11-5852-089-2 03910

단군의 나라
카자흐스탄

김정민 지음

글로벌콘텐츠

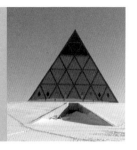

한국을 떠나 이곳저곳 약 33개국을 다니며 공부하고 일한 지 벌써 33년이 넘어가고 있다. 한국에서 편하게 좋은 조건에서 직장생활을 하다가 갑자기 카자흐스탄에 가기로 결심했던 당시에는 그저 규칙적으로 반복되는 따분한 일상생활에서 벗어나, 뭔가 새로운 것을 찾고자 하는 마음이었다. 막상 카자흐스탄, 몽골에서 현지인들과 함께 살면서 이들의 풍습, 역사, 문화에 대한 얘기를 나누면서, 문득 오래전 고등학생 때 입시 지옥의 스트레스를 벗어나기 위해 야간 보충수업에 몰래 숨어서 보던 『한단고기』의 내용을 듣고 있는 것이 아닌가 하는 착각이 들 정도로 고대 한국의 역사와 비슷한 면이 많았다. 현지인들이 말하는 것을 보고 들으면서 온몸의 털이 솟구치는 것을 느꼈다. 첫 출판이라 어설프기 그지없지만 이곳에서 생활하면서 몸소 느끼고 깨달은 것들을 널리 알리기 위해 용기를 내어 펜을 들게 되었다.

카자흐족, 몽골족의 역사는 한국과 마찬가지로 제정러시아-소비에트 연방의 통치하에 있으면서 고대역사와 지식을 전승해 오던 많은 샤먼들이 학살당하고 서적과 문화재들을 약탈당하면서 자신들의 역사를 많이 잃어버렸다. 그럼에도 불구하고 현재 남아 있는 역사자료와 러시아 학자들에 의해 일부 기록으로 남겨진 유목민족의 역사만 가지고도 많은 부분에서 카자흐족과 몽골족의 역사가 한국과 겹쳐지는지를 알면 놀라울 정도다. 카자흐족, 몽골족뿐만 아니라 중앙아시아의 모든 민족들, 심지어 동유럽과 러시아에 있는 많은 민족들은 우리 민족과 역사적, 혈연적으로 깊은 친연성을 가진 민족들이다. 따라서 우리는 이들을 외국인이 아니라 우리의 형제 민족이라는 동질의식을 가져야만 한다고 본다. 또한 이들은 앞으로 우리 민족이 중앙아시아에서 신실크로드의 시대를 열고 다른 나라보다 더 우월한 자원외교를 펼치기 위해서 반드시 좋은 관계를 가져야만 하는 민족들이다.

터키인들이 중앙아시아에서 다른 외국인보다 비즈니스를 잘하는 이유는 이들이 주장하는 범투르크주의 운동 때문인데 터키인들은 중앙아시아인들을 형제 민족으로 인식하고 있다. 소비에트 연방에서 중앙아시아 국가들이 독립했던 당시, 터키 정부는 많은 의사, 간호사, 교사들을 보내서 중앙아시아 국가들이 공산주의에서 벗어나 낯선 자본주의에 적응하게 하는 데 많은 도움을 주어 이후 이들 국가들로부터 많은 비즈니스의 기회를 잡을 수 있었다.

앞으로 우리 민족이 발전하고 더 나은 미래로 나아가기 위해서는 단순히 단기적인 이익에 눈이 멀어 쓰면 뱉고 달면 삼키는 식의 외교방식을 버리고 하루빨리 유라시아의 북방민족들을 오래전 헤어진 우리 동포라고 생각하는 마음으로 대하는 태도를 가져야 할 것이다. 이번에 출판하게 된 제1권은 바로 이러한 형제 의식을 고취시키기 위해 쓴 역사 부문으로 앞으로 유라시아 공동철학, 유라시아 공동발전론을 시리즈로 계속 출판하고자 하는 계획을 가지고 있다.

비록 소수의 한국인이 관심을 가진다 하더라도 우리 중앙아시아의 형제 민족에 대한 올바른 이해를 가진 사람들이 중앙아시아에 와서 비즈니스를 한다면 현재 불고 있는 한류의 인기에 힘입어 일시에 관계를 회복하고 고대 유라시아 대륙에 존재했던 유목민 연방 국가를 재건할 철학적 기초를 다질 수 있다고 믿어 의심치 않는다.

끝으로 많은 어려움에도 불구하고 적극적으로 흔쾌히 출판을 해 주신 글로벌콘텐츠의 홍정표 대표님과 티베트 장차(藏茶)에 열심이신 정화 장군님, 카자흐민족의 역사와 신화, 문화를 설명해 준 다니야르와 번역에 도움을 준 많은 카자흐 친구들에게 감사를 표한다.

단기 4349년(서기 2016)년 1월
그믐달이 뜬 곤지암에서

카자흐스탄의 수도 아스타나의 7개 차크라를 상징하는 건물 중,

심장 차크라 위치에 있는 바이테렉(Бэйтерек)

높이는 108m(지하포함)에 원의 지름은 22m로 수비학적 암호가 담겨 있다.

신화로 풀어 본 우랄-알타이 민족의 형성

1. 홍수 설화

대부분의 사람들은 노아의 방주에 대해서 알고 있을 것이다. 그러나 현재까지 발견된 인류의 기록 중 가장 오래된 홍수기록은 노아의 방주가 아니라, 수메르 신화에 나오는 지오수드라의 방주이다. 카자흐스탄에도 홍수 설화가 있는데 대홍수에서 인류를 구원한 사람의 이름이 '누흐'였다고 한다. 투르크민족 신화에 나오는 홍수 설화의 내용을 간략하게 소개하면 다음과 같다.

홍수로 세상이 물에 잠겨 7달, 7일, 7시간이 지난 후에 한 배(방주)가 카즈구르트산에 도착했다(해발 1,768m, 카자흐스탄의 투르키스탄 지역에 위치). 선지자 누흐는 탱그리에게 헤엄쳐 가면서 홍수에 피난하지 못한 사람들과 동물들을 구원해 달라고 빌었다. 이때 많은 산들은 (아마도 산에 피난해 있던 사람들) 그 방주가 자신의 산으로 오기를 빌었다. 그러나 카즈구르트산만은 그런 식으로 소망하질 않았다. 왜냐하면 카즈구르트산은 다른 산들보다 높아 특별하다고 생각했기 때문이다. 이에 탱그리는 겸손했던 오르다바스(카: Ордабасы)산, 크즐생그르(카: Қызылсеңгір)산, 에름타우(카: Әлімтау)산, 코이륵(카: Қойлық)산, 엥크(카: Әңкі)산, 바가나르(카: Бағаналы)산, 만사르(카: Мансар)산 과 캉으락(카: Қаңырақ)산을 구원해 주고, 카즈구르트산 (카: Қазығұрт)에게는 구원의 길을 열어주지 않고 처단하였다.

(…중략…)

홍수가 끝난 후 사람들은 새들을 날려 보내서 마른 땅이 있는지를 확인했는데, 그중 제비가 녹색 잔가지를 물고 돌아왔다. 이때부터 제비는 카자흐인들에게 가장 존경받는 새가 되었다. 이후 사람들은 카즈구르트산에 배를 정박하고 거기서 살기 시작했다.[1]

〈그림 1〉 누흐의 방주가 정박했다는
카즈구르트산(위쪽)과 방주 기념물(아래쪽)

---

1) Мұхтар Құл Мұхаммед외, Көркемсуретті Қазақстан Тарихы 1нші том, Қазақ энциклопедиясы, 2006, pp. 34~38.

신화에 나오는 '누흐(Nuh)'는 기독교에서 말하는 '노아(Noa)'로서 중동 지방과 중앙아시아식 발음이다. 이슬람교에도 노아의 방주에 대한 전설이 있는데 이슬람에서는 '누흐'로 발음할 뿐 나머지 이야기는 구약성경의 이야기와 동일하다. 따라서 '누흐'는 '노아'임을 알 수 있다.

다만 시대적으로 봤을 때, 이슬람의 '누흐의 방주' 전설은 기록연대가 구약성경보다 늦다. 따라서 구약성경의 '노아의 방주'가 원조라고 할 수 있다. 그렇다면 중앙아시아의 '누흐의 방주'와 '노아의 방주'는 어느 쪽이 더 앞설까?

중앙아시아의 홍수 설화는 구전문학으로 전해져 내려왔기 때문에 기록이 없어서 정확히 언제부터 시작되었다는 것은 알 수 없다. 그러나 구약성경의 홍수 설화를 몇 천 년 훨씬 앞서는 수메르의 홍수 설화를 보면 구약성경의 홍수 설화도 수메르의 기록에서 복사했다고 볼 수 있다. 그런데 수메르인의 기원이 동방으로부터 온 민족으로 중앙아시아인들과 언어, 문화가 같았던 점으로 미루어 보아, 정황 근거상 중앙아시아의 '누흐의 방주' 신화가 길가메쉬 서사시에 나오는 홍수 설화보다 나중에 나왔을 수는 있으나 '노아의 방주'보다는 앞설 것으로 추측이 된다. 물론 이슬람교의 전파와 함께 전래되었을 가능성도 있으나, 중앙아시아에서는 탱그리신앙을 바탕으로 한 '누흐의 방주' 전설과 이슬람신앙을 바탕으로 한 '누흐의 방주' 전설이 동시에 존재하고 있어 이슬람으로부터 영향을 받은 것 같지는 않은 것 같다.

누흐의 방주가 최초로 정박했다는 카즈구르트산의 근처에는 아타메켄(카: Атамекен)이라는 곳이 있는데 이곳이 홍수 이후 카자흐족의 조상이 최초로 정착지를 만들었다는 장소이다. 카자흐어로 아타(카: Ата)는 '할아버지'이고, 메켄(카: Мекен)은 '장소'라는 의미로 '최초의 정착지'라는 의미이다(《그림 1》의 지도 참조).

이 '누흐의 방주' 신화가 동아시아에는 없지만, 이와 비슷한 홍수 전설과 이야기가 많은 것으로 보아 태고적 고대 알타이-투르크민족이 자연재해로부터 살아남았던 사실을 구전한 것이 아닌가 생각된다. '누흐의 방주'를 타고 생존했던 인류는 여덟 명이라고 하는데 구약성경, 코란에서도 생존자는 8명이 생존했다고 한다. 이러한 공통점은 한자에서도 나타나는데 한자로 배를 뜻하는 '선(船)'자를 보면 배(舟: 방주 각)에 여덟(八)명의 사람(口)이 있는 것을 볼 수 있다. 입 '口'는 사람을 뜻하는 의미로도 많이 쓰이는데 그 예로 가구(家口), 식구(食口), 친구(亲口) 등이 있다. 그렇다면 배를 뜻하는 '선(船)'자는 과거 홍수에 대한 기억으로 만들어진 한자가 아닐까?

앞으로 언급하겠지만 수메르인과 카자흐인(투르크계 민족)은 언어, 문화, 외모 등이 상당히 비슷해 카자흐족은 고대 수메르인과 갈라진 민족일 가능성이 높다. 참고로 카자흐 역사교수들 중에 '카자흐(카: Қазақ)'라는 민족명의 기원을 '카스(카: Қас, 순수한)'와 '삭(카: Сақ, 삭족)'의 합성어로 그 의미가 '순수 삭족'이라고 정의하는 학자도 있다. 따라서 카자흐족의 홍수 설화[2]가 수메르의 홍수 설화와 비슷한 내용을 가지게 된 것으로 추측되는데 카자흐스탄의 누흐와 수메르의 지오수드라, 바빌로니아의 우트나피쉬팀의 방주의 공통점을 비교하면 〈표 1〉과 같다.

---

2) Асан Бахти, Шумерлер Скифтер Қазактар, Издательский Дом Көшпенділер, 2003, p. 19.

〈표 1〉 대홍수 전설의 비교

국 가	수메르	바빌로니아	카자흐스탄
기록 출처	에리두 창세기	길가메쉬 서사시	구전
선 지 자	지오수드라	우트나피쉬팀	누흐
홍수 기간	7일	7일	7달 7일 7시간
등장 동물	비둘기, 제비, 까마귀	비둘기, 제비, 까마귀	비둘기, 제비, 까마귀
정착 지역	니시르산	니무쉬산	카즈구르트산

2. 누흐의 방주가 정착한 지역과 환국의 관련성

인터넷으로 검색을 해 보면 거의 전 세계 모든 민족에게 홍수 설화가 있는 것을 볼 수 있다. 그리고 그들이 말하는 내용이 비슷하다는 것을 알 수 있다. 그런데 각 설화의 마지막 부분을 보면 방주가 도착한 지점은 제각각인 것을 알 수 있는데, 아마도 그 이유는 홍수에서 살아남은 인류들이 대재앙에 대한 기억을 간직한 채 전 세계로 흩어졌기 때문에 공통의 홍수 신화를 가지게 되었지만 각자 정착지에 머물게 되면서부터는 자신들이 사는 지역에서 가장 높은 산에 방주가 정착했다는 식으로 결론을 바꾼 것이 아닌가 생각된다.

그 예로 카자흐스탄에 전해지는 '누흐의 방주' 전설은 페르시아 전설에도 있는데 인류를 구한 사람의 이름 또한 '누흐'이다. 그러나 페르시아 전설의 '누흐'가 정착한 지역은 카즈구르트산이 아니라, 성서에 나오는 아라라트산으로 되어 있다. 그 이유는 아리안족의 최초 발원지가 아라라트산이었기 때문에 페르시아인들은 아라라트산에 자신들의 조상이 최초로 정착했다고 주장하고, 카자흐민족의 최초 발원지는 카즈구르트산이었기 때문에 자신들의 조상이 카즈구르트산에 정착했다고 구전되고 있는 것이 아닌가 생각된다.

이처럼 동일 인물의 전설에서도 방주가 정착한 최종 도착지가 제각각인 것은 각 민족들이 대홍수 이후 최초 거주 지역에서 이동하여 새로 정착한 지역에 오랫동안 살면서 자신들의 조상들이 경험한 홍수 설화를 후손들에게 피부에 와 닿게 전달하고자 자신들이 살던 지역에서 가장 높은 산에 방주가 정박했다고 전했기 때문에 정박지가 제각각이 된 것이 아닌가 생각된다.

그렇다면 이런 여러 홍수 설화에서 말하는 지명 중 어느 지역이 진짜로 방주가 정착한 지역일까? 우랄-알타이계 민족의 탄생 설화를 보면 한 가지 공통점이 있는데 이들은 모두 중앙아시아에서 왔다고 기록하고 있다.

헝가리인과 불가리아인은 자신들의 기원을 파미르 고원 서쪽 지역인 '발(Balh)'이라는 지역에서 왔다고 하고 있으며, 투르크족의 기원 신화인 '아쉬나 전설'의 발원지는 신장 위그루 자치구의 '투르판(Turpan)'이다. 또한 『한단고기』에서 최초로 인류가 탄생했다는 지역도 알타이 지역(아이사타, 阿耳斯它)이며, 환인이 살았다는 지역도 천산(天山)이다. 그런데 이들의 공통점은 자신들의 민족이 기원했다고 하는 지역에 살고 있지 않는다는 점이다. 따라서 '누흐의 방주'가 정착한 지역을 홍수 이후 생존한 인류가 구전한 홍수 설화 속에서 찾고자 한다면, 그 답을 찾기 어려울 것으로 보인다. 따라서 가장 객관적인 방법은 우랄-알타이족이 최초로 국가를 건설한 지역이 어디인가를 찾는 게 가장 좋은 방법일 것이다. 그렇게 찾을 경우 공통적으로 나타나는 것은 이들의 기원이 바로 동투르키스탄(신장 위구르자치구)과 티베트라는 것이다. 그렇다면 왜 우랄-알타이민족들의 최초국가들이 왜 모두 중앙아시아 지역에 집중되어 있는 것일까?

전설에 나오는 홍수는 플라이스토세(Pleistocene)[3]가 끝나던 1만 2천 년 전에 있었던 마지막 빙하기 때 발생했던 자연재해에 대한 인류의 기억이 전승된 것이 아닌가 생각된다. 당시 빙하가 녹으면서 저지대에 건설되었던 도시 문명은 모두 바닷물에 잠기게 되고 빙하가 녹아 흘러내리면서 시베리아와 중앙아시아 지대는 모두 늪지대가 되었기 때문에 당시 생존한 인류가 거주할 수 있는 지역은 고지대밖에 없었기 때문이다.

해빙기가 시작되면서 홍수로부터 살아남은 인류가 반드시 티베트-파미르에만 살아남았다고는 생각하지 않는다. 다만, 티베트-파미르가 가지는 장점은 다른 지역은 티베트-파미르처럼 거대한 분지와 산지를 광활하게 가지고 있는 지역이 없기 때문이다. 그래서 대홍수 이후 세계 각지에 인류가 살아남았다 하더라도 거의 괴멸상태가 되었을 것이며 문명을 다시 일으킬 만한 땅이나 인원이 없어 대부분의 문명이 원시시대로 돌아갔을 것이다. 하지만 티베트 지역에 살아남은 생존자들은 구황작물이나 방목을 할 수 있는 광활한 평야와 수자원을 가지고 있었기 때문에 대홍수 이후 살아남은 사람들이 이전에 가지고 있었던 발달된 문명을 보존하기에는 최적의 조건이었을 것이며, 이에 따라 다른 지역보다도 더 빨리 문명 재건이 이루어졌던 것이 아닌가 생각된다.

현재 인류역사의 발전을 시작과 종말로 보는 일직선적 사관을 가진 유럽의 역사학자들의 관점에서는 해빙기 이전에 발달된 문명이 있었다는 것에 동의하지 않을 수 있지만, 시간의 흐름을 순환의 개념으로 보는 동양의 역사관에서 볼 때는 가능한 가설이라고 생각된다. 실제로 지구 곳

---

3) 플라이스토세(Pleistocene)는 약 258만 년 전에 시작해서 약 1만 2천 년 전에 끝난 마지막 빙하기로 빙하가 최대로 확장되었던 당시에는 지구 표면의 약 30%가 빙하로 덮였었다.

곳에서는 그 기원을 알 수 없는 신기한 유물들인 오파츠(OOPARTS)[4]가 많이 발굴되고 있어 홍수 이전에도 발달된 문명이 있었을 가능성이 매우 높다.

고대 4대 문명이나 아메리카 대륙의 잉카나 마야 문명의 시원에 대한 전설을 봐도 이들 문명은 갑자기 외부로부터 온 기술자 집단들에 의해서 발달된 기술을 전수받고 급격한 문명의 성장을 했다는 기록들이 일관되게 나오고 있어 고대 문명을 일으킨 문명 전파자들은 대홍수의 시대에 안전한 곳에 대피했다가 재난이 끝난 후, 전 세계 각지로 흩어져 파괴된 문명을 재건한 자들로 우리는 이들을 '당골래'로 수메르인들은 '딘그르(Dingr)'로 중앙아시아민족들은 '탱그리(Tengri)'라고 불렀다.

유전학적 근거에 의하면 인류가 아프리카로부터 전 세계로 흩어져 나갔다고 하지만, 최근에 발생했던 해빙기의 자연재해 이후 새로 시작된 인류를 기준으로 본다면 동–서양에 문명을 전파한 민족은 유럽만한 크기의 거대한 고원을 보유하고 있는 티베트–파미르 고원에서 왔을 가능성이 가장 높다고 하겠다.

결론적으로 여러 지역에서 민족이 발생하여 이동하였다는 유물적 증거들이 나타나고 있고 또한 전 세계적으로 발굴되는 유물, 유적으로 보아 홍수나 기타 폭설로 인한 자연재해에서 살아남은 인류들이 티베트에만 있었다고 할 수는 없다. 다만, 자연재해로 인해 문명을 잃어버린 인류에게 홍수 이전의 문물을 전파해 준 민족들이 티베트에서 다수 나왔을 가능성이 높다는 것을 필자는 말하고 싶을 뿐이다. 홍수 때 살아남아 파

---

4) 오파츠(OOPARTS: Out of place artifacts)란 시대를 벗어난 유물이라는 의미로 이반 T. 샌더슨이라는 동물학자가 처음 사용한 단어로 '당시 기술로는 절대 만들 수 없는 물건'을 뜻한다.

편처럼 흩어져서 선사시대 생활을 하던 인류에게 파미르 고원에 정착해 홍수 이전 문명을 온전히 간직했던 생존자들이 동-서로 퍼져 나가면서 현생인류의 고대 문명이 다시 발전을 하게 된 것이 아닌가 생각한다.

3. 파미르 고원에 남아 있는 환국, 고조선의 흔적

파미르 고원이 알타이-투르크민족에게 중요한 이유는 투르크민족의 시원을 이야기한 '아쉬나 전설'에서 아쉬나를 임신한 늑대가 아쉬나를 낳아 키운 곳이 '투르판'이라고 언급하고 있기 때문이다. 또한 한국의 여러 재야사학자들이 조사한 결과 단군의 아버지인 환웅이 신시를 건설했던 지역이 중국 감숙성 돈황현 근처라고[5] 주장하는 내용을 보아도 한민족의 시원도 티베트 지역으로부터 가까운 지역에 위치하고 있어 알타이민족과 투르크민족의 시원이 티베트-파미르라는 지역에서 같이 내려왔을 가능성이 있음을 말해 주고 있다.[6] 이 지역에서 발견되는 지명이름들도 이러한 가능성을 암시하는데 지명을 분석하면 〈표 2〉와 같다.

---

5) 임승국 번역·주해, 『한단고기』, 정신세계사, 2009, 30쪽.

6) 부도지(符都誌)에 의하면 인류 최초의 도시 마고성(麻姑城)이 티베트에 있었다는 전설이 있다(출처: 박제상, 김은수 편역, 『부도지』, 한문화, 2002, 18쪽).

지명	중국발음병음표기	한자표기	관련 어휘 및 지명 설명
곤륜산	KunLunShan	昆仑山	성스러운 산
탕구라산	TangGuLaShan	唐古拉山	탱그리(Tengri: 단군의 중앙아시아 발음)
녠창탕구라산	NianQingTangGuLaShan	念清唐古拉山	탱그리(Tengri: 단군의 중앙아시아 발음)
한단	HanDan	邯鄲	한탱그리(Khan Tengri: 산 이름)
알타이산	HaErJinShan	哈爾泰山	알타르(Altar: 신전), 아텐(Aten: 태양신)
아얼진산	AErJinShan	阿爾金山	알타이(Altai: 산 이름), 알튼(카: Алтын)
알타이	ALeTai	阿勒泰	알타르(Altar: 신전), 아텐(Aten: 이집트 태양신)
숙센	SuoXian	索縣	숙신(肅愼), 조선(朝鮮), 주스(카: Җүз)
야루장부강	YaLuZangBuJiang	呀魯藏布江	읍루(揖婁), 압록강(鴨綠江)
비루	BiRu	比如	비류(沸流), 비리(卑離), 부여(夫餘)
푸루	PuLu	普鲁	부여(夫餘), 뵈르(카: бөрі)
우쓰	WuSu	烏苏	위슨(카: Үйсін, 부족명), 오손(烏孫)
우쓰	WuShen	烏什	위슨(카: Үйсін, 부족명), 오손(烏孫)
장당	QiangTang	羌塘	고조선 수도명 중 하나인 장당경(藏唐京)
타클라마칸	TaKeLaMaGan	塔克拉玛干	마한(馬韓)
마르키트	MaiGaiTi	麦盖提	매르키트(Merkit, 부족명)
투루판	TuLuPan	吐魯番	투르크(Turk), 투얼치(土耳其)
돈황	DunHuang	敦煌	삼위산(三危山)과 태백산(太白山) 근처의 도시
허티엔	HeTian	和田	에덴(Eden: 성경의 에덴동산?)
시안	XiAn	西安	거대 피라미드가 있는 지역
한성	HanCheng	韓城	칸카라(카: Қан қарасы, 캉르족 수도)

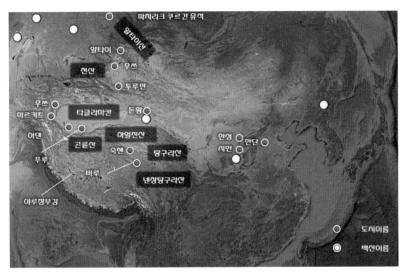

〈그림 2〉 당골래(단군) 관련 지명과 북방민족 명칭이 나타나는 지역

1) 탕구라산(唐古拉山) & 녠창탕구라산(念淸唐古拉山)

탕구라산의 '탕구라'라는 발음은 신(神) 또는 지도자를 뜻하는 한국어의 '단군(檀君)', 퉁구스어의 '탕구르(Tangur)', 몽골의 '탕그리(Tangri)', 중앙아시아의 '탱그리(Tengri)', 불가리아의 '탕그라(Tangra)', 수메르의 '딘그르(Dingr)'와 비슷한 음가를 가진다. 따라서 탕구라산, 녠창탕구라산은 현대한국식 한자로 다시 표기하게 되면 '단군산(檀君山)'으로 표기할 수 있다.

고대 알타이-투르크민족은 대홍수에서 살아남은 이후, 산은 언제 다시 있을지 모를 홍수 때, 도망갈 피난처이자 삶의 터전을 제공해 주는 공간이었으므로 홍수 이후 살아남은 인류들은 산을 끼고 도시를 건설하는 습성이 생기지 않았나 생각된다. 투르크 신화를 보면 바벨탑 건설과 유사한 신화를 가지고 있는데 이 신화에 의하면 고대 알타이-투르크인들은 홍수에 대한 공포로 인공으로 거대한 산을 건설했다가 하느님 탱그리의 진노로 그 당시 지상에 존재했던 사람들의 언어를 77개로 나누어 혼란시켰다는 전설이 있다.[7] 『한단고기(桓檀古記)』[8]에 의하면 환웅[9]도 신시(神市)를 태백산에 건설하였고 그 이후 많은 지도자들도 산이 있는 지역 가까이에 수도를 정하고 산에서 제사를 지냈다는 기록이 많이 남아 있다. 카자흐인의 조상이 되는 스키타이족들도 최초 거주지는 전부 천산산맥 일대의 고지대로, 저지대에 살게 된 것은 후대의 일이었다. 심지어 미국 인디언들도 고대 문명은 전부 산악 지역에다 건설한 것을 보면, 그 당시 홍수로 인한 피해가 엄청나서 저지대로 내려가는 것을 두려워했다는 것을 알 수 있다.

탕구라산 일대가 고대 환국의 중심지였을 것이라는 또 다른 증거는 탕구라산의 협곡을 따라 동쪽으로 내려가면 사천성이 나오는데 사천성에는 허황옥의 고향이었던 보주시(普州市)가 위치해 있으며 사천성에서 발굴되었던 방패의 문양과 카자흐스탄, 영국, 아일랜드에서 발견된 켈트족의 문양이 동일한 양식을 가지고 있는 점으로 미루어 보아 이들이 동일 문명권이었음을 알 수 있다. 그리고 이 지역에는 고대 투르크제국인 린(gLing)제국이 위치하고 있었던 곳이기도 하다. 고대 투르크 전설에 의

---

7) Жанайдаров О., Ежелгі Қазақстан мифтері, Тілдердің сапырылысуы, Аруна, 2013, p. 74.

8) 『한단고기』, 「범례」에는 1911년에 홍범도(洪範圖), 오동진(吳東振)의 자금지원으로 계연수(桂延壽)가 편찬하고 이기(李沂)가 교열(校閱)한 것으로 되어 있다. 이 책을 이유립이 보관하다가 1949년에 오형기에게 전한 것으로 1911년 간행시 30부를 발행한 것으로 되어 있으나 출간 사실 및 판본은 확인되지 않았다. 한 차례 관련 자료와 함께 분실하였다가 그 후 기억을 되살려 복원하였다고 알려져 있다. 현재 전해지는 가장 오래된 판본은, 이유립이 복원한 1979년 영인본(광오이해사 발행)이다(출처: http://en.wikipedia.org/wiki/Hwandangogi).

9) 하늘에 있는 환국(桓國)을 다스리던 환인(桓因)의 서자(庶子)로서 3,000명의 무리를 이끌고 태백산(太白山)에 내려와 신시(神市)를 건설하였다. 후일 인간으로 변한 곰여인 웅녀(熊女)와 결혼하여 아들을 낳았는데 그가 바로 조선을 건국한 단군(檀君)이다. 환웅이 건설한 신시는 현재 중국 감숙성, 돈황현 근처일 것으로 추측하고 있다(출처: 임승국, 『한단고기』, 정신세계사, 2009, 30쪽).

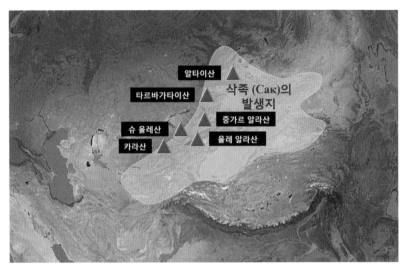

〈그림 3〉 카자흐족의 조상 민족인 삭족의 주요 거주 지역

하면 린제국에 큰 혼란이 발생하여 천상과 지상의 세계가 전쟁으로 피폐해지자 이를 수습하라는 탱그리의 명을 받아 탱그리의 첫째 아들인 카이사르(카: 게세르, 영: Geser)가 혼란을 수습하고 평화를 되찾게 해 주었다는 전설이 나온다. 이 전설의 무대가 된 지역은 티베트, 사천성, 청해성 일대였다.

인도 북부에 있었던 아바타신들이 다스리던 샴발라제국은 환국과 상당히 유사한 점을 많이 가지고 있는데 탕라(Thang-La)는 단군을 뜻하는 고대 투르크어 튼리 또는 텡리(ᛏᚱᛁ), 동명성왕의 고향이었던 탁리(槖離)와 발음이 비슷하다. 따라서 티베트-파미르-만주 지역에는 공동문화가 존재했을 가능성이 크다.

(필자 주)

2) 강당(羌塘, Qiāng táng) & 곤륜산(崑崙山)

티베트에는 『한단고기』에 나오는 고조선의 마지막 수도였던 장당경(藏唐京)이라는 지명도 나오는데 물론 우리가 아는 고조선 말기의 장당경의 위치는 만주일대였을 수 있으나, 최초로 장당경이라는 지명을 사용한 지역은 티베트 지역이 먼저일 가능성이 크다.

연륜연대학(Dendrochronology)에 의하면 원래 강당(羌塘, Qiāng táng)은 사람들이 살기에 쾌적한 곳이었으나, B.C. 1500년경부터 사막화와 한랭화가 이루어지는 바람에 이 지역에 거주하던 원주민들은 떠나고 유목민들이 사는 지역으로 변했다고 한다. 그러나 이 지역에는 고대로부터 매우 발달한 문명이 존재했는데 불교에 강한 영향을 준 뵌교(Bön敎)의 발상지이자, 쿠샨왕조의 불상문화에 지대한 영향을 끼쳐 오늘날의 불상에까지 전해지는 불교미술의 본고장이다. 뵌교 신자들의 주장에 의하면 불교의 기원은 약 18,000년 전 톤파 쉔랍 미오체(Tonpa Shenrab Miwoche)라는 인물에 의해서 만들어 졌다고 한다.[10]

> 탄트라는 오늘날 요가명상을 수련할 때 많이 볼 수 있는 그림인데, 원래 탄트라는 신들이 살던 이상적인 도시를 상징적으로 묘사한 것이었다. 각각의 4방향에는 신성한 4마리의 동물이 도시를 지킨다는 전설이 있는데, 후일 이 사상은 도가의 사신도에 영향을 준 것으로 보인다. 또한 탄트라는 단군(탱그리)의 또 다른 발음으로 태양 또는 우주를 의미한다.
>
> (필자 주)

---

10) Per Kvaerne 역, A Chronological Table of the Bon-po: The bsTan rcsis of Nyi-ma bstan-jin, Acta Orientalia XXXIII, Copenhagen, 1971, pp. 205~282.

〈그림 4〉
천국을 묘사한 탄트라

　톤파 쉔랍 미오체는 샴바라(Shambhala)라는 도시에서 온 것으로 전해지는데 샴바라의 다른 발음은 '탄트라'이다. 대략 샴바라가 존재했었을 것으로 추정되는 위치는 현재 국제적 분쟁 지역인 인도, 중국, 파키스탄, 아프가니스탄에 위치한 캬슈미르 지방인데 이곳은 인도 힌두교의 고대경전인 라마야나에 등장하는 라마왕자의 왕국인 키쉬왕조(Kish dynasty)가 있었던 곳이다. 인도의 전설에 의하면 샴바라를 지배했던 지배자는 하늘로부터 내려온 신의 아들들이었다고 하는데 이들을 아바타(Avatar)라고 불렀다. 아바타라는 이름은 고대 만주어의 아파알(阿巴嘎), 『한단고기』의 안파견(安巴堅), 러시아의 아바칸(Abakan)州, 코카서스 지방에 있는 조지아의 압하지아(Abkhazia)州, 중국 사천성에 위치한 아바장족강족자치주(阿坝藏族羌族自治州)와 그 어원이 같으며 그

	강당(羌塘) 문명	환국 문명
지도자	아바타(Avatar)	안파견
지도자의 의미	하늘에서 내려온 신	신인(神人)
수도	샴바라(강당 지역)	아사달→장당경(藏唐京)
연방 국가의 수	12개국	12개국
민족명	삭족(카: Сак)	색족(色族)
고분	쿠르간, 돌로 만든 신전	적석목곽분, 횡혈식 석실고분

의미는 '하늘' 또는 '하느님'을 의미한다. 오늘날의 인도 북부 지역이 비록 인도-유럽어족에 의해 점유되어 있지만, 세계 4대 고대 문명 중 하나였던 하라파-모헨조다로 문명이 인도-유럽계 민족이 건설한 것이 아닌 알타이어 계통을 사용했던 드라비다어계 민족이 건설했다는 것은 이미 학계의 정설이다. 뿐만 아니라, 아직도 인도 북부에는 드라비다계의 언어가 잔존하고 있는 지역이 많다. 따라서 하라파-모헨조다로 문명과, 아바타(하느님)들이 건설한 샴바라제국, 라마야나의 전설에 나오는 키쉬왕조 등등이 모두 인도 북부 및 티베트 지역과 밀접한 관계가 있는 것으로보아 최초 고대 문명이 발생한 지역은 티베트였을 가능성이 높다.

그러나 중국의 장당에 대한 한자표기를 보면 강당(羌塘, Qiāng táng)이라고 표기를 하고 한국에서는 장당(藏唐, Cáng táng)이라고 써 한자가 다른데, 그 이유는 한자로 발음을 옮기는데 어려움이 있기 때문이다. 아바칸자치주에 사는 장족(藏族, Zàng zú)과 강족(羌族, Qiāng zú)은 모두 같은 민족에서 갈라져 나온 민족으로 발음이 장(藏, Zàng)과 강(羌, Qiāng)으로 나눠진 이유는 바로 'ㅈ' 발음의 'ㄱ'화 현상 때문이다. 원래 '아침 해'를 뜻하는 '탕(Тан)'이 구개음화를 거쳐 '장(藏, Zàng)'으로 발음이 변한 것이다. 원래 장족을 뜻하는 명칭은 동족(獞族, Tóng zú)이었다.[11] 이 발음이 다시 'ㄱ'화 현상을 거쳐 현재 장족과 강족이라는 민족명으로 남아 있는 것이다. 사천성의 장족과 그 민족적 기원이 같은 민족으로는 징기스칸에 의해 말살된 탕구트(西夏)족이 있는데 '탕구트'란 '아침 해'를 뜻하는 '탕'에 복수형 접미사 '구트'가 붙어 생긴 이름으로 '태양의 자손'이라는 의미였다. 즉, 역사적 기록이 말하는 강족과 탕구트족의 혈연관계가 알타이언어의 음운학적 변화와 일치하고 있는 점으로 미루어 보아, '탕구트', '장족', '강족'은 그 조상과 기원이 같다는 것을 알 수 있다. 따라서 티베트의 강당(羌塘)은 『한단고기』에 기록된 장당(藏唐)과 관련이 있음을 알 수 있다.

3) 한단(邯鄲)

한단은 조(趙)나라(B.C. 403~228)의 수도였던 곳이다. 이 한단이란 단어는 『한단고기(桓檀古記)』의 '환단(桓檀)'과 비슷한 음가를 가지며 환웅(桓雄)과 단군(檀君)을 합친 합성어로 보인다. 그 이유는 카자흐스탄 동남쪽 국경선에 거대한 산이 있는데 그 산의 이름이 '한탱으르, 칸 탱그리, 또는 한 탱그리(카: Хантәңірі, 영: Khan Tengri)'로 불린다. '한 탱그리'라는 단어도 조나라의 수도였던 한단(邯鄲), 『한단고기』의 환단(桓檀)과 비슷한 음가를 가지기 때문에 '한 탱그리산'을 한자로 표기할 경우 '환단산(桓檀山)'이라고 표기가 가능하지 않을까 생각된다. 그 이유는 고대에는 천산산맥을 투르크인들은 탱그리 타우(카: Тенгри тауы, 탱그리산)라고 불렀고 한자로는 천산(天山, Tiān shān)이라고 썼

---

11) 壯族是中國人口最多的少數民族，主要分布在广西、云南、广東和贵州等省区。秦以来，壯族先人历代分别称为西瓯、骆越(雒越)、南越、濮、僚、俚人、溪峒蛮、乌浒,在宋代史籍中始称为 "撞"、"僮"、"仲"，明清时也有称为僮人、良人、土人的.

기 때문이다.[12] '티엔(Tiān)'은 탱그리, 즉 단군의 '단'을 한자로 표기한 형태였다. 따라서 오늘날 일본의 한자 읽기처럼 의미와 발음을 동시에 표현할 수 있게 '하늘 천(天)'자를 써서 '천산'이라고 쓰고 발음은 '탱그리 타우(카: Тəнгри тауы)'라고 했었던 것이다. 이러한 고대 투르크인들의 한자표기법 및 읽기방식을 참조하면 한단(邯鄲)-환단(桓檀)-한탱그리(Khan Tengri, Хантəңірі)는 모두 같은 어원에서 나온 단어라는 것을 알 수 있다.

4) 알타이산(영: Altai, 중: 哈爾泰山) & 아얼진산(阿爾金山)

알타이산은 카자흐스탄 동북부, 러시아, 중국, 몽골 서부 지역에 걸쳐 펼쳐진 산맥으로 알타이-투르크민족 모두에게 신성시되는 산이며 이곳에서 모든 민족이 갈라져 나갔다고 터키를 포함한 중앙아시아, 한국의 역사학자들이 추정하는 지역이다. 그러나 필자는 알타이-투르크족의 기원이 이 알타이산이 아닌 다른 지역일 것으로 추측하고 있는데 현재 우리가 알고 있는 알타이산은 서양인들이 세계의 언어를 구분하는 과정에서 알타이-투르크어를 우랄-알타이어족으로 분류하기 위해 선택한 지정학적 경계이다.

서양인들과 중앙아시아의 사학자들이 주장하는 알타이산은 고대에 발생했던 대홍수로부터 살아남은 인류에게 생존할 수 있을 만큼의 광활한 평야를 제공하지 못하므로 이곳에서 알타이-투르크민족이 대홍수

---

12) Нəбижан Мұкаметханұлы, Қазақ Тарихының Өзекті Мəселелері, Brand Print, 2010, p. 8. 《Тəнір тауы деген сөзді олар ТяньШань деп аталған. Тянь-Тəнір, көк, аспан деген мағнаны білдіреді.》
  《탱으르산(탱그리산)이란 단어를 중국인들은 천산(天山)이라고 불렀다. 천(天)-탱그리, 하늘색, 하늘이라는 의미를 가진다.》

에서 살아남았다고 보기에는 조금 무리가 있어 보인다. 물론 '아쉬나 전설'이 있는 투르판과 환웅의 신시 지역인 돈황과 가깝기는 하지만 같은 조건이라면 더 안전하고 더 훌륭한 조건을 가진 지역이 바로 티베트에 있기 때문에 그 당시 인류도 알타이산보다는 티베트를 생존을 위해 선택했을 가능성이 높다.

알타이산의 한자표기는 '哈爾泰山'으로 중국발음으로는 '하얼타이샨(Hā ěr tài shān)'으로 발음한다. 이 산과 비슷한 지명을 가진 지역이 티베트에도 있는데 중국식 한자발음으로 '아얼진샨(Ā ěr jīn shān)'이라고 발음하며 한자로는 '阿爾金山'이라고 표기한다. 이 '아얼진산'은 '알타이(Altai, 哈爾泰山)산'의 경우처럼 한자식 표기와 중앙아시아식 발음이 일반에 널리 알려지지 않아 중국식 발음 표기인 아얼진산(阿爾金山)만이 존재하여 많은 사람들의 주목을 하지 않는 것 같다. 그러나 이 두 지명은 한국식 한자발음으로나, 중국식 한자발음으로도 비슷한 음가를 가지는 것으로 보아서 같은 이름임을 알 수 있는데 〈표 4〉와 같다.

위구르나 카자흐인들은 중국한자로 하얼타이산(哈爾泰山)이라고 표기된 산을 '알타이산'으로 발음하고 있는데 이를 바탕으로 아얼진산(阿爾金山)을 중앙아시아어식으로 읽으면 '알타이 타우(카: Алтай тау)', 즉 '알타이산'이 됨을 알 수 있다. 실제로 현지인들은 '아얼진산'을 '알튼산'이라고 부르는데, 카자흐어의 '알튼', 티베트의 '알툰', 몽골의 '알타

〈표 4〉 알타이산 지명

지명	음가	현지발음
하얼타이산(哈爾泰山)	Ha - Er - Tai - Shan	알타이산(Al tai Shan)
아얼진산(阿爾金山)	A - Er - Jin - Shan	알툰산(Altyn Shan)

이', 만주의 '알탄', '알친', 한국의 '알지'는 모두 황금을 뜻하는 단어에서 나온 파생어이다. 따라서 알타이-투르크민족의 기원이 된 산은 러시아, 중국, 몽골 지역의 알타이산이 아니라 티베트와 타림분지 사이에 있는 아얼진산(알툰산)일 가능성이 더 클 것으로 보인다. 알타이시(阿勒泰, AleTai, 아리예타이)라고 쓴 것으로 보아 고대 알타이-투르크인들은 진(秦, Qín)을 금(金, Jīn)과 동일시했었을 가능성이 있다. 따라서 진(秦)과 금(金)은 모두 황금을 뜻하며, 진시황의 진(秦)나라는 아골타의 금(金)나라보다 앞서 건국된 알타이인들이 세운 최초의 황금제국, 금(金)나라가 아니었을까?

5) 숙셴(索縣, Suǒ xiàn) & 야루장부강(雅魯藏布江, Ya lǔ cáng bù jiāng)

숙셴과 야루장부강의 지명은 모두 말갈족(타타르족)의 이전 명칭인 숙신(肅慎, Sù shèn)과 읍루(挹婁, Yī lóu)와 그 음가가 비슷하다. 숙신족은 중국의 역사책에서도 동북 지방이 시원인 것으로 알려져 있는데 엉뚱하게도 티베트 같은 첩첩산중 속에서도 그 지명이 발견되고 있다.

'야루(Ya lu)' 또한 마찬가지인데 '야루'는 만주어로 '흰말'을 뜻하며 한국에 있는 압록강(鴨綠江, Yā lǜ jiāng)의 '압록(鴨綠, Yā lǜ)'도 '오리'가 드나드는 강이라는 의미에서 만들어진 것이 아니라 흰말을 숭배하던 말갈족이 거주하면서 생긴 지명으로 의미는 '백마강(白馬江)'이다. 한반도에 있는 백마강도 고대에는 백마강이라 발음하지 않고 야루강, 즉 압록강이라고 발음했을 것이다. 따라서 만주와 연해주에 살던 고대 백제, 신라인들이 한반도로 이주하는 과정에서 자신이 살던 지역의 지명을 가져 온 흔적일 가능성이 높다. 그런데 이 압록강이라는 지명이 티베트에서도 나타나고 있는 것이다.

신라 천마총에서 백마의 그림이 나온 이유는 신라인들이 경상도 지역으로 오기 전에 만주와 연해주 지역에 살면서 자신들이 가지고 있던 백마 토템신앙을 가지고 함께 내려왔다는 물적 증거다. 만주-연해주 지역의 사람들이 남쪽으로 내려왔다는 증거는 경상도 방언과 함경도 방언, 연해주 지역 고려인의 방언이 유사한 점으로 보아 알 수 있으며 이들은 태백산맥 동쪽 해안선을 따라 남북으로 이동을 했던 것으로 보인다. 금(金)나라를 건국했던 '아골타'도 금사(金史)에 자신이 신라 왕손의 후손이라고 기록한 만큼 언어적으로나 역사적으로나 만주와 한반도 남부가 연결이 되어 있었음을 알 수 있다.

〈그림 5〉 카자흐스탄 상징인 백마[13]와 신라 천마총의 천마도[14]

---

13) http://kz.russia.edu.ru/kazakh/1456/
14) http://www.art2me.org/images/gamsang/KoreanArt/03sinla.htm

6) 비루(比如, Bǐrú)와 푸루(普魯, Pǔ lǔ)

'비루'와 '푸루'는 『한단고기(桓檀古記)』에 나오는 12환국(桓國) 중의 하나인 비리국(卑離國)과 같은 음가를 가진다. 또한 조선(朝鮮, B.C. 2333~295)을 계승한 부여(夫餘, B.C. 200?~A.D. 494)와도 발음이 비슷하며 백제국의 하나였던 비류(沸流)와도 발음이 유사해 최초 고조선 민족의 시원이 바이칼 호수 근처가 아니라 티베트였을 가능성이 더 큼을 알 수 있다.

7) 우쓰(烏苏, Wū sū) & 우션(烏什, Wū shén)

우쓰(烏苏, Wū sū)와 우션(烏什, Wū shén)은 현재 카자흐스탄에 있는 위슨(Yйсiн)족과 관련성이 높은 지명으로 추측되는데 위슨족은 중국 역사서에서는 오손(烏孫, Wū sūn)이라고 표기한다. '오손'족은 중국인 역사학자 주학연(朱學淵)의 주장에 의하면 올자(兀者, Wù zhě)족과도 같은 민족 계열[15]인데 이 올자족이 바로 월지(月支, Yuè zhī)족이며 우즈벡민족을 이루게 되는 조상 민족이다.

〈표 5〉 카자흐스탄 위슨족과 관련이 있는 지명과 민족명들

지명	한자, 병음	파생어	후손 민족
우쓰	烏什, Wū shén	오손(烏孫), 위슨(Yйсiн)	카자흐
	烏苏, Wū sū	올자(兀者), 월지(月支),	우즈벡

음성학적으로도 우즈벡족이 카자흐스탄의 위슨족과 같은 민족이라는 것을 알 수 있는데 중국지명 우쓰(烏苏)와 우션(烏什)은 각각 우즈벡

---

15) 주학연, 『진시황은 몽골어를 하는 여진족이었다』, 우리역사연구재단, 2008, 92~94쪽.

의 '우즈'와 위슨족의 '위슨'이라는 발음과 비슷하다. 따라서 주학연 교수의 주장을 함께 여기에 적용해 보면 우즈벡족과, 카자흐족은 고대 월지족의 후손임을 알 수 있다. 따라서 카자흐족과 우즈벡족을 이루게 되는 선조 민족들도 티베트와 타림 분지 지역에서 출발했을 가능성이 있음을 시사하고 있다. 키르키즈인도 카자흐인과 같은 동족에서 분리된 민족이므로 키르키즈인도 티베트에서 최초 출현해서 현재의 키르키즈스탄 지역에 거주했다고 볼 수 있다.

8) 한성(韓城)과 캉글족의 수도 칸 카라스(카: Қан каласы)

카자흐스탄 역사를 보면 캉르(카: Қаңлы)족이 나오는데 현 카자흐스탄 오르타 주스인 '캉글(영: Qangly)'의 조상 민족으로 전통적으로 오랫동안 중앙아시아 여러 부족국가의 지도자들은 '캉글'에서 선출되었으며 이들이 각 부족국가들을 통치했었다. 이들은 B.C. 4세기경 동방에서 천산산맥을 넘어 카자흐스탄 지역으로 이주해 온 민족으로 캉쥐(카: Қаңжуй)라고도 불렸다. 이들은 자신들이 이전해 오기 전에 살았던 수도를 칸 카라스(카: Қан каласы)라고 불렀는데 '칸 카라스'를 한자로 표기하면 한성(韓城)으로 쓸 수 있다. 칸(카: Қан)이라는 발음은 부족명 캉쥐(카: Қаңжуй)의 '캉'이 '칸'으로 변한 것이며 '카라스(카: каласы)'의 '카라(кала)'는 '도시'를 뜻하고 '스(с ы)'는 3인칭에 붙는 접미사이다. 한성은 중국의 춘추전국시대 때에 진(秦)나라의 수도였던 시안(西安)에서 북동쪽에 위치한 성의 이름인데 캉쥐족의 수도의 이름과 그 의미가 같은 것으로 보아 캉쥐족이 이 한성(韓城)을 수도로 삼아 중원에 살다가 춘추전국시대의 혼란으로 인해 서쪽으로 이동해 간 것이 아닌가 생각된다. 한자는 중국 한족(漢族)이 만든 글자가 아니라 동이족 계열의 은(殷)

나라가 만들었던 문자이다. 따라서 진시황이 중원을 통일하기 이전에는 알타이-투르크계 민족들 중 많은 국가들이 각자 고대 한자를 사용할 때, 표기법과 발음이 달랐다. 따라서 캉르족의 수도를 고대 캉르인들은 한자를 사용해서 한성(韓城)으로 표기한 다음에 일본인들처럼 훈독으로 '칸 카라스'라고 읽었을 가능성은 얼마든지 있다. 캉쥐족은 케레이족과 더불어 카자흐스탄에 있는 여러 부족들 중 가장 한국과 혈연적 유대관계가 높은 민족인데 이들 민족을 뜻하는 '캉쥐'라는 말의 어원도 한민족을 뜻하는 '한족(韓族)'의 발음과 상당히 비슷하다. 캉쥐족에 대한 설명은 나중에 다시 자세히 하도록 하겠다.

9) 타클라마칸, 마르키트, 투르판, 돈황, 허티엔, 시안

타클라마칸의 '마칸'은 고조선을 구성한 마한, 진한, 변한 중 마한과 이름이 비슷하다. 『한단고기』에 의하면 B.C. 194년 오가의 무리들이 월지국 출신인 탁(卓)장군과 함께 타림분지 일대에 중마한이라는 나라를 세웠다는 기사가 있다. 이로 미루어보아 타클라마칸은 중마한을 뜻하는 다른 표기의 이름이 아닐까 생각된다. 중앙아시아에서 'ㅋ' 발음은 'ㅎ'로 변하는데 우리가 아는 몽골의 지도자 '징기스칸'도 카자흐스탄에서는 '징기스한'이라고 발음한다. 즉, '마칸'은 '마한'과 발음이 같다는 것을 알 수 있다.

마르키트는 몽골 부족 중 하나였던 매르키트족과 발음이 유사하다. 마르키트의 한자표기는 麥盖提(중: Mài gài tí)로 중국식 한자발음인 '마이가이티'와 현지인 발음인 '마르키트'는 징기스칸과 대립했던 부족인 '매르키트'족과 이름이 유사함을 알 수 있다. 몽골에 있었던 이 마르키트족은 말갈족으로써 말갈(靺鞨, Mò hé)은 매르키트를 다른 한자를 이용해 표기한 한자였다. 그런데 이 매르키트족은 한민족과 동일 민족으로 추정되는데 독일인 역사학자가 쓴 몽골의 원류를 기록한 역사책을 보면 몽골인들이 한국인을 부를 때 쓰는 '솔롱고스'라는 표기를 '솔롱고스 매르키트(SSolongos Merked)'라고 표기해서 한민족과 말갈족이 같은 민족이라고 표기하고 있는 것을 볼 수 있다.[16] 따라서 고구려와 발해의 민족 구성원이었던 말갈족은 고구려인, 발해인과 다른 별개의 민족이 아닌 같은 민족이었음을 알 수 있다.

투르판은 투르크민족의 고향이며, 돈황은 환웅이 아사달을 건설했던 최초의 지역이다. 지금도 투르판 지역에 있는 석굴을 현지인들은 '아스타나 석굴'이라고 부른다. 시안은 중국을 통일한 진나라의 수도였던 곳이다.

허티엔(和田, Hé tián)은 구약성경에 나오는 에덴(Eden)을 뜻하는 말이 아닐까 생각되는데 허텐은 현지에서는 '이덴'으로 발음한다. 우리가 보통 에덴동산이라는 단어를 많이 쓰는데 원래 '에덴'이라는 뜻은 수메르어와 고대 카자흐어에서 '동산'을 뜻한다. 또한 티베트의 고산지대의 서쪽에 위치한 옛 카자흐스탄의 수도인 알마티(Almaty)라는 단어는 알마-아타(Alma-Ata)에서 온 단어로 그 뜻은 '사과의 아버지', 즉 사과의 원산지라는 의미를 가지고 있다.

> 사과의 최초 원산지는 중앙아시아 산간지대로 카자흐스탄 동부, 키르키즈스탄, 타지키스탄 신장 위구르자치구이다.[17]

> (필자 주)

---

16) Herausgegeben von Issac Jacob Schmidt, "Geschichte der Ost-Mongolen und ihres Fuerstenhauses", SSanang Ssetsen Chungtaidsschi, St. Peterburg, 1829, p. 77.

17) http://en.wikipedia.org/wiki/Apple

〈그림 6〉 카자흐스탄의 옛 수도 알마티의 상징

　성경에서 말하는 에덴은 신장 위구르 자치주에 있는 이덴일 가능성이
크다.

　이렇게 구약성경에 나오는 여러 이야기가 알타이-투르크민족이 최초
로 국가를 건설했던 지역에서 많이 발견되는 이유는 구약성경이 고대 종
교였던 단군교(텡으르슬드크, 카: Тәңіршілдік)에서 내용을 많이 차용
했기 때문인 것으로 보인다. 고대 투르크인들 사이에 전하는 단군사상
을 기록한 전설들을 보면 구약성경에 나오는 천지창조, 홍수 설화, 바벨
탑 전설, 인간의 창조 등등 수많은 내용들이 일치하는 것을 많이 발견할
수 있는데 그 이유는 A.D. 3세기경, 성 조지(Saint Geroge, A.D.
275~303)가 시리아 지역에 거주하며 단군교를 믿던 아시아계 유목민족
을 정복하고 그들의 신앙철학과 성상물들을 기독교에 집어넣으면서 유
럽에 전래되었기 때문이다. 이 책의 후속편으로 알타이-투르크 신화를

정리한 내용을 곧 쓸 예정인데, 후속편에서 중앙아시아에 전해 내려오고 있는 고대 단군사상과 기독교, 이슬람, 불교의 유사성에 대해서 자세히 언급하도록 하겠다.

4. 아쉬나(Ашина) 전설

1) 투르크계 민족의 탄생

  옛날에 적들이 쳐들어와 그 나라의 백성들을 모두 죽이고 그 나라를 점령하였다. 이 전쟁에 한 아이만 살아남았는데 적들은 이 아이의 팔과 다리를 자른 다음 들판에 버려 들짐승들의 밥이 되게 하였다. 그러나 한 늑대가 나타나 이 아이에게 젖을 주고 키워줬다. 후일 이 아이는 성장하여 늑대와 관계를 가지게 되었다. 이 소식을 들은 적들은 아이와 늑대를 죽이려 하였으나, 아이만 죽이고 늑대는 산으로 도망쳐 죽이는데 실패하고 늑대는 탈출에 성공한다. 그 후 그 늑대는 투르판 근처에 가서 10명의 자식을 낳게 되었다. 이 아들들은 투르판의 처녀들과 결혼을 하여 자손을 번창시키는데 이 자손이 바로 투르크계 민족의 시원이 되었다. 10명의 아들 중에서 아쉬나가 가장 현명하였는데 그는 늑대 머리를 늘 부락에 내걸어 그 뿌리를 잊지 않기 위해 기렸다.[18]

---

18) И. Кубаева, *Kazakh Language Made Easy*, Жаңа тәсіл, 2005, pp. 83~84.

〈그림 7〉 투르크 군대의 상징인 늑대 머리

이 신화는 투르크계 민족이 공통적으로 가지고 있는 신화인데, 이 신화가 한국의 다른 신화와 연결될 수 있는 고리를 가지고 있어 소개했다. 이 신화와 산해경의 "10개의 태양 전설"을 조합하면 우리 한민족이 어디에서 왔는지 그 기원을 알려주는 단서가 될 수 있기 때문이다. 우리나라의 건국 신화에는 늑대에 대한 이야기가 본 필자가 가지고 있는 자료의 범위 내에서는 없다. 하지만 우리에게도 과거 늑대와 연관된 전설이 있었을 것이라는 단서를 제공하는 고대서적이 있는데 그것이 바로 중국의 산해경(山海經)[19]에 나오는 천제 제준(帝俊)과 10개의 태양 이야기이다.

---

19) http://en.wikipedia.org/wiki/Shan_Hai_Jing

2) 10개의 태양 전설

하늘을 다스리던 천제 제준(帝俊)에게는 10명의 아들이 있었는데 이들이 바로 열 개의 태양이었다. 이들은 매일 순서를 정해 하나씩 하늘에 뜨면서 낮과 밤의 조화를 이루었다. 그러던 어느 날 하늘에 열 개의 태양이 동시에 떠올라 지상의 백성들이 고통에 신음하게 되었다. 이에 제준은 예(羿)를 불러 활과 화살을 주어 태양들을 떨어뜨리라 명하였다. 지상에 내려간 '예'는 활로 10개의 태양 중 1개를 남기고 나머지 9개의 태양을 떨어뜨려 지상에 다시 평화를 가져왔다.[20]

이 이야기가 '아쉬나 전설'과 공통점이 있다고 생각하는 이유는 바로 숫자 '10' 때문이다. 왜 우리나라의 신화에서는 투르크계 민족처럼 10개의 태양(아들)이 함께 존재하지 못하고 9개의 태양이 떨어지고 1개의 태양이 남았다고 이야기했을까? 그 이유는 아마도 '아쉬나 전설'이 우리 알타이-투르크민족의 생성을 암시하는 최초의 신화였고 '10개의 태양' 전설은 그 이후에 생겨난 것이기 때문이라고 생각된다. 10명의 아들들에게서 태어나 번성한 10개의 종족들은 시간이 지남에 따라 인구가 팽창하여 10개의 부족이 함께 살기에는 땅이 작았을 것이다. 이에 따라 유목민의 전통에 따라 막내가 현 거주 지역을 물려받고 이를 제외한 나머지 9개의 종족은 살 곳을 찾아 다른 곳으로 떠났기 때문에 이러한 이야기가 생겨난 게 아닐까? 즉, 10개의 태양이 동시에 뜨자 지상세계가 뜨거워져 살기 힘들었다는 의미는 10명의 아들들이 정권다툼을 했다는

---

20) MBC 다큐멘터리 특선 〈삼족오〉 제1부에서 발췌.

의미일 가능성이 크고 이에 따라 왕명에 의해 1명의 아들 또는 부족만 남고 나머지 9명의 아들(부족)들은 다른 곳으로 가야만 했던 상황이 발생한 것이 아닌가 생각된다.

카자흐스탄의 한 부족인 케레이족(카: Керей, 한: 겨레)의 기원에 대해 기록한 책에 의하면 '케레이족'은 원래 파미르 일대에 살았던 민족으로 후일 중원과 몽골초원에 나라를 세우고 살았는데 이들은 스스로를 '토그즈 오그즈(Тоғыз Оғыз)'라고 불렀고 의미는 '9개의 위구르족'이라는 뜻이다.

그러나 여기서 '오그즈'라는 단어는 '화살'이라는 의미를 가지고 있으므로 '9개의 화살'이라는 의미도 되어 오늘날 한국인들이 자신의 조상을 구이족(九夷族)에서 왔다고 하는 것과 동일한 이야기를 하고 있어 한민족의 이동경로와 케레이의 이동경로가 같음을 볼 수 있다.[21]

숫자 '10'이 '9'로 분화되는 신화는 동남아시아에서도 전하는데 미얀마에 있는 사일여신의 신화이다.

3) 사일여신과 10명의 아들

하루는 사일(沙壹)이 호수에서 물고기를 잡고 있을 때 물 속의 침목(沈木)과 감응하여 아들을 열 명 낳게 되었다. 그 후 그 나무가 용으로 변하여 솟아오르자 아홉 아들은 모두 놀라서 멀리 도망쳤으나 유독 막내아들만은 용을 무서워하지 않고 오히려 용을 깔고 앉았다. 용이 막내아들을 뒤에서 핥아주면서 보호했다. 여신이 조어(鳥語, 새소리 또는 鳥夷族의 언어)로 말하기를

---

21) "Қазақ Ру", *Тайпаларының тарихы* ≪Керей≫, Алаш, 2014, p. 18.

'등(背)을 아홉 개로 만들어라' 했더니 아홉 개의 산이 솟아올랐다. 그리하여 막내아들의 이름을 구릉(九陵)이라고 불렀다. 막내아들은 고향에 남고 아홉 아들이 흩어져 살고 있는 땅이 구릉산(九陵山)이다. 그들의 후손이 애뇌이(哀牢夷)족이 되었다. 이 구릉 땅이 동한(東漢) 명제(明帝, A.D. 57~75) 때 한나라에 복속되어 애뇌현(哀牢縣)과 박남현(博南縣)이 되었으며 현재 중국의 운남성(云南省) 보산시(保山市)와 영평현(永平縣)이다.[22]

이들의 신화에서 막내에게 본향을 남겨주고 나머지 형제들이 다른 지역으로 이동하였다는 전설이 있는 것으로 미루어 보아, 미얀마를 건설한 초기 민족도 다른 중앙아시아민족들처럼 기마민족의 후예였을 가능성이 있다.

보산 서쪽으로 고려공산(高黎貢山: Gāo lí gong shān)이라는 높고 험준한 산이 있는데 고려(高黎: Gāo li)의 발음이 고려(高麗: Gāo li)와 같은 것으로 보아 음차문자로 한민족의 명칭 중 하나인 '고려'를 표기한 것으로 추정된다.

4) 투르크의 상징인 늑대와 구이족의 구미호(九尾狐)

그렇다면 '아쉬나 전설'의 10명의 아들과 '10개의 태양' 전설에 나오는 숫자 '10' 말고도 다른 공통점이 있을까? 물론 있다. 바로 늑대에 대한 부분인데 한국에서는 직접적으로 늑대가 등장하는 건국 신화는 없지만, 구이(九夷)를 묘사할 때 보통 아홉 개의 꼬리를 가진 여우로 묘사하는 것으로 보아 구이족(九夷族)의 상징인 여우와 투르크계 민족의 상징

---

22) 김병모, 『허황옥 루트 인도에서 가야까지』, 역사의아침, 2008, 323~326쪽.

인 늑대는 서로 연관성이 있다고 본다.

　동이족의 국가 중에 부여(夫餘)라는 나라도 늑대와 관련성이 있었을 것으로 추측이 되는 국가인데 카자흐어로 늑대는 '카스크르(қасқыр)', 또는 '뵈르(бөрі)'라고 하며 흉노족, 돌궐족들도 모두 늑대를 자기 민족의 상징으로 사용했었다. 부여(夫餘, Fu yú)를 표기하는 방법은 여러 가지가 있었는데 산해경에서는 불여(不與, Bù yǔ)로, 일주서[23]에서는 부루(符婁, Fú lóu)로 표기했었다. 따라서 부여라는 발음은 카자흐어에서 늑대를 뜻하는 뵈르(бөрі)와 상당히 유사함을 알 수 있다. 따라서 북방민족들과 기원이 같은 부여의 국가이름 속에 '늑대'를 의미하는 '뵈르'라는 단어가 들어갔다고 해서 이상할 것은 없다고 본다. 중국식 유교사상에 입각해서 본다면 동물 이름을 국가명에 쓴다는 것이 이상하게 보일 수 있으나, 북방민족의 시각에서 보면 아주 자연스러운 것이다. 실질적으로 부여의 관직에서도 마가(馬加), 우가(牛加), 구가(狗加), 저가(猪加) 등 동물명을 이용해서 관직명을 사용했었다.

　5) 카자흐스탄의 깃발
　카자흐족에게는 삼룩(Самұрық)이라는 거대한 태양새에 대한 전설이 내려온다. 전설에 의하면 태양새 삼룩은 지구의 중심에 있는 생명의 나무인 바이테렉(Бәйтерек)에 둥지를 틀고 앉아 황금알을 낳아 키우며 태양이 뜰 때는 삼룩이 태양을 떠받치고 하늘로 날아올라 온 세상을 비춘다는 이야기가 있다. 이 이야기는 산해경에 나오는 ≪10개의 태양과 예

---

23) 일주서(逸周書): 급총주서(汲冢周書)라고도 한다. 상서(尙書)와 성격이 비슷하나 주서(周書)는 원본이 없어지고 남은 것만 모은 서책이다.

(羿)의 이야기≫와 흡사해서 같은 뿌리를 두고 전해진 이야기임을 알 수 있다. 뿐만 아니라 삼족오와 삼룩은 이름도 비슷해서 같은 새임을 알 수 있다. 한국어에서는 같은 명사를 중첩해서 단어를 만드는 경우가 있는데 예를 들어 '깡통'은 영어의 '캔(can)'과 한국어의 '통'이 합쳐져서 만들어진 단어이다. 또한 '송골매' 또한 '송골(몽: 송홀, 카: 숭카르)'이라는 새와 '매'라는 단어가 합쳐져서 만들어진 단어이므로 '삼족오'라는 단어를 위와 같은 원리에 의해 읽으면 '삼족오'란 '삼족'이란 이름을 가진 '까마귀(烏)'라는 것을 알 수 있다.

카자흐스탄의 유명한 금융회사인 삼룩 카즈나의 로고를 보면 삼룩이라는 새를 태양 속에 세 마리를 그려 넣어 삼족오의 개념과 동일하게 '태양-새-숫자 3'이 포함되어 있어 카자흐족의 삼룩은 한국의 삼족오임을 알 수 있다.

즉, 늑대의 후손이라고 일컫는 투르크계 민족에게도 새는 신성의 상징이고 민족의 상징이었는데 아쉬나 전설과 비슷한 다른 전설을 보면 늑대와 새는 알타이-투르크민족을 상징하는 동물임을 추측하게 할 수 있는 단서들이 있다. 새는 왕권을 상징하는 동물로 유라시아 대륙의 모든 우랄-알타이어족 계열의 국가지도자들은 왕관 또는 관모를 쓸 때, 항상 새의 깃털을 꼽거나, 새 모양을 조각한 왕관을 썼었다. 그 이유는 앞서 언급한 산해경의 '열 개의 태양' 전설에서 보듯이 태양은 곧 천제 또는 천제의 아들을 상징했기 때문이다. 그리고 이 태양을 띄우는 역할을 하는 게 새였으므로 새를 왕관으로 쓴다는 의미는 자신이 신으로부터 통치권을 부여받은 '신의 아들(天子)'이라는 의미가 있었다. 그래서 스스로를 천손민족이라고 했던 우랄-알타이민족들은 이러한 자신들의 천손사상을 주변 민족에게 또는 백성에게 보여 주기 위해서 늑대 외에도 새를 상징으로 사용했다. 오늘날의 카자흐인은 대부분이 이슬람이지만, 다른 무슬림 국가와는 다르게 타 종교에 대해서도 상당히 관용적일 뿐만 아니라 이슬람 이전의 토속종교였던 샤머니즘적인 풍속도 여전히 유지하고 있다.

〈그림 8〉 카자흐스탄 국기(위쪽)와 삼룩 카즈나 로고(아래의 왼쪽),[24] 삼족오(아래의 오른쪽)

---

24) https://twitter.com/SamrukKazyna_PR

5. 위슨(Үйсін, 烏孫)족의 건국 신화

중국의 여행자 잔찬(Жан Чянь, 장건, B.C. 139~126)이 기록한 『서방으로의 여행』이라는 책에 흉노족 사이에 전해져 오는 이야기를 기록하였는데

위슨족의 왕, 쿤모왕(카: Кунмоби, 중: 곤모 昆莫, 의미는 태양왕)의 본명은 옐자우(카: Елжау, 중: 엽교미(獵驕靡))로 그의 아버지는 난디왕(카: Нандиби)이었다. 이들의 나라는 치란과 돈황(敦煌)의 사이에 있었고 대월지와 이웃해 있었다. 후일 대월지가 이들의 나라에 쳐들어가서 난디왕을 죽이고 영토를 빼앗았다. 이에 백성들이 훈족의 거주지로 달아났다.

〈그림 9〉 푸른 늑대와 쿤모왕[25]

---

25) Мұхтар Құл Мұхаммед 외, 앞의 책, p. 162.

당시 대월지는 감숙성 지역에, 위슨은 탱그리산(천산산맥)의 남쪽 방면에, 훈족은 이들의 동쪽에 위치해 있었다. 위슨국은 대국으로 성장을 하지 못하고 있다가 어느 날 대월지에게 공격당하여 난디왕은 죽임을 당하고 그의 아들 옐자우(쿤모왕)는 초원에 버려졌다.[26]

이 사건에 대해서 흉노족 측에서는 다음과 같이 기록하고 있는데

위슨국과 대월지가 전쟁을 하던 혼란의 와중에 옐자우를 키우던 보모는 아이(쿤모왕)를 보호하기 위해 우물 속에 넣어 숨기고, 아이에게 줄 음식을 마련하러 마을에 나갔다가 다시 우물로 돌아와 보니, 그곳에 푸른 늑대가 아이에게 젖을 먹이고 있었고 한 마리의 새가 늑대와 아이의 머리 위를 날며 보호하고 있는 것을 발견했다. 이에 보모는 이 아이가 앞으로 위대한 인물이 될 것이라 생각하고, 훈족의 왕(모돈 선우 B.C. 209~174)에게 가서 이 사실을 알렸다. 이에 훈족왕은 아이를 데려와 교육을 시키고 키워줬다. 청년이 된 옐자우는 훈족의 왕으로부터 자신의 아버지를 죽인 원수를 갚기 위해 군사를 받아 군대를 이끌고 대월지와 싸워 승리하여 원수를 갚았다. 이후 전쟁에 진 대월지는 서쪽으로 밀려나 박트리아 쪽으로 가버렸다.[27]

이 이야기를 보면 옐자우가 들판에 버려졌을 때 푸른 늑대가 나타나서 보호해주었다고 하는데 이때 하늘에 새 한 마리가 옐자우의 머리를 돌며 보호하고 있었다는 내용이 나온다. 따라서 투르크계 민족에게서도

---

26) 위의 책, pp. 163~164.
27) 위의 책, pp. 162~165.

새는 중요한 역할을 한다고 할 수 있다. 천제 제준의 아들들과 '태양 속의 새'라는 개념과 옐자우를 보호하기 위해 머리 위를 날던 새는 왕 또는 왕자의 상징으로 사용되고 있다는 공통점이 있다. 즉, 투르크계 신화에서 왕의 아들을 상징하는 개념으로 태양, 새, 늑대가 공통적으로 나타나고 있음을 볼 수 있다.

〈그림 10〉 쿨트근의 왕관, 가야 왕관, 미국 인디언 추장[28]

28) http://kirbysattler.sattlerartprint.com/

〈그림 10〉은 쿨트근의 왕관과 가야 왕관을 비교한 것인데 가야의 왕도 새를 상징하는 문양을 이용해서 황금 왕관을 만들었음을 알 수 있다. 새 형상의 왕관 또는 새를 머리에 관으로 쓰는 이유는 샤머니즘의 영향으로 고대 탱그리 전설에 의하면 지도자는 하늘에서 내려와 탄생한다는 믿음이 있었다. 따라서 지도자는 자신의 권력과 권위가 하느님, 즉 탱그리(단군)로부터 왔다는 것을 보여 주기 위해서 하느님의 아들을 상징하는 새를 왕관에 장식해 넣음으로써 지배의 정당성을 과시했다. 가야 왕관의 문양이 새임을 알 수 있는 근거는 카자흐민족의 전통문양인 오유(카: ою)를 통해서 알 수 있다.

〈그림 11〉 새를 상징하는 카자흐스탄 오유

〈그림 12〉 유럽 왕가의 문장들(프랑스,[29] 영국[30])

　　오유는 일종의 원시적 상형문자의 하나로 각각의 문양은 동물, 꽃, 식물 등을 다양하게 상징한다. 오유의 기능은 문자로서의 기능보다는 주로 가문이나 부족을 상징하는 형태로 많이 사용되어 왔다. 유목민들은 초원에서 여러 부족들의 가축들이 초원에서 뒤섞여 풀을 뜯을 때, 어느 가축이 자신들의 것인가를 구분하기 위해 각 부족들의 상징을 만들어 인두로 가축의 엉덩이에 새겼었다. 훗날 이러한 부족의 상징은 고대 국가로 발전하는 과정에서 지배 부족의 상징이 왕실의 문장으로 발전하게 되는데 오유를 부족의 문장으로 사용하던 아시아계 유목민족들이 유럽을 정복하고 지배민족이 되어 왕가(王家)를 이루어 오늘날까지 이어져 오고 있기 때문에 현존하는 유럽 왕실에서도 북방민족의 상징물들이 많이 발견된다. 이들은 유럽의 토착민들과 융합하는 과정에서 우수한 제철기술과 군사력을 바탕으로 지배민족으로 자리 잡았다. 그래서 오늘날 우리가 알고 있는 대부분의 유럽 왕가들은 그 기원이 아시아에 있음을 이

---

29) http://commons.wikimedia.org/wiki/Category:House_of_Bourbon?uselang=ja
30) http://www.cai.org/bible-studies/davids-throne-found-britain

단군의 나라, 카자흐스탄

<그림 13> 스키타이족의 말장식

들이 사용하는 왕가의 문장을 보면 알 수 있다.

　영국 왕실 문장에는 사자와 유니콘이 그려져 있는데 고대 스키타이족들은 왕족의 말에 뿔장식을 하는 풍습이 있었다. 오늘날 서양에 전래되어 오는 유니콘 전설은 바로 뿔장식을 한 백마를 탄 스키타이왕족의 말을 보고 생겨난 신화에서 유래되었다고 볼 수 있다.

　프랑스 왕실문장에 보이는 오유는 카자흐인, 가야 왕관에서도 동일하게 보이는 새를 상징하는 오유이다. 따라서 프랑스 왕실도 북방 기마민족에서 왔을 가능성이 높음을 알 수 있다. 유럽의 왕실이 기마민족에서 왔다는 사실은 역사적으로도 증명이 되는데 중세 유럽의 모든 왕실은 정략결혼을 통해서 하나의 일가를 구성했었다. 그런데 이들은 모두 다른 왕실이 아닌 하나의 왕실, 에스테 왕가(The house of Este)에서 갈라져 나왔으며 이들은 같은 왕실 간에 철저히 근친결혼을 하며 자신들의 권력을 유지해 왔었다. 자세한 내용은 고조선이 서양에 미친 영향을 설명할 때 언급하도록 하겠다.

6. 쿤모왕 신화는 금와왕 신화일까?

동부여의 왕 해부루는 늙도록 아들이 없었는데, 천제를 올려 아들 낳기를
기원하였다. 하루는 그가 탄 말이 곤연에 이르렀는데, 그 곳에 있던 큰 바위
를 보고 말이 눈물을 흘려, 바위를 굴려보게 하였더니, 금빛이 나는 개구리
모양의 어린아이가 있었다. 해부루가 기뻐하여 '이는 하늘이 내게 준 아이로
다'라고 말했다. 이가 곧 금와이다.

― 「삼국사기」

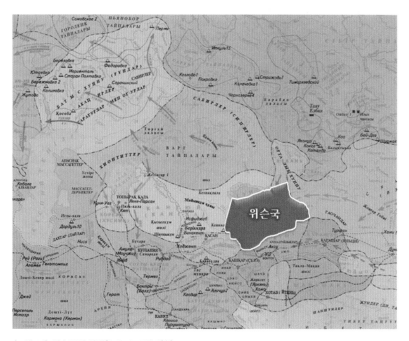

〈그림 14〉 위슨국의 영역(B.C. 3~4세기)[31]

---

31) Мухтар Құл Мұхаммед 외, 앞의 책, p. 177.

카자흐족의 일부인 위슨족의 건국 신화는 한국의 금와왕 신화와 너무나도 비슷하다. 우리나라의 신화에서는 단순히 동부여의 '해부루'왕이 늙도록 자식이 없어 자식을 점지해 달라고 기도한 후 행차 도중에 바위 사이에서 금와왕을 발견하였다고 되어 있는데, 위슨족의 신화는 우리나라의 신화에서는 나타나지 않는 왜 금와왕이 바위 사이(우물 속(井): 우물도 돌로 만들어져 있음)에 있게 되었는지에 대한 설명을 하고 있어 우리나라 금와왕 신화의 잃어버린 한 퍼즐일 가능성이 높다. 그 증거를 정리하면 다음과 같은데

·첫째, 옐자우가 왕이 되었을 때의 명칭 '쿤모왕'이 '금와왕'과 발음이 비슷하다. 뿐만 아니라 그 의미가 태양왕을 뜻한다고 투르크 역사책에는 주석까지 붙여 놓았으니 해모수, 해부루, 금와왕(쿤모왕)은 모두 태양을 뜻하는 공통점을 가지고 있다.
·둘째, 동부여 왕의 명칭이 '해'에서 '금'으로 바뀐 것은 신화에서도 언급되었다시피 금와왕이 해부루왕의 직계자손이 아닌 얻은 자식이기 때문이다. 또한 카자흐어의 '해'에 해당하는 '쿤(카: Кyн, 금)'을 쓴 것으로 보아 금와왕은 투르크계 사람일 가능성이 크다.
·셋째, 이 신화를 기록한 중국의 여행가 장건이 활동한 시기는 B.C. 139~126년이다.
·넷째, 해부루왕의 출생연대를 정확히 알 수는 없으나 『한단고기』를 참조할 경우 해부루왕은 B.C. 87년 가섭원의 땅에서 동부여의 왕이 되었다.
·다섯째, 사마천의 사기에 의하면 흉노의 선우 묵특(모돈)은 B.C. 177~176년경 감숙 지역의 월지를 크게 격파하였다는 기사가 나온다.

따라서 상기 두 신화의 발생 시기가 비슷한 점으로 미루어 보아, 위슨족의 쿤모왕 전설은 동부여의 금와왕 전설과 같은 뿌리에서 나왔을 가능성이 상당히 크다. 우리 학계에서 말하는 동부여의 위치는 두만강 상류

지역인데 어떻게 중국의 서쪽 끝인 파미르 고원 일대에서 우리와 비슷한 건국 신화가 발견되는 것일까? 그 이유는 다음과 같이 추측할 수 있다.

·첫째, 흉노족의 영웅인 묵특(Мөде, 冒頓)선우는 그 당시 흉노의 강력한 라이벌이었던 서쪽의 월지국(Юечжи, 月氏國)을 대파하고 동쪽으로는 동호국(東胡國)을 멸망시켰다. 따라서 이러한 승리를 기념하기 위해서 만주와 파미르 지역에 자기 아버지의 이름이었던 '두만', '토문', '투멘'이라는 지명을 남겼을 가능성.
·둘째, 사기(史記), 대완열전(大宛列傳)에서 "서역 민족 오손(烏孫, 위슨)은 하서주랑(河西 走廊)을 통해 진출한 유목부락으로 사실은 퉁구스계 애신(愛新)씨족이다"라고 기록했다.
·셋째, 금사(金史), 백관지(百官志)에는 애신(愛新)을 아선(阿鮮)으로 적었으며 만주원류 고(満州源流考)에는 아선(阿鮮)을 오신(烏新)으로 적었다.
·넷째, 따라서 위슨, 오손, 애신, 아선은 같은 발음을 여러 형태로 쓴 것이라고 추측할 수 있다.[32] 중국역사책의 기록에 의하면 오손족이 거주했던 지역은 만주와 산동반도 지역이 었으므로 쿤모왕(금와왕) 전설이 만주와 중앙아시아 지역에 퍼지게 된 이유는 바로 이러 한 역사적 배경이 바탕이 되어서 만들어졌다고 볼 수 있다. 또한 티베트에서 내려온 오손 족의 일부가 만주로 이동해서 오손족을 형성했을 수도 있다.

이처럼 카자흐스탄의 위슨족은 중국 문헌에 나오는 오손족이며 위슨 족은 월지족, 여진족과도 연계가 되어 있음을 알 수 있다. 이렇게 부족명 이 제각각이 된 것은 고대인들이 발음 표기를 하기에 부적합한 한자를 이용해서 민족명을 표기했기 때문이며 또한, 시대의 흐름에 따라 언어가 변하면서 발생한 자연적인 현상이다. 그러나 이러한 변화에도 불구하고

---

32) 주학연, 앞의 책, 299쪽.

여전히 비슷한 음가를 간직하고 있는 것을 볼 수 있다. 특히 여진족과 한민족이 같은 민족임은 여진족이 건설한 금나라의 금서(金史), 청나라의 『만주원류고(滿洲源流考)』를 보아도 알 수 있듯이 이들은 자신의 고향, 조상이 신라, 또는 고려에서 왔음을 명시하고 있어 우리와 같은 민족임을 알 수 있다.

金之始祖讳函普, 初从高麗来, 年已六十余矣。兄阿古乃好佛, 留高麗不肯从, 曰：“后世子孙必有能相聚者, 吾不能去也。”

— 金史 本紀 第一 世紀

금나라의 시조는 함보이다. 초창기에 고려에서 왔다. 당시 이미 60여세의 나이였다. 그의 형 하고내호불은 고려에 남기로 했으며 (함보에게) 말하길 “후세에 자손들이 서로 만날 수 있기를 바라며, 나는 여기에 머물겠다.”

— 금사 본기 제1 세기 중

몽골 테를지 징기스칸 동상 박물관에 있는 흉노유물(B.C. 3~A.D. 1)과
백제의 금동향로(A.D. 7세기)

흉노제국과 삼국의 문화와 풍속이 매우 비슷했던 것으로 보아
이들은 동일한 민족에서 갈라져 나온 국가일 가능성이 높다.

제2장

북방민족과
한민족의
동일한 기원

1. 훈족과 한민족은 같은 민족

앞 장에서 쿤모왕의 복수를 도와준 민족이 훈족(흉노)이라고 말했다. 그런데 왜 위슨족의 쿤모왕과 그 유민들은 훈족에게 갔을까? 아마도 그 이유는 이들이 같은 민족이었기 때문에 그러한 일이 일어났던 것이 아닌가 생각되는데, 그렇지 않다면 굳이 훈족이 쿤모왕을 키워 줄 이유도 없거니와 더구나 군대를 내주어서 복수까지 하게 해 줄 필요는 더더욱 없었다. 쿤모왕을 이용하고자 했다면 대월지를 격파한 이후에 위슨족의 땅을 훈족들이 가로챘어야 하지만 훈족은 그러지도 않았다. 당시 훈족은 북방민족의 패자로 주변 유목민족의 분쟁을 조정하는 역할을 했었던 것으로 보인다. 고구려의 광개토대왕도 비슷한 일을 했는데, 고구려는 막강한 국력을 가지고 있었음에도 불구하고 신라, 백제 외에 많은 북방 기마민족을 정복하지 않고 제후국의 형식으로 지배하는 방식을 취했었다. 훈족과 위슨족은 나중에 갈등이 생겨 전쟁이 발생하나 그 전쟁발생의 원인은 정벌의 목적보다는 위슨족이 중앙아시아로 이동한 이후 훈족 및 기타 부족들의 회의인 쿠릴타이(원탁회의)에 참석하지 않고 독자적인 노선을 추구했던 관계로 일어난 일종의 처벌적 성격이 강한 분쟁이었다.

원래 쿠릴타이제도는 유목민족 연합정부를 운영하기 위한 일종의 합의 기구였다. 이들은 여러 부족이 한군데 너무 많이 모여 양들이 초원의 풀을 뜯는다던지, 우물을 사용해서 부족사태가 나는 것을 방지하기 위해서 정기적으로 모여 충돌이 생기지 않게끔 의견조정을 하는 역할을 했다.

위슨족의 경우, 이들은 천산산맥 서쪽으로 이동하면서 더 이상 천산산맥 동쪽의 유목민들과 초원을 놓고 다툴 일이 사라졌기 때문에 쿠릴타이에 참석하지 않게 된 것이다.

따라서 B.C. 177년부터 B.C. 87년 사이에 발생했던 일련의 사건들을 종합하여 추측하면 위슨족, 훈족, 부여족은 같은 민족에서 갈라져 나가면서 공통의 영웅 신화를 공유하게 되었을 가능성이 높다. 더구나 그들의 위치도 투르크계 민족의 최초 시원지인 투르판과 가까운 지역이니 가능성은 더욱더 크다고 할 수 있다.

이러한 전제하에 쿤모왕의 이름을 분석해 보자. 그 당시 부여왕들의 이름을 보면 해모수, 해부루가 있는데 모두 '해'와 관련이 있는 이름이다. 그렇다면 카자흐스탄 역사책에 기록되어 있는 쿤모왕은 어떠한가? 카자흐어에서 '쿤(кун)'은 '날', 또는 '해'를 뜻한다. 따라서 쿤모왕은 태양의 왕이라는 의미를 가지고 있다. 한국의 '금와왕(金蛙王)'은 투르크계어에서 파생되어 나온 단어로 보이는데 금와왕의 '금(金)'은 카자흐어 '쿤(кун)'과 발음이 비슷하다. 따라서 '금와왕'도 태양의 왕이란 의미를 가진 단어로 보인다. '해모수'도 이러한 원칙을 적용해서 한국어의 '해' 대신 카자흐어의 '쿤'으로 바꿔 넣으면 '쿤모수'가 되는데 '쿤모왕'과 발음이 상당히 유사해짐을 알 수 있다.

다만 금와왕이 다른 부여의 왕처럼 '해' 대신에 '금(金)'이라는 단어를 쓴 것은 이 금와왕이 부여계가 아닌 투르크계의 민족이었기 때문에 투르크어인 '금'을 왕의 명칭으로 넣은 것이 아닌가 생각된다.

　일례로 『삼국사기(三國史記)』[1]의 기록에 의하면 백제(百濟)의 국명은 십제(十濟)에서 백제(百濟)로 명칭이 바뀌었다는 기록이 있는데 이는 최초 백제를 건설했던 민족이 투르크계였기 때문에 숫자 '10(카: он, 온)'을 써서 국가명을 만들었으나 후일 통구스계로 지배세력이 교체되는 과정에서 숫자 '100(한: 온)'으로 '온'이라는 발음을 유지하기 위해 표기법이 바뀐 것이 아닌가 생각된다. 따라서 앞의 전제조건을 종합하면 백제를 최초로 건국한 온조왕의 '온조'를 한자로 쓰면 백제(百濟)라고도 쓸 수 있게 됨을 알 수 있다. 백제의 '백'은 숫자 100을 뜻하므로 '백'을 훈독으로 읽으면 '온제', 즉 '온조'와 발음이 비슷해짐을 알 수 있다.

　숫자 '10'은 앞 장에서도 언급했던 10명의 늑대의 자손, 10개의 태양을 뜻하는 숫자 '10'으로 역사상 많은 투르크계 국가들이 국가명으로 사용했다. 헝가리인과 불가리아인의 기원이 되는 온오구르(카: Он Оғыр, 영: Onogurs) 또한 숫자 '10'을 뜻하는 '온'을 사용하고 있다. 그 의미는 '10개의 민족 또는 화살'이라는 의미인데 10개의 부족이 모여 하나의 연방 국가를 건설했기 때문에 '10개의 화살'이라는 의미로 온 오구르라고 국가명을 정한 것이다. 백제도 투르크계 민족 국가의 전통을 따라 '온'이라는 음을 차음하기 위해 십(十)과 백(百)을 한자에서 차용한 것이 아닌가 추측된다.

---

1) 고려 인종의 명을 받아 김부식이 1145년(인종 23)에 완성한 삼국시대사이다. 현존하는 한국에서 가장 오래된 역사서로써, 신라·고구려·백제 삼국의 정치적 흥망 변천을 주로 기술한 정사체(正史體)의 역사서이다(출처: http://en.wikipedia .org/wiki/Samguk_Sagi).

2. 부여는 늑대의 후예가 세운 나라

투르크족의 전설, 동화를 보면 달 또는 태양 속에 늑대가 있는 그림을 종종 볼 수 있는데, 대략 청동기시대 때까지는 태양이 여성을 의미하고 달이 남성을 상징했으나 고대왕국으로 발전하던 철기시대부터는 태양이 남성을 달이 여성을 상징하는 것으로 의미가 변화한다. 부여왕의 이름인 '해부루'를 투르크어로 해석하면 '태양 늑대'라는 뜻이 된다.

(필자 주)

부여의 건국 신화에는 늑대가 등장하질 않으나 이를 짐작할 수 있게 해주는 단서들이 있는데 먼저 '부여(夫餘)'라는 국가명이다. 부여는 한자를 이용해서 원래의 발음을 음차한 것으로 부여 외에도 산해경에서는 불여(不與), 일주서에서는 부루(符婁) 등의 다른 표기들이 중국역사서에는 등장하고 있다. 만약에 부여가 흉노라는 가정을 한다면 늑대를 뜻하는 상징이 어딘가에는 반드시 쓰였을 텐데, 그중에 하나가 바로 국가명이다. 카자흐어에서 늑대를 뜻하는 단어로 '붸르(Бөрі)'가 있다. 예전에는 '부르' 또는 '부리'라고도 말했는데 이 단어가 부여를 뜻하는 불여, 부여, 부루와 발음이 비슷하다. 따라서 '부여'라는 국명은 '늑대'에서 나왔음을 알 수 있다.

왕의 이름에서도 찾을 수 있는데 '해부루'의 의미는 '해'와 '늑대(부르)'를 합쳐서 만들어진 이름일 가능성이 높다. 뿐만 아니라 상고시대의 한반도와 만주 지역에서는 '불' 또는 '부리'를 써서 도시 이름을 짓기도 하였다. 따라서 '불' 또는 '부리'의 이름이 들어간 지명은 부여의 영역을 가늠할 수 있게 해 주는 좋은 자료일 뿐만 아니라 전 세계적으로 흩어져 있는 지명들 예를 들어 리버풀(Liverpool), 룩셈부르크(Luxemburg), 함부르크(Hamb urg), 마그테부르크(Magdeburg), 프랑크푸르트(Frankfurt), 뉘른베르크(Nurnberg), 이스탐불(Istanbul), 스타브로폴(Stavropol), 오렌부르크(Orenburg), 사하란푸르(Saharanpur), 조드푸르(Jodhpur), 자이푸르(Jaipur), 칸푸르(Kanpur), 미자푸르(Mizapur), 잠세드푸르(Jamshed pur), 비라스푸르(Bilaspur), 삼발푸르(Sambalpur), 나그푸르(Nagpur) 등등은 알타이-투르크민족의 이동 흔적을 알 수 있게 해 주는 증거라고 생각된다. 물론 여기서의 '부르크', '폴', '푸르' 등의 단어는 '샘', '우물', '기원'을 뜻하는 몽골어의 볼락(булаг)에서 기원했기 때문에 이를 통해 알 수 있는 것은 민족 기원의 상징이 된 늑대(뵈르, Бөрi)가 파생해서 '기원'이라는 의미와 '우물'이라는 명칭이 되었음을 알 수 있다. 왜냐하면 물은 여성성을 가지기 때문에 10명의 아들들의 어머니가 된 암늑대와 그 의미가 통하기 때문이다.

즉, 앞 장에서 알타이-투르크민족의 지배자들이 새의 형상을 한 왕관을 쓰고 새의 형상을 왕실의 문장으로 삼고 유라시아 지역을 지배했었을 것이라는 나의 가설은 현재 남아 있는 여러 지명과 지배민족의 전통 등을 종합으로 분석하여 볼 때 결코 황당한 내용이 아님을 알 수 있다. 당시 고대 유라시아 대륙의 상황이 이러했기 때문에 동아시아의 흉노족이 유럽에서 훈으로 나타난다거나, 징기스칸이 유럽 대륙으로 진출했던 것이다. 따라서 한민족의 나라인 고조선과 고구려, 부여 등의 나라가 만주에만 국한되어 있었다고 말하는 것은 어불성설이다. 이들은 농경민족인 한족처럼 직접통치의 방식을 취하지 않고 여타 기마민족들처럼 복속을 시킨 다음에 자치를 맡기는 형태로 통치를 하였다. 따라서 전성기 고구려의 영토는 중원을 포함한 중앙아시아 지역에까지 미쳤을 가능성이 높다.

3. 조선(부여)과 흉노는 같은 국가이다

『한단고기』와 사마천(司馬遷)의 사기(史記)²⁾를 보면 조선(朝鮮)이 흉노(凶奴)임을 짐작하게 해주는 대목이 나오는데 사기와 『한단고기』에 조선(흉노)이 연(燕)나라와 제(濟)나라와 전쟁을 한 기사가 실려 있는데 이때 중국 측의 기록은 조선과 싸웠다고 표기하질 않고 북융(北戎), 산융(山戎), 흉노(凶奴) 등으로 표기하고 있음을 볼 수 있는데 이는 조선(부여)이 흉노와 같은 국가임을 뜻함과 동시에 중국인들이 조선을 멸시하는 의미로 사용했음을 알 수 있게 해 주는 대목이다. 그 예를 보면 다음과 같다.

◆ 중국 측 기록

희공 25년 북융이 제나라를 침공하자 정나라에서 태자 홀을 보내 제나라를 도왔다.³⁾

제나라 환공 23년 산융이 연나라를 정벌하자 연나라는 제나라에 위급함을 알려왔다. 제나라 환공은 연나라를 구원하기 위해 마침내 산융을 쳐서 고죽까지 이른 다음 돌아왔다.⁴⁾

44년 뒤 산융이 연나라를 치자 연은 제나라에 위급함을 알려왔다. 제 환

---

2) 사마천이 저술한 역사서로, 기원전 109년에서 기원전 91년 사이에 쓰였다.
3) 이일봉, 『실증한단고기』, 정신세계사, 1998, 197쪽.
4) 위의 책, 227~228쪽.

공이 북쪽으로 산융을 치자 산융은 도망했다.[5]

— 사기

산융이 연나라를 넘어서 제나라를 쳤다. 제나라 희공은 제나라의 교외에서 싸웠다.[6]

— 사기 흉노전

◆ 한국 측 기록

무오 50년(B.C. 723) 단제께서 언파불합 장군을 보내 해상의 웅습을 평정하였다. 갑술 66년(B.C. 707) 단제께서 조을을 보내 곧바로 연나라의 도읍을 돌파하고 제나라 군사와 임치의 남쪽 교외에서 싸우고 승리를 알려왔다.[7]

— 단군세기

무진 52년(B.C. 653) 단제께서 병력을 보내 수유의 군대와 함께 연나라를 정벌케 하였다. 이에 연나라가 제나라에 위급함을 알리자 제나라가 대거 고죽에 쳐들어왔는데 우리의 복병에 걸려 전세가 불리해지자 화해를 구걸하고 물러갔다.[8]

— 단군세기

---

5) 위의 책, 228쪽.
6) 위의 책, 198쪽.
7) 위의 책, 222쪽.
8) 위의 책, 226~227쪽.

기록으로 보아 흉노와 조선(부여)은 같은 나라일 가능성이 상당히 높다. 다만, 중국인들이 후세에 조선을 멸시하는 의미에서 흉노라고 부르게 된 것으로 보인다. 사기의 기록을 보면 흉노족을 북융, 산융, 흉노로 부르고 있음을 알 수 있다. 여기서 공통음가는 '융' 또는 '흉'인데, 중앙아시아에서는 '군(Гун)'이라고 부른다. '군'은 태양을 뜻하는 쿤(Кун)과 어원이 같은 단어로 '태양'을 뜻한다. 카자흐어의 '쿤'은 한국어의 '한'과

〈그림 1〉 카자흐스탄 바이테렉(Бәйтерек) (왼쪽), 한(韓)의 갑골문자 (오른쪽 위), 이집트 이시스 (오른쪽 아래)

도 그 어원이 같은데 투르크 계통의 언어에서 나타나는 'ㅎ'의 'ㅋ'와 현상 때문이다. 따라서 '융', '흉', '군', '쿤', '칸', '한(韓)'은 모두 태양을 뜻하는 단어에서 유래한 단어로 스스로를 태양의 국가라고 부른 이유는 이들이 태양숭배를 하던 탱그리(단군)의 나라였기 때문이다. 지도자를 '칸'이라는 칭호를 써서 부른 이유는 앞에서 언급하였듯이 지도자는 신(태양)으로부터 왕권을 받은 '태양의 아들'이라는 생각이 있었기 때문에 지도자를 '태양', 즉 '칸' 또는 '한'이라고 불렀던 것이다.

한(韓)의 갑골문자를 보면 왼쪽에 태양을 손으로 떠받친 듯한 형태를 한 제단에서 사람들이 절을 하는 모습을 볼 수 있다. 이러한 전통은 현재 카자흐스탄의 수도인 아스타나에 거탑의 형식으로 남아 있음을 볼 수 있다.

또한 이집트의 이시스신처럼 머리에 새, 깃털, 태양, 황금관 등등을 얹고 있는 자는 바로 하늘로부터 내려와 인간의 몸을 빌어 태어난 신, 즉 탱그리로 인식이 되어 많은 사람들이 지도자로서 뿐만 아니라 숭배의 대상이 되었었다. 따라서 훈족, 한(韓)족은 그 어원이 같으며 천손민족(天孫民族)이라는 의미를 가지고 있다.

4. 중앙아시아 무사와 고구려 개마 무사의 유사성

흉노(훈)가 우리 민족과 같은 민족이라는 증거는 이뿐만이 아니다. 카자흐스탄에서 출판된 역사책에 훈족 병사라고 해서 묘사된 전사들의 복장을 보면 하나같이 고구려의 개마 무사를 연상시키는 복장을 하고 있는데 〈그림 2〉와 같다.

〈그림 2〉 가야 무사와 카자흐스탄 캉글족(켄케레=한겨레) 무사[9]

　기마 무사의 복장을 보면 거의 대동소이함을 알 수 있는데 이러한 갑옷은 알타이-투르크민족만이 가지고 있었던 특징으로 보인다. 왜냐하면 중국(漢族이 세운 국가)이나 유럽인은 이러한 형식의 갑옷을 입지 않았기 때문이다. 그렇다면 왜 이러한 같은 양식의 옷이 유라시아 전 대륙에서 공통적으로 나타나는 것일까?

　그 이유는 이들이 모두 같은 민족에서 나왔기 때문에 그렇다고 보는 것이 가장 타당할 것 같다. 중국에서 고구려인을 흉노족(훈족)과 같은 민족으로 취급한 기록이 있는데 그 대표적인 예로 중국의 『삼국지(三國志)』를 보면 "오나라의 왕 손권이 동천왕에게 공손연을 함께 협공하자며 사굉

9) Ахметжан К. С., Қазақтың дәстүрлі қару жарағының этнографиясы, Алматы кітап, 2006, p. 40.

(謝宏)과 진순(陳恂)을 고구려에 파견했는데 이때 손권은 고구려의 왕을 흉노의 왕을 뜻하는 선우(單于)라 칭하면서 의복과 보물을 보냈다(遣使者謝宏 中書陳恂 拜宮爲單于 加賜衣服珍寶)"라는 기록이 있다. 따라서 당시 중국인들도 최소한 고구려와 흉노를 같은 국가로 보지는 않았더라도 같은 민족으로 인식하고 있었음을 추측할 수 있다. 고구려는 북부여로부터 갈라져 나온 국가로 고조선의 후신이었기 때문에 오나라의 손권이 보낸 국서에서 고구려를 흉노와 동일시했다는 것은 고조선-북부여-흉노-고구려가 같은 민족의 국가였음을 입증하는 증거라고 할 수 있다.

만약 고조선, 북부여, 흉노, 고구려가 같은 민족이었다면 과연 그들은 어디에 살았을까? 우리가 역사 수업 시간에 배운 것처럼 만주에 고조선과 부여, 고구려가 있었다면 왜 흉노의 위치는 몽골 지역일까? 보통 고조선을 우리는 단군조선이라고도 부르는데 그 이유는 고조선을 통치한 지도자가 단군이었기 때문이다. B.C. 108년 한무제에 의해 고조선이 멸망했던 당시 고조선 독립운동을 이끌던 고두막한과 동명왕이라는 영웅이 있었는데 이들은 탁리국(橐離國)에서 왔다. 그런데 탁리국의 위치는 만주가 아니라 몽골이다. '탁리'는 고대 투르크어로 단군을 칭하는 '텡리'의 한자표기이다. 따라서 탁리국이 곧 단군조선임을 알 수 있다. 자세한 내용은 다른 장에서 하도록 하겠다.

중앙아시아에는 전 민족이 공동으로 영웅으로 숭배하는 빌게카칸이라는 인물이 있는데 이 사람의 전투복장도 고구려나 가야의 복장과 유사한 복장을 하고 있다.

5. 빌게카칸과 고구려 무사의 복장의 유사성

몽골의 오르혼 언덕에 가면 거대한 비석이 있는데 쿨트근(Kul Tigin)[10]
이라는 인물의 업적을 기리기 위해 고대 투르크어와 한자로 새겨 놓은 거
대한 비석이다. 이것은 마치 우리나라의 광개토대왕의 비문과 같은 것으
로 쿨트근의 위대한 업적을 상세히 기록해 놓았다. 쿨트근은 빌게카칸의
동생으로 이 두 형제는 왕권을 두고 서로 싸우지 않고 서로 화합하며 국
가를 튼튼하게 다져나간 위대한 인물들로서 '빌게카칸'은 후일 받은 칭
호로, 본명은 아쉬나 모지리안(Ashina Mojilian, A.D. 683~734)이다.
마치 징기스칸의 어렸을 적의 이름이 테무진이었던 것과 같이 나중에 불
린 이름이다. 빌게카칸은 돌궐제국(Gökturk empire: 푸른 투르크, 푸
른 늑대의 제국)을 통치했던 위대한 황제(카칸)이었다. 그는 카자흐족의
전신인 삭(Сак, 스키타이)족의 후손으로 그의 동생 쿨트근과 함께 대제
국을 건설했는데 그 영토의 크기가 카스피해에서 만주에 걸쳐 있던 대제
국이었다. 카칸은 중국에서 황제(皇帝)에 해당하는 직책인데 삼국시대
때 신라에서도 마립간, 거서간, 각간('카칸'과 발음이 유사) 등의 왕에 대
한 호칭을 썼다. 이것은 신라가 스키타이족, 즉 카자흐족의 선조들과 친
연성이 있었다는 것을 반증하는 증거일 것이다. 뿐만 아니라 빌게카칸은
모든 투르크계의 민족 카자흐, 우즈벡, 키르키즈, 터키, 타타르, 위구르

---

10) Kul Tigin(闕特勒), A.D. 685~731 또는 732년경의 인물로 빌게카칸(Bilge Kagan)의 동생이었다. 모추
오 카칸(Mochuo Kagan)이 죽었을 때 모추오 카칸의 아들 중 한 명이 전통적인 왕위계승 방식을 무시하
고 정권을 찬탈하려고 하는 사태가 났을 때 쿨트근이 이를 진압하고 그의 형인 모지리안(Mojilian)에게 그
왕위를 주게 된다. 쿨트근은 우리 알타이(황금) 민족의 후손으로 고대 투르크인 삭(Сак)족의 후손으로
서 생전에 키르기즈(Kyrgyz), 투르게쉬(Turgesh)와 카르룩스(Karluks)와 같은 인접 부족국가를 통합하고
대제국을 건설하는 데 일조했다. 쿨트근은 사후 그의 업적을 기리는 비석을 오르혼 계곡에 세워 그의 업적
을 자세히 기록해 놓았다.

등등의 민족들이 함께 존경하는 공동의 조상이다. 이런 위대한 인물이 고구려의 개마 무사와 비슷한 복장을 입고 대당항쟁을 했던 영웅임에도 불구하고 한국의 신화에서는 이 인물에 대한 언급이 전혀 없는 이유는 빌게카칸은 고구려처럼 반당(反唐)정책을 펼쳐서 신라와는 적대적 관계에 있었기 때문인 것으로 판단된다. 그러나 한국인과도 혈연적 연관성이 있을 가능성이 상당하므로 이 장에서 간단히 소개하고자 한다.

〈그림 3〉을 보면 이들이 같은 복장의 옷을 입고 있는 것을 알 수 있는데 어떻게 이러한 일이 가능할까? 말에게까지 철갑옷으로 무장을 시키는 것은 고구려, 가야만이 가지고 있던 방식으로 알고 있었는데 투르크 인들도 동일한 제조방식을 가지고 있었던 것으로 보인다. 그 당시 철기군은 현대판 F-22와 같은 것으로 절대로 상대국에게 철갑옷을 만들 수 있는 방식의 기술을 전파해 주지 않았다. 그만큼 1급 비밀에 해당하는 철기군 갑옷이 어떻게 빌게카칸에게 있었을까? 가능성은 두 가지 정도인데 다음과 같다.

〈그림 3〉 빌게카칸(왼쪽)[11] & 고구려 개마 무사(오른쪽)

11) А. Нысанбаев, *Древний Казахстан*, Аруна, 2009, p. 133.

·**첫째,** 빌게카칸이 멸망한 고구려 호족집안의 후손이었을 가능성

·**둘째,** 고구려 멸망 이후 망명한 기술자집단으로부터 전수받았을 가능성

그 당시 미개하다고 여기던 북방민족이 뛰어난 철기기술을 가지고 있었다는 것은 사실 북방민족이 정말로 미개했던 것이 아니라 중국인들이 북방민족들을 비하했었던 것이라는 또 하나의 증거일 것이다.

스키타이계 민족의 후손인 투르크민족은 고대로부터 독자적인 제철기술을 가지고 있었다. 따라서 고구려로부터 철기기술이 도입되지 않고 거꾸로 투르크족으로부터 고구려가 철기기술을 받았을 가능성도 배제할 수는 없다고 본다. 여하튼 상기의 결과로 보아 투르크민족이 우리 민족과 친연성이 얼마나 높았는지를 알 수 있다.

삼국시대 말기, 신라가 당나라와 힘을 합쳐서 고구려, 백제를 멸망시킨 것을 두고 한국의 많은 사람들이 신라가 우리 민족을 배반하고 중국 한족과 결탁하여 고구려, 백제를 무너뜨리고 만주를 넘겨주었다고 생각하는데, A.D. 6세기부터 시작된 신라·당연합군과 고구려·백제연합군의 전쟁은 부여계인 고구려와 백제가 투르크계인 신라, 당나라가 싸웠다고 보는 것이 더 타당하다고 본다. 왜냐하면 당나라는 한족이 세운 나라가 아닌 투르크계의 민족이 세운 국가였기 때문이다. 당나라의 '당(唐, Táng)'은 카자흐어로 아침 해를 뜻하는 '탕(카: Таң)'과 그 어원이 같으며 '탱그리의 나라'라는 의미를 국가명으로 사용한 것이다. 그래서 투르크계 민족이었던 이세민(李世民, A.D. 599~649)이 동돌궐을 정복하고 탱그리 카칸(天可汗, Tiān kè hán)이라는 칭호를 받을 수 있었던 것이다.

〈그림 4〉 몽골 오르혼 쿨트근 기념비(왼쪽)와
신라 태종무열왕 비문(오른쪽)

〈그림 4〉는 당나라와 싸웠던 쿨트근 비석이 신라 태종무열왕의 비문과 양식이 같음을 볼 수 있다. 이뿐만 아니라 당나라 역대 황제들의 비문과 카자흐스탄에 있었던 오구즈 한국과 몽골의 흉노제국의 비문도 같은 양식을 썼던 것으로 보아 이들은 모두 하나의 뿌리로부터 갈라져 나간 민족들임을 알 수 있다.

6. 흉노의 태동

흉노가 부여였다면 왜 중국에서는 흉노와 부여를 달리 기록하였을까?

첫 번째 이유는, 부여와 흉노를 이간질해서 서로 싸우게 하려는 이이제이(以夷制夷)정책 때문이었을 것이다. 중국 한족은 전통적으로 북방기마민족처럼 싸움에 능하지 못했다. 따라서 북방민족들이 패권을 장악하기 위해 싸우다 승리한 민족이 중원을 지배하면 한족들은 늘 북방민족에게 복속하여 살았다. 그 대표적인 예들이 하, 은, 주, 춘추전국시대, 5호 16국, 북위, 수, 당, 요, 금, 원, 청으로 중국역사의 전부라고 해도 과장이 아니다. 즉, 중국의 역사에서 한족의 역사는 거의 존재하지 않는다. 제갈공명이 썼다는 그 오묘한 전술과 수백 가지에 이르는 무술을 가지고 있는 한족이 그들만의 리그에서는 거창하게 싸웠다고 소설책에서는 과장하여 기록했으나 정작 북방민족과의 전쟁을 기록한 정사(正史)의 역사서에서는 제대로 된 승리를 한 적이 거의 없는 이유는 왜 일까?

두 번째 이유는, 원래 북방민족은 부족국가 연합의 성격을 가지고 있어서 여러 개의 부족이 모여 하나의 국가를 이룬다. 현재 카자흐스탄은 지금도 그러한 전통을 가지고 있는데 그것이 바로 주스(Жуз)제도이다. 카자흐족은 바로 이 주스제도를 이용해서 광활한 영토를 전통적으로 다스려 왔는데 중앙집권적 정치제도를 선호하던 한족의 입장에서는 이러한 북방민족의 정치제도에 대해서 잘 이해하지 못한 나머지 각각 독립된 별도의 국가로 인식하게 되었던 것으로 보인다. 왜냐하면 각 부족들은 조선(부여)이라는 국가명을 가지고 있다 하더라도 각 부족들은 자신들의 군대와 외교적 자치권을 가지고 있어서 다른 국가들과 교류했으며 정기적으로 쿠릴타이에 참가하여 공동의 문제를 토의했다. 이러한 이유로 중국에서 흉노를 조선과 구별해서 부르면서도 같은 민족으로 인식했던 것이다. 『한단고기』의 단군세기 단기고사를 보면

> 갑진 6년(B.C. 2177) 열양의 욕살 색정을 약수로 옮기고 종신토록 갇혀 있게 하였다. 뒤에 그를 용서하시고 그 땅을 다스리도록 봉하니 그가 흉노의 조상이 되었다.[12]

라고 기록되어 있어 흉노는 조선과 그 조상이 같았음을 알 수 있다. 따라서 앞으로는 흉노와 조선은 같은 것으로 인식해서 해석해 나가도록 하겠다. 흉노족에 대한 중국 측의 기록에 의하면

> 흉노는 하후씨(夏后氏)의 후손으로 요(堯)임금 이전에는 산융(山戎), 험윤(獫狁)또는 훈죽(葷粥)으로 불리웠는데 중국의 북방에 살았다고 한다. 하(夏)나라 말기에 공유(公劉)도 흉노가 되어 그 자손이 3백여 년을 흉노와 같이 살았고, 그 후 태왕(太王) 때에 이르러 흉노와 갈라져서 기산(岐山) 아래로 이주하여 주(周)라는 고을을 이루었다. 다시 1백여 년이 지나서 서백창(西伯昌) 때에 흉노의 한 갈래인 견이(畎夷)를 정벌하였고, 또 십여 년 후에는 그 아들 무왕(武王)이 은(殷)나라를 멸하고 주나라(B.C. 1050~256)를 세우니 흉노가 사신을 보내와서 화친하였다. 그 후 2백여 년에 주(周)나라 목왕(穆王)이 견융(犬戎)을 공격하여 네 마리의 흰 늑대(白狼)와 네 마리의 흰 사슴(白鹿)을 잡아 왔다. 이때부터 흉노는 중국에 원한을 품고 빈번히 침범해 왔다.[13]
>
> — 사마천 사기 흉노열전

---

12) 이일봉, 앞의 책, 142~143쪽.

13) 박시인, 『알타이신화』, 청노루, 1994, 329쪽.

라는 기록이 있는 것으로 보아 흉노족은 상당히 오래전부터 존재했던 민족임을 알 수 있다. 그럼에도 불구하고 흉노의 출현 시기를 A.D. 5세기라고 주장하는 이유는 중국인들이 북방민족의 역사를 짧게 만들기 위해 조작했다는 것을 알 수 있다. 여기서 주목할 점은 주(周)나라를 건국한 서백창도 흉노인이라는 것이다. 하(夏)나라를 건설한 민족도 동이계 민족이었고 동이족과 흉노족은 같은 민족이었으므로 중원땅은 오래전부터 알타이-투르크민족의 영토였음을 알 수 있다.

켄타우루스 전설의 탄생(Жанайдаров О., Ежелгі Қазақстан мифтері, Тілдердін сапырылысуы, Аруна, 2013, p. 133.)

말을 탈 줄 몰랐던 그리스인들은 중앙아시아 기마민족을 보고
'말 인간'으로 착각하고 켄타우루스 전설을 만들었다.

제3장

고조선인의
서천

1. 흉노의 서천

흉노제국이 막강해진 시기는 묵돌(冒頓)선우 때로 아버지 투멘(頭曼)이 왕위를 후궁의 아들에게 주려고 하자 이에 반발하여 군사를 일으켜 정권을 쟁취한다. 그 후 그는 서쪽으로는 월지국을 동쪽으로는 동호국을 멸망시켜 북방 유목민족 최대의 국가가 된다. 이후 흉노는 남진하면서 중국 한나라와 충돌하는데 1차 흉노-한 전쟁(B.C. 201~199)에 한고조(유방)를 대패시키고 조공을 바치는 조건으로 평화조약을 맺고 일약 북방초원의 패자로 등극한다. 그러나 묵돌이 사망(B.C. 174)하고 그의 아들 노상이 등극한 이후 흉노는 약화되기 시작하는데 이때 한무제가 대대적으로 흉노를 공격함으로써 흉노는 급속히 쇠퇴하기 시작한다. 이후 남흉노와 북흉노로 분리가 된 이후 남흉노는 후한에 복속하게 되고 북흉노만 남게 되는데 B.C. 89년, 후한과 남흉노의 연합군에 의해 패배함으로써 북흉노는 서쪽으로 이동하게 된다. 이들이 후일 유럽에 나타난 훈족인데 흉노족(부여족)이 서천을 한 시기는 이 보다 더 오래된 것으로 보인다. 먼저 『한단고기』에 쓰여 있는 기록부터 보도록 하자.

정미 원년(B.C. 194년), 번조선 왕 기준이 오랫동안 수유에 있으면서 은혜를 베풀어 백성들은 풍족하였다. 그러나 떠돌이 도적에게 패한 뒤 바다로 들어가 돌아오지 않았다. 이에 오가의 무리들은 상장 탁을 받들고 대거 등정길에 올라 월지에 이르러 나라를 세웠으니 월지는 상장 탁이 태어난 곳이다. 이를 중마한이라 한다. 이에 이르러 변한, 진한 역시 각각 그 무리로써 땅 백리씩을 받아 도읍을 정하고 나라를 세웠으니 모두 마한의 명에 따르며 세세토록 배반하지 않았다.[1]

— 『한단고기(桓檀古記)』「북부여기(北夫餘記)」상편

이 기사를 보면 중마한과 월지가 같은 나라임을 알 수 있다. 또한 중마한이 파미르 고원 지역에 국가를 건설할 때 혼자 단독으로 국가를 건설한 것이 아니라 진한, 변한과 함께 삼한을 건설한 것도 함께 볼 수 있는데 이는 조선(부여)이 국가를 건설할 때 사용하던 전통이다.

이 중마한이 위슨국을 공격하여 쿤모왕의 부친을 죽이고 영토를 확장하는 과정에서 위슨국이 묵돌선우가 이끄는 흉노에 귀속함으로써 중마한(월지)은 흉노와 대립하다 B.C. 177~176년에 성장한 쿤모왕과 묵돌선우의 흉노 연합국에 밀려 멸망당한 것이 아닌가 생각된다. 그러나 흉노에 밀려난 중마한(월지)이 역사상에서 완전히 사라진 것은 아니었는데 이들은 후일 천산산맥을 넘어 박트리아에 침입해 B.C. 135년경에는 박트리아 왕국을 정복하고 대월지국을 건설한다(B.C. 130~45). 그리고 5세기 중엽에는 쿠샨왕조로 발전하여 인도 북부 지역까지 그 영역을 확장시키는데 이 쿠샨왕조를 통하여 간다라 불교미술과 대승불교가 동아

---

1) 이일봉, 『실증한단고기』, 정신세계사, 1998, 265쪽.

시아에 전래된다. 따라서 동아시아에 불교를 전파한 이들은 중국(한족)이 아니라 우리 알타이-투르크 기마민족이었을 뿐만 아니라 알렉산더 대왕이 건설한 제국과 전쟁을 벌였음을 알 수 있다.

대월지국의 후손들은 현재 중앙아시아 우즈베키스탄에 살고 있는 우즈벡족과 카자흐스탄에 살고 있는 많은 카자흐 부족들로 오늘날까지 그 명맥이 이어져 오고 있다. 그럼에도 불구하고 유럽의 역사학자들은 대월지국을 인도-유럽인이 세운 나라라고 주장하고 있다.

쿠샨왕조는 정복왕조로서 지배자와 피지배자가 달랐다. 서양에서는 쿠샨왕조를 인도-유럽어족의 국가로 분류할 뿐만 아니라, 인도-유럽계가 지배하고 월지(중마한)족들이 피지배자였다고 완전히 뒤바꿔서 묘사하는 기록들이 많은데 이것은 역사왜곡으로 사실과 다르다. 〈그림 1〉을 보아도 이들 지배자들은 아시아인의 인상을 강하게 풍기고 있음을 볼 수 있다. 이들은 알렉산더 대왕이 세운 박트리아를 점령한 다음 그 지역을 지배하던 그리스인들과 혼혈이 되면서 점차 서구적인 얼굴을 가지게 된 것이 아닌가 추측이 된다.

그렇게 피정복 민족과 혼혈하는 일은 알타이-투르크족 사이에서는 일반적으로 일어났던 일이었다. 대표적인 예가 타타르족으로 러시아, CIS 지역에 사는 타타르인들은 아시아적 얼굴이 사라지고 완전히 러시아인의 얼굴을 하고 있다. 그러면 타타르인들도 원래는 서양인이었다고 해야 하는가?

이 문제를 해결하기 위해서는 먼저 박트리아를 멸망시킨 월지족과 스키타이족의 상관관계를 알아야 할 것으로 보인다.

〈그림 1〉쿠산왕조 지배자의 얼굴[2]과 타타르족 출신 영화배우 찰스 브론슨[3]

---

2) http://www.grifterrec.com/coins/kushan/heraios.html

3) http://en.wikipedia.org/wiki/File:Bronson_1973.jpg

2. 신비한 민족 스키타이

　스키타이민족은 서양인들의 역사기록에 의하면 고대 이란민족의 일파로 고대 이란어를 사용했으며 B.C. 1000년 전부터 중앙아시아 스텝 지역으로 진출하기 시작했다고 기록하고 있다.[4] 앞으로도 얘기하겠지만, 서양인들은 중앙아시아 기마민족의 기원에 대해서 인도-유럽어족으로 묘사를 하는데 이는 사실이 아니다. 이들이 이 기마민족들을 인도-유럽어족으로 분류하는 이유는 유럽 문명의 시원이 바로 이 유목민족 특히 스키타이와 관계가 깊기 때문이다. 따라서 자신들의 역사와 문화의 기원이 동양에서 시작되었다는 것을 감추기 위해 서양의 역사학자들도 중국의 역사학자 못지않게 역사를 조작하고 있다.

　그리스의 역사학자 헤로도토스가 기록한 『역사』라는 책에 보면 기마민족에 대해서 묘사를 해 놓았는데

　　북해에 살던 키메리안(Cimmerian)은 스키타이(Scythian)에 쫓기고 스키타이는 마사게타이(Massagetae)에게 쫓기며 마사게타이는 다시 아리마스포이(Arimaspi)에게 쫓겼으며 아리마스포이는 괴조 그리포스(Gryphon)의 무리들에게 쫓겼다.

라는 내용이 있다. 헤로도토스는 여기에 기록한 종족들이 다 스키타이 계통의 민족이며 이 민족 외에 사카(Saka), 월지(Yuechi)까지 전부 스

---

4) J. P. Mallory, *In search of the Indo-Europeans: Language archeology* and Myth Chapter 2, Thames & Hudson, 1989, pp. 51~53.

키타이계로 보고 있었다. 따라서 스키타이계 민족을 알타이-투르크민족으로 분류를 하게 되면 유럽의 역사는 게르만민족의 이동 이후부터가 유럽의 역사가 될 뿐만 아니라, 찬란했던 그리스, 로마 문명을 파괴한 침략자의 역사가 되기 때문에 유럽의 역사를 조작하여 서양인들은 원래 문명화된 민족이었고 동양인들은 나중에 징기스칸과 함께 쳐들어온 야만민족이었다는 교육을 간접적으로 하고 있는 것이다.

특히 현재 유럽에 존재하는 민족들의 기원의 대부분이 스키타이와 무관하지 않아 스키타이족의 역사는 중국인들이 동이족의 역사를 대하는 것만큼이나 골치 아프지만 자신들의 역사로 가져가야만 하는 모순을 가진 특별한 존재이다.

현재 학계에서는 터키와 이란의 역사 교수들 사이에 스키타이족의 언어에 대해서 논쟁이 되고 있는데 다행히도 스키타이의 언어를 알 수 있는 유물이 카자흐스탄에서 발굴되었다. 〈그림 2〉의 유물에는 고대 스키타이 문자가 새겨져 있는데, 그 문장을 해석하면 〈표 1〉과 같았다.

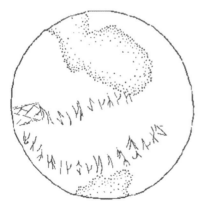 

〈그림 2〉 카자흐스탄 알마티 근교에 있는 이식 코르간에서 발굴된 유물

탐가문자발음	Ögün an onuyu öcü OK, uboz uç esitiz oz–ötü onuy oy ekiç ekil aliz at.
터키어	Ögün(an onuyu) güçlü OK, boynuz uçan ediniz Öz–öteki(onuy oy) eklemiçeri iletmek aliniz ata.
한국어(의역)	우리 왕자의 영혼을 조상께서 계신 하늘로 올려라. 이 분은 위대한 지도자였다.

따라서 〈표 1〉의 문장 구조를 보면 스키타이 유물에 새겨진 언어는 투르크계 언어이므로 알타이 어족에 해당하는 언어를 사용했다는 것을 알 수 있다. 이에 대해 유럽계 학자들이 반론을 재기하는 것은 이 문장을 반대로 읽으면 아람어로 읽힐 수 있다는 점을 들어 스키타이족의 언어는 인도-유럽어 계통이라는 것이다. 그러나 아람어는 이란어와 같은 계열의 언어가 아니므로 인도-유럽계라고 주장하는 데는 무리가 있다고 생각한다. 아람어를 사용했던 국가는 고대 수메르 국가 중의 하나였던 엘람(Elam, B.C. 2700~B.C. 539)[5]으로 아람어는 이란어군의 어떤 언어와도 관련이 없는 독자적인 언어이다. 아람어를 연구했던 데이비드 맥알핀(David McAlpin)에 의하면 아람어는 드라비다어족과 관련성이 있는 언어라고 주장하고 있으며 바크라브 브라젝(Vaclav Blazek)은 아프로-아시아계 언어(Afroasiatic languages)와 유사하다고 주장하고 있다. 현재 아람어와 가장 유사한 언어를 사용하는 민족은 유태인들이다. 따라서 스키타이계 언어는 인도-유럽계 언어가 아니다.

그럼에도 불구하고 서양학자들이 스키타이가 유럽인이라고 주장하

---

5) 엘람(Elam): 현 이란의 일람 주(Ilam)와 후제스탄 주(Khuzestan) 일대에 있었던 고대 문명으로 수사(Susa)를 중심으로 발달했었으나 B.C. 539년 페르시아제국에 의해 멸망당하면서 페르시아제국의 영토에 병합되었다.

는 근거 중의 하나로 러시아 알타이 공화국에서 발견된 스키타이계 왕족의 쿠르간(파지리크 쿠르간)에서 발견된 쿠르간의 주인이 금발에 흰색 피부를 가졌기 때문에 백인이라고 주장하고 있다. 그래서 이를 발굴한 러시아의 역사학자들은 이를 근거로 중앙아시아 지역의 유목민족들이 알타이-투르크계의 민족들이 아니라 인도-유럽계의 민족들이었으며 징기스칸의 침략 이후에 인도-유럽계인들이 중앙아시아에서 밀려나 오늘날 유럽, 인도, 이란에 살게 되었다는 논리를 펼침으로써, 제정 러시아 이후 자신들의 시베리아와 중앙아시아의 지배를 정치적으로 정당화하려고 하였다. 이에 이 지역의 알타이족과 카자흐족 역사학자들은 자신들의 조상을 서양인이라고 주장하는 것에 대해 분개해 이 얼음공주가 서양인이 아니라 동양인이라는 것을 증명하기 위해 노력하였으나 소비에트 시절 민족주의는 자본주의에 대해서 말하는 것만큼이나 대 반역죄에 해당되어 자신들의 조상에 대한 진실을 제대로 밝히지 못하고 러시아인들이 일방적으로 세운 논리에 밀리다가 세월이 흘러 소비에트 공화국이 붕괴되고 나서부터 본격적인 조사를 하여 얼음공주가 인도-유럽계가 아닌 알타이-투르크계인인 것으로 밝혀내었다.[6]

그러나 중앙아시아 국가들의 경제력이 상대적으로 여유롭지 못한 이유 때문에 예전에 러시아인들이 퍼뜨린 스키타이는 서양인이라는 책들이 세계에 돌면서 인터넷과 대중 매체를 통해 전 세계로 왜곡된 정보가 퍼지고 있어 제대로 된 진실을 알리기 힘든 실정이다. 하루빨리 중앙아시아인들은 자기 조상들의 역사를 올바르게 전 세계 사람에게 알려줄

---

6) 알타이 자치공화국 학자와 러시아 학자 사이에 있었던 얼음공주의 인종에 대한 논쟁은 노보시비르스크 유전학 연구소의 루드밀라 오시뽀바 박사에 의해서 얼음공주의 유전자를 채취해서 검사한 결과 아시아인인 것으로 판명되었다.

필요가 있을 것으로 생각된다.

　중앙아시아에 와서 살아 보면 그러한 서구적인 외모가 대단히 독특한 것이 아님을 알 수 있는데 카자흐스탄은 다양한 인종이 복합적으로 섞여서 살다보니 오랜 기간 동안 서서히 혼혈이 이루어져서 투르크인들 중에는 지금도 금발에 흰색피부, 심지어 푸른 눈동자를 가진 사람들이 많은데 그 이유는 이들 스키타이민족의 기원설화에 잘 나타나 있다. 스키타이민족이 최초로 성립되었던 당시 이들은 순수 아시아인으로만 이루어진 것이 아니라 다른 민족과의 혼혈로 탄생한 민족이라고 전승되어 왔기 때문에 아시아인이면서 금발을 하고 있는 사람, 동양인의 얼굴을 하고 있으면서 눈이 파란 사람 등 다양한 형태의 얼굴을 가지고 있다. 따라서 단순히 금발이 발견되었다고 서양인이라고 단정 짓는 것은 성급한 판단이며, 이들의 의복, 문화, 언어, 외양 등을 복합적으로 고려해서 판단해야 할 것이다.

〈그림 3〉 푸른 눈의 카자흐족과 러시아 혼혈 녹색 눈의 타타르족 여학생

서양의 용에 관련된 전설을 보면 공통적인 특징이 유럽인들이 용에게 젊은 처녀를 바치는 인신공양을 했다는 것이다. 그래서 기사가 용을 퇴치하고 마을을 구한다는 내용이 많은데, 여기서 언급된 용은 진짜 용이 아니라, 당시 비늘갑옷을 입었던 기마민족을 의미한다. 이들은 유럽으로 이동해 그 지역에 정착해 살면서 젊은 여인을 바칠 것을 요구했는데 그 이유는 같은 부족끼리의 결혼을 기피하는 풍습에서 유래했다. 이로 인해 유럽으로 들어간 기마민족들의 외모는 서서히 서양인으로 변해 갔다. 비록 그들의 외모가 족외혼의 풍습으로 인해 서양인으로 변했기는 하지만, 여전히 아시아에서 가지고 온 풍습과 전통을 유지하고 있으며 지배민족으로서 현재까지도 유럽의 왕가와 재벌군을 이루고 있다.

(필자 주)

3. 편두를 한 이유

스키타이족의 전형적인 특징은 편두의 풍습인데 이들의 어린이들은 태어난 이후부터 머리를 나무틀을 이용해서 고정한 다음 편두를 만들었다. 이렇게 한 이유와 용도에 대해서 어떤 학자는 머리를 좋게 하기 위해서 만들었다고 주장하는데 정말로 머리를 편두로 하고서 머리가 좋아졌는지는 증거가 없어서 사실여부를 확인할 수가 없어 딱히 설득력 있는 주장은 아니라고 본다.

필자가 중앙아시아의 풍습과 신화를 연구한 결과, 편두를 만들게 된 이유는 머리를 좋게 하는 기능적인 면보다는 종교적인 면이 더 강한 것

으로 보인다. 탱그리 사상에서 말하는 지도자의 이미지는 태양의 아들
이다. 따라서 지배자는 태양의 아들 또는 딸로 보여야 할 필요가 있다. 이
로 인해서 우랄-알타이민족의 지도자들은 여러 가지 재료와 다양한 장
식을 통해서 자신을 태양의 아들로 보이게 하고자 노력했다. 이들이 편
두를 만든 이유도 바로 이러한 연장선에 있다고 봐야 할 것이다. 왜냐하
면 편두는 아무나 한 것이 아니었기 때문이다. 편두는 스키타이족 전체
가 한 것이 아니라 지도자, 귀족계급, 즉 적부인(赤部人)들 또는 백부인
(白部人)과 혼혈한 적부인들만 했었다.

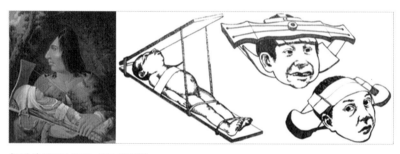

〈그림 4〉 편두를 만드는 미국 인디언[7]

　이를 뒷받침할 수 있는 기록적 근거로 『한단고기』에는 색족(色族)의
네 개 종족 중, 적부인은 "피부가 녹슨 구리색으로, 코는 낮아 뭉툭하며
이마는 넓고 뒤로 기울고 머리털은 곱슬머리로 황부인과 비슷하다"[8]라
고 언급한 것으로 보아 지배계급만 했었다는 것을 알 수 있다.
　그 예로 부처의 머리와 각종 힌두교 신들의 머리를 보면 이들의 머리는

---

7) http://www.ask.com/wiki/Artificial_skull_deformation
8) 임승국 번역·주해, 『한단고기』, 정신세계사, 2009, 158쪽.

〈그림 5〉 부처의 머리와 카자흐족 전통의상

하나같이 길쭉하게 위로 뻗어 올라간 것을 볼 수 있다. 물론 상투를 틀었기 때문에 그렇다고 설명할 수도 있지만, 그 이상으로 두상이 위로 길게 늘어나 있는 이유는 이들이 바로 편두를 했었기 때문이다.

불상을 보면 항상 부처는 독특한 헤어스타일에 머리를 길게 묘사하는 것을 볼 수 있다. 이러한 머리모양을 만든 이유는 고타마 싯타르타(석가모니)가 지배계급 출신이었기 때문이다. 실제로 석가모니는 왕족이었으므로 그는 사카족의 전통에 따라 편두를 했었을 것이다. 따라서 『한단고기』의 색족에 대한 언급은 사실임을 알 수 있다.

황부인은 광대뼈가 나오고 피부색이 누렇다고 했기 때문에 적부인도 황부인과 같은 몽골로이드계 인종인 것은 분명한데 몽골계 인종에는 없는 이마가 넓고 뒤로 기운 곱슬머리 사람들이 적부인이라고 기록한 이유는 무엇일까? 그 이유는 앞서 말했던 불의 형상을 만들기 위해 편두를 했기 때문에 상기와 같은 기록이 남은 것으로 보인다.

단군사상에 의하면 신은 태양이다. 그리고 인간세계를 지배하는 지도자는 태양의 아들이다. 따라서 지도자들은 백성들에게 자신이 태양의 아들이라는 것을 증명해야 했다. 그래서 불을 형상화한 물건을 많이 썼는데 그 이유는 고대에 하늘로부터 번개가 쳐 나무에 불이 붙는 것을 보고 불이 곧 태양의 화신이라는 믿음이 생겼다.

그래서 초기 종교의 성인들을 보면 머리 뒤에 불처럼 타오르는 형상을 그려 넣는 경우가 많았는데 이는 바로 불을 신성시하던 신앙과 관련이 깊다. 그래서 지도자들은 자신의 머리를 길게 늘인 다음, 머리를 곱슬거리게 파마해서 머리를 마치 불타오르는 형상처럼 보이게 인위적으로 만든 것이다. 뿐만 아니라, 이들은 여기에 그치지 않고 붉은색의 고깔모자를 쓴다거나, 머리에 깃털을 꼽아서 불꽃이 타오르는 형상을 만들기도 하였다.

〈그림 6〉 불을 형상화하기 위한 각종 장식들: 백제 금관 장식, 고구려 금관 장식

고깔모자가 쿠르간에서 많이 발견되는 이유는 바로 이러한 편두에 맞는 모자를 만들다 보니 생겨난 산물인 것이다. 우리나라의 고구려 청암리 토성 금동관도 불타오르는 형상을 하고 있는데 이는 우리나라도 중앙아시아의 다른 기마민족들과 마찬가지로 불을 신성시한 풍습이 있었기 때문이었던 것으로 보인다.

　이러한 편두의 분포는 비단 중앙아시아의 민족들만 한 것이 아니라 한국에 있었던 신라와 가야에서도 했었는데 만주와 중앙아시아 초원에 살던 많은 북방민족들과 흉노족도 편두의 풍습이 있었던 것으로 보아, 스키타이, 흉노, 신라와 가야 왕국은 모두 같은 계열의 민족이 세웠던 국가로 보인다.

　그런데 이 편두의 분포가 단순히 유라시아 지역에 국한되어 나타나지 않고 전 세계적으로 나타나고 있는데, 이에 대해 서양인들은 외계인이라는 둥, 기형아라는 둥, 다른 인류의 해골이라는 둥 견해가 다양하나, 나의 견해는 이러한 편두가 발생한 이유는 바로 불을 신성시하던 고대종교로부터 나온 산물이라고 본다. 그리고 이러한 풍습은 왕족, 귀족계급을 중심으로 이루어졌었다. 따라서 전 세계적으로 편두가 각 지역의 왕릉에서 발굴되고 있다는 것은 최소한 그 지역들의 구성원이 전부 같은 민족으로 이루어졌다고는 말할 수는 없어도 같은 혈족들이 여러 지역에 가서 지배계급을 이루고 있었다는 것을 증명할 수 있게 해 준다. 이러한 사실을 감안할 때, 왜 유럽인들과 중국인들이 스키타이와 동이족을 유럽인으로 또는 중국인으로 포장하려고 애쓰는지 그 이유를 알 수 있다. 고대 스키타이족의 역사를 자신의 것으로 만들게 되면 위대한 철기 문명을 지니고 전 세계를 휩쓸었던 스키타이족의 역사를 가짐으로써 전 세계 패권통치의 정당성을 확보하는 역사적 증거가 될 수 있기 때문이다.

그래서 고대사를 조작해 식민지정복에 정당성을 가지고자 나치 독일과 소련, 중국이 역사를 왜곡했었으며 지금도 하고 있다.

그래서 소비에트 시절에는 스키타이족의 유물을 대대적으로 발굴하면서 자신들에게 불리한 유물이 발굴되면 폐기를 하거나, 조성연대를 낮게 잡아 이들의 역사를 짧게 만들어 버렸다. 특히 최근에는 유라시아 대륙에 광범위하게 퍼져 있는 탱그리 사상을 슬라브민족의 고유 신앙인 양 선전하면서 징기스칸의 역사와 고대 투르크의 역사를 자신의 역사로 포함시키고자 하는 작업을 진행 중에 있다.

나치통치시절의 독일도 소련과 비슷한 역사조작을 했으나, 이들은 소련과는 다르게 역사적 유물을 파괴하거나 의도적으로 평가절하하는 행위는 하지 않았다. 다만, 이들이 주장한 순수 아리아인을 설명할 때, 고대 투르크인들의 역사와 문화를 아리아인의 것인 양 포장을 해서 역사를 설명하였다. 독일이 이렇게 스키타이의 문화를 자신의 것으로 하고자 했던 것은 고대 독일의 신화와 전설이 아시아로부터 온 기마민족으로부터 시작이 되었기 때문에 자신들의 고대역사를 설명하는 데 투르크의 역사는 필수였기 때문이다.

〈그림 7〉의 사진들은 전 세계에서 발굴된 편두해골, 조각상, 현재까지도 편두의 풍습을 가지고 있는 아프리카 여인의 모습들이다.

〈그림 7〉 아프리카,[9] 투탄카멘,[10] 수메르,[11] 카자흐스탄,[12] 한국,[13] 마야,[14] 쿠샨왕조,[15] 흉노의 아틸라[16]

1) 이집트에 편두가 있는 이유

이집트에 편두의 풍습이 있었던 이유에 대해서는 몇 가지 역사적 배경을 예로 들 수 있는데 보수적으로 기록상에 나타나는 근거만을 바탕으로 할 경우, 이 풍습이 들어온 시기는 이집트의 신왕조 이후일 것으로 추측이 되는데 이집트의 편두 풍습이 퍼진 근거로 다음과 같은 것들이 있다.

9) http://ask.nate.com/knote/view.html?num=1231701

10) http://en.wikipedia.org/wiki/Head_of_Nefertem

11) http://www.bibliotecapleyades.net/sumer_anunnaki/reptiles/images/reptile17a_ 02a.jpg

12) http://studentorgs.utexas.edu/husa/origins/hunhist/hunkoponya.html

13) http://image.ohmynews.com/down/images/1/greenyds_377414_1%5B662615 %5D.jpg

14) http://www.perceptions.couk.com/imgs/maya-elite-skull.gif

15) http://www.grifterrec.com/coins/kushan/heraios.html

16) http://www.dinosoria.com/tragedie/attila_03.jpg

고대 이집트는 B.C. 1700년경 아시아로부터 온 기마민족인 힉소스 (Hyksos)인의 침략을 받아 하이집트와 중이집트를 빼앗기고 힉소스의 왕에게 108년 동안 지배를 받으며 조공을 바치게 되었는데 제17왕조 때부터 본격적인 독립운동이 시작되었다. 특히 카모세(Kamose) 파라오 통치 시기 때 힉소스인들을 대파함으로써 제18왕조를 여는데 결정적인 기여를 했지만, 이집트 카모세 파라오 때의 승리가 힉소스인들을 완전히 이집트에서 밀어낸 것은 아니었다. 이집트-힉소스전쟁 때 입은 부상으로 카모세 파라오가 사망하였던 당시에도 파라오와 싸웠던 힉소스의 왕 아워세라 아포피스(Aawoserra Apophis)는 여전히 생존해 있었으며 그의 아들에게 왕위가 넘어가서 짧게나마 힉소스의 지배를 마지막으로 이어갔다. 힉소스인들이 밀려난 다음에도 이집트 왕가는 힉소스인들이 만들어 놓은 풍습을 많이 따랐는데 편두도 이때에 남겨진 아시아 기마민족의 풍습인 것으로 추측된다.

힉소스인의 특징은 이들이 아시아계 기마민족이었다는 것과 이집트 왕국을 침략했을 때 말을 이용한 전차술과 뛰어난 궁술, 갑옷, 투구 등을 갖추어 쉽게 이집트를 제압할 수 있었다. 그리고 힉소스인들은 이집트인들이 악의 신으로 여기던 세트(Seth)신을 숭배했는데 세트신이 늑대의 형상을 하고 있는 것으로 보아 아마도 힉소스인들은 늑대를 숭상하던 알타이-투르크계 민족이었을 가능성이 상당히 크다고 볼 수 있다.

이집트는 신왕조 때만 아시아계 북방민족인 힉소스인의 지배를 받은 것이 아니라, 그 이전부터 이미 알타이-투르크민족의 지배를 받았던 것으로도 보인다. 이집트인들이 신으로 믿었던 인물들은 마치 인간인 것처럼 사랑도 하고, 결혼도 하고, 질투하고, 싸우고 하는데 이는 이들이 신이 아닌 이집트에 선진 문명과 기술을 가지고 들어온 인간이었기 때문에 이러한 인간적인 요소를 가지고 있었던 것으로 보인다. 과거에는 어떤 뛰어난 능력을 가진 사람을 그 사람이 죽은 후에 신으로 모시는 경우가 많이 있었는데 그 대표적인 예가 일본의 신도(神道)이다. 많은 일본의 신(神)들은 이들이 정말로 신이었다기보다는 한반도 또는 중국 대륙에서 일본으로 건너간 왕, 귀족, 무사, 기술자들을 기리기 위해 만든 것들이다.

한국에도 일본과 같은 신도문화가 있었는데 유교가 들어오면서 파괴되어 오늘날에는 사당(祠堂)의 형식으로 남아 이어지고 있으며 중국의 많은 토속신들 중에도 과거에 실존했었던 인물들이 많다. 이외에 인도의 신들, 그리스신들과 로마신들도 실질적으로 존재했던 사람들의 이야기를 신화로 남긴 것으로 보인다. 왜냐하면 당시 왕은 '신의 아들'로 여겨졌기 때문에 지배자계급은 인간계급이 아닌 신의 계급에 속하는 그룹이었다. 따라서 이들을 신으로 불렀던 것이다. 알타이-투르크민족의 지도자였던 단군(탱그리, Tangri)들도 인간으로서 나라를 다스리는 정치적인 지도자인 동시에 '하늘의 아들'로서 인간을 다스리는 종교적인 지도자이기도 했었다. 따라서 이집트신화에 나오는 신들을 인간들로 가정하면 이들이 알타이-투르크계 민족이었을 것을 짐작할 수 있다. 오시리스(Osiris)와 세트(seth)는 형제지간이다. 그런데 이 세트가 늑대의 탈을 쓰고 있으니 세트는 늑대토템을 가지고 있던 부족의 지도자였음을 추측할 수가 있다.

〈그림 8〉 몽골의 늑대 샤먼동상, 이집트 세트신, 시리우스 별[17]

　〈그림 8〉처럼 샤먼과 세트신, 헤라클레스는 동일한 복장의 스타일을
하고 있으며 신으로 받들어지던 지도자였다. 이들의 복장이 모두 비슷
한 것은 이들이 모두 동일한 문화를 가지고 있었기 때문으로 보인다. 즉,

---

17) Skyguide 천문 프로그램.

샤머니즘은 알타이-투르크민족의 전통적인 토속신앙이었으며 이러한 토속신앙을 가지고 있었을 가능성이 높은 아시아계 힉소스인이 세트신을 숭배한 것은 북방 유목민족의 종교적 전통을 이집트에서도 그대로 계승했던 것으로 보이며, 특히 헤라클레스는 스키타이족을 만든 시조로서 카자흐족과도 무관하지 않은 인물이니 이 세 가지를 모두 종합해 보면 이집트에 문명을 전파하고 국가를 건설했던 파라오들은 스키타이계였을 가능성이 높다. 헤로도토스가 유라시아 대륙 일대를 여행하면서 쓴 역사(The Histories)에 스키타이 계통의 민족인 네우리인들에 대한 기록을 해놓았는데 내용은 아래와 같다.

> 네우리인들은 풍속, 습관이 스키타이인들과 똑같다. … 그곳의 스키타이인과 그리스인들은 한결같이 네우리인들이 해마다 한번씩 늑대로 변했다가 며칠 후에 사람으로 되돌아온다고 말한다.
>
> — 역사 105절[18]

이러한 기록으로 보아 스키타이인 중에는 늑대를 토템으로 했던 부족이 많았던 모양이다. 이는 투르크인들이 자신들을 늑대의 후손으로 생각하고 늑대를 존경했던 것과 무관하지 않은 것으로 보인다. 그리고 스키타이인과 그리스인이 같이 언급된 것으로 보아 스키타이인과 그리스인은 오래전부터 같은 지역에 함께 살았음을 알 수 있다. 투르크족의 신화를 보면 스키타이족의 탄생 설화가 기록되어 있는데, 이들의 기록에 의하면 스키타이족은 동방에서 온 뱀여인(여와로 추정)과 서쪽에서 온

---

18) 주학연, 『진시황은 몽골어를 하는 여진족이었다』, 우리역사연구재단, 2008, 80쪽.

헤라클레스의 결혼으로 탄생한 민족이라고 한다. 따라서 그리스인과 동방의 기마민족의 혼혈로 탄생한 스키타이족은 고대로부터 그리스와 인접해서 살았었음을 알 수 있다.

·셋째, 이집트신들과 스키타이인들과의 유사성

이집트 벽화에 남아 있는 오시리스신의 벽화를 보아도 이들 지배자계급이 스키타이계에서 왔을 가능성을 암시해 주는 벽화가 많은데 오시리스신을 채색할 때 주로 검은색 또는 검붉은 색으로 칠하는 경우가 많으나 푸른색으로 칠하는 경우도 있기 때문이다. 이는 오시리스신의 피부색이 원래 파랗기 때문이라기보다는 종교적 의식을 행할 때 몸을 파란색으로 칠한 것에서 유래된 것이 아닌가 추측이 된다. 푸른색을 칠한 이유는 이들이 바로 하늘로부터 내려온 신, 또는 하느님의 아들이라는 징표로 하늘색을 몸에 칠했었기 때문이다.

〈그림 9〉 푸른색 신: 이집트 오시리스신,[19] 마야신,[20] 시바신,[21] 게세르 한[22]

---

19) http://headpurification.wordpress.com/

20) http://viewzone2.com/chaturx.html

21) http://nexusnovel.wordpress.com/...reation/

22) http://www.youtube.com/watch?v=Kv8IxLw3NWs

흥미로운 것은 이러한 푸른색을 칠한 인물이 나타나는 그림들의 분포가 스키타이가 분포했던 지역에서도 나타나고 있다. 스키타이인들은 자신의 몸을 푸른색으로 칠하거나 문신 비슷하게 색을 칠했다. 파지리크 쿠르간에서 발견된 얼음공주의 피부를 보면 이 여인도 온몸에 푸른색 문신을 한 것을 볼 수 있다. 따라서 파지리크 쿠르간의 주인공도 스키타이계인 것을 알 수 있는데 이렇게 푸른색을 칠했던 문화가 인도 북부, 이집트뿐만 아니라 유럽 전체에 퍼져 있던 켈트족과 켈트족의 일파였던 픽트(Pict)족에게까지 있었다. 율리우스 시이저(Julius Caesar: B.C. 55~130)가 유럽에서 정복사업을 벌이던 시기에 영국에 살던 스키타이족 계열의 픽트족을 묘사할 때 이들이 온몸을 파랗게 칠하고 문양을 넣었다고 묘사한 것으로 보아 이들은 분명 동일한 문화권의 종족임을 알수가 있다.

따라서 이집트 문명을 최초로 일으킨 문명의 신인 오시리스는 동북방에서 내려온 스키타이계 정치지도자였을 가능성이 상당히 높다. B.C. 1500년경 쳐들어온 힉소스인은 후에 다시 추가로 이집트에 들어온 스키타이인으로 보인다. 그 이유는 이들이 신으로 받들었던 세트신은 오시리스신의 적이기도 했지만 이들은 근본적으로 형제지간이었다. 오시리스와 세트는 이집트 신화에 나오는 지상의 신 게브(Geb)의 아들들인데 이 게브신도 피부를 녹색으로 칠한 모습으로 자주 묘사되고 있다.

2) 아프리카에 편두가 있는 이유

힉소스인들은 이집트를 지배하고 견제하기 위해 이집트 남쪽에 위치했던 쿠쉬(Kush, 현재의 수단)의 지도자와 동맹을 맺고 있었다. 따라서 이 시기에 힉소스인들과 쿠쉬인들과의 결혼동맹에 의해서 지금까지 이러한 편두의 풍습이 남아 있게 되었을 가능성이 크다. 또 다른 일부의 힉소스인들은 이집트와의 전쟁에 패하여 이집트 땅에서 밀려났을 때, 유럽으로 건너갔을 가능성이 있다. 그 이유는 힉소스인들이 이집트의 카모세(Kamose) 파라오에게 패한 시기가 B.C. 1500년경인데 고대 이집트의 기록에 의하면 이들은 이집트 땅에서 축출된 것으로 묘사가 된다. 바로 그 시점에 그리스에서는 크레타 문명이 발생하기 시작했다. 따라서 시기적으로 이집트의 제18왕조 설립과 그리스의 크레타 문명 건설 사이

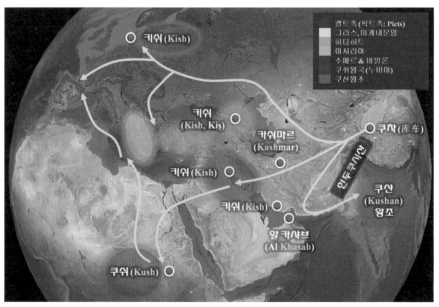

〈그림 10〉 스키타이족(키쉬인)의 이동 예상 경로

에는 일련의 관계가 있어 보인다. 또한 이들 중 일부는 후에 다시 이탈리아로 건너가 로마제국을 건설한 것으로 보이는데 그 이유는 로마를 최초로 건설한 에트루스칸(Etruscan)인이 기존의 학계에서 말하는 것처럼 인도-유럽인이 아닌 투르크계 민족으로 추정되기 때문이다.

〈그림 10〉은 지명을 중심으로 스키타이인들이 이동했을 것으로 추측이 되는 경로를 그린 것이다. 카자흐어에는 '사람'을 뜻하는 단어는 아담(адам)과 크스(кici)가 있다. '아담'이라는 단어도 흥미롭지만 이번 장에서는 '크스'에 대해서만 언급하기로 한다. 수메르어로 사람은 '키(ki)'였다. 따라서 카자흐어의 '크스'와 수메르어의 '키'는 같은 어원을 가진 단어일 가능성이 높다. 수메르인들이 건설한 '키쉬(Kish)'라는 도시명은 수메르인이 사는 땅 또는 도시라는 의미로 '키쉬'라고 지었을 것으로 보인다. 그런데 이러한 지명이 메소포타미아 지역에 국한된 것이 아니라 상당히 넓은 지역에 분포하고 있다. 그 이유는 수메르인들이 다른 지역으로 이동하여 새로운 도시를 건설하였기 때문인 것으로 보인다. B.C. 1500년경 힉소스인이 이집트에 침략했을 때 이집트인이 패한 원인이 힉소스인들이 뛰어난 궁술, 기마술 그리고 훌륭한 갑옷을 갖추고 있었기 때문이라고 말하였다. 이로 미루어 보아 이들은 기마민족임이 분명한데 서양인들도 힉소스인들에 대해서 아시아계 기마민족(Asiantic Nomad)이라고 말을 하고 있는 것으로 보아 동방에서 온 민족임에는 틀림이 없어 보인다. B.C. 1500~1000년경 사이에 쿠쉬(Kush), 또는 키쉬(Kish)라는 지명을 사용했던 곳은 아프리카의 수단과 중동 지역에서 먼저 나타난 것으로 보이고 나머지 지역은 후기에 생겨난 것으로 보인다. 쿠샨 왕조는 A.D. 1세기경에 생겨난 도시이고, 아일랜드의 키쉬라는 지명도 켈트족이 영국과 아일랜드로 넘어온 시기는 A.D. 325년경 픽트(Picts)

족이 건너와 국가를 건설하던 시기에 생긴 도시가 아닌가 생각된다. 시기적으로는 차이가 많이 나지만 이들에게는 공통점이 있는데 그것은

첫째, 이들이 기마민족과 연관이 있다는 점
둘째, 이 지역을 다스렸던 지도자들 또는 주민들이 파란색으로 온 몸을 칠하는 풍습이 있었다는 점
셋째, 이들은 타 지역에서 온 외래인이라는 점이다.

따라서 고대에 중근동 지역에 머물렀던 스키타이인들이 메소포타미아, 이집트, 그리이스, 로마, 유럽, 인도 등지로 들어간 것으로 보인다. 대홍수 이후 인류가 티베트에서 내려왔다는 가정하에서 보면 중국 지역의 쿠차(庫車, Kù chē)에 있던 스키타이민족이 인도의 카슈미르를 지나, 수메르의 키쉬(Kish)를 경유해서 이집트로 들어왔을 가능성이 있다. 그리고 이러한 민족의 이동은 고대에만 있었던 것이 아니라, 그 이후에도 동아시아 지역에서 정치적 변동이 있을 때마다, 끊임없이 동에서 서로 민족의 이동이 있었던 것으로 보인다. 그러한 대표적인 사례가 아바르족의 이동, 훈족의 이동, 징기스칸의 서방 정벌, 오스만제국의 동로마제국 정벌 등등을 들 수 있다.

3) 인도에 편두가 있는 이유

스키타이족이 인도로 유입된 경로는 스키타이족의 한 일파인 월지족이 흉노족에게 패해 아프가니스탄과 중앙아시아 지역에 대월지를 건설하고 다시 인도 북부 지역으로 들어가 쿠샨왕조를 세운 A.D. 60년이다. 그런데 인도에 존재했던 카스트제도는 이들이 오기 이전부터 존재했던 제도이고 인도인들이 믿는 신들도 대부분 월지족이 오기 이전부터 있었기 때문에 월지족이 전해 준 종교문화라고 보기에는 어렵다. 따라서 쿠샨왕조를 세운 월지족은 이집트의 힉소스인처럼 초기에 이집트, 인도로 들어간 스키타이인들이 왕국을 건설한 후에 다른 스키타이계 민족이 다시 진출하여 정복하면서 생기게 된 왕조가 아닌가 추측되며, 이집트와 인도로 들어간 최초의 스키타인과 같이 나중에 온 힉소스인이나, 월지족도 같은 경로를 이용하여 이집트와 인도로 들어가게 된 것이 아닌가 추측이 된다.

〈그림 11〉 편두를 한 푸른 힌두신들과 부처 비쉬누,[23] 칼리,[24] 시바[25]와 부처[26]

---

23) https://ferrebeekeeper.wordpress.com/tag/vishnu/

24) http://www.shaddick.net/j/

25) http://www.hinduyuva.org/tattva-...hashita/

26) http://www.meditationinliverpool.org.uk/HTML-Pages/Images-Of-Buddhas/ Buddha-Shakyamuni.html

왜냐하면 스키타이계 민족이 이동한 지역과 '키쉬(Kish)'라는 지명은 같이 나타나는 경향이 있는데 이는 '키쉬(Kish)' 또는 '쿠쉬(Kush)'라는 도시를 이들이 건설한 것이 아닌가 하는 추측을 하게 한다. 인도의 라마야나(Ramayana)라는 경전을 보면 라마왕자의 모험에 대한 전설의 기록이 있는데 내용을 보면 다음과 같다.

라마왕자는 아름다운 부인 시타(Shita)를 아내로 맞아 행복한 결혼생활은 했다. 그러나 결혼 후 채 몇 년도 안 되어 정적인 라반나(Ravanna)에게 납치(혹은 함께 도망갔다고 기록되어 있음)되어 스리랑카로 갔다. 이에 라마는 부인을 되찾기 위해 자신의 동료들과 함께 하늘을 나는 비마나(Vimana)를 타고 스리랑카에 가서 라반나를 퇴치하고 자신의 수도인 아요디아로 다시 데리고 오지만 부인의 부정으로 인해 그녀를 숲으로 추방한다. 하지만 오랜 고민 끝에 그녀를 받아들이기로 결심하고 함께 행복하게 살았다.

〈그림 12〉 라마왕자를 도와 라반나를 퇴치하는 하누만(Hanuman) 원숭이 신[27]

27) http://en.wikipedia.org/wiki/Ramayana

〈그림 12〉를 보면 이집트의 오시리스와 세트신처럼 천사군대와 악마 군대는 서로 싸우지만 양쪽 모두 편두를 했으며 푸른색으로 몸을 칠했음을 볼 수 있다. 따라서 고대사에 나오는 신들의 전쟁은 모두 편두를 한 알타이-투르크민족 간의 정권다툼이라고 볼 수 있다. 그런데 인도 지리학자 판드(S. N. Pande) 씨가 『모틸랄 바나르시다스(Motilal Barnsidass Newsletter)』1998년 2월 14일자에 발표한 연구결과에 의하면 라마왕자의 모험에 나오는 아요디아는 현재 인도 북동부에 있는 아요디아가 아니라 더 북쪽에 위치해서 아프가니스탄 지역에 있었으며 현재의 아요디아로 지명이 옮겨온 것은 B.C. 800년경이 되어서 였다고 한다.

고대의 아요디아란 도시는 카샤(Kasha)족에 속해 있던 도시로 키쉬(Kish)왕조의 라마왕자의 아들 쿠샤(Kusha)의 이름을 따서 쿠샤크(Kushak)란 이름으로 재건되었다고 한다.[28] 라마야나의 기록을 보아도 힌두신들이 키쉬(Kish) 또는 쿠쉬(Kush)라는 지명을 사용하고 있음을 알 수 있다. 古아요디아의 위치는 고대환국이 위치했던 강당(羌塘, Qiāng táng) 지역이라 스키타이(삭족)와 고대 환국인(색족)의 활동 강역이 같음을 볼 수 있다.

결론적으로 힌두신들이 편두를 하고 푸른색을 몸에 칠하고 도시 또는 부족명에 키쉬와 유사한 발음을 사용하고 있는 점 등등을 고려할 때, 고대 인도사회를 지배했던 지배계급들은 중앙아시아 지역에서 온 기마민족일 가능성이 높다.

그러나 서양의 학자들은 보통 상기에서 언급한 고대왕국의 언어에 대

---

28) David Hatcher Childress, 『신들의 문명: The incredible sciences of the ancients』, 대원출판, 2002, 256~257쪽.

한 서양학자들의 기록을 보면 모두 이들이 인도-유럽계어족이라고 기록하거나, 셈계어족이라고 기록하고 있는데 그것은 절반은 맞고 절반은 틀린 분석이라고 본다. 유럽과 중근동 지역에 건설되었던 고대국가들은 정복왕조로서 이들의 사회를 보면 지배자계급과 피지배자계급이 다르다는 것을 알 수 있다. 기마민족의 특징은 어느 지역을 정복해서 통치하면서 피지배자들의 상부에 군림하면서 이들로부터 조공을 받았다. 그 외의 것들에 대해서는 그다지 많은 관여를 안했는데 결혼동맹을 통하여 기존의 귀족세력들에게도 권력의 일부를 나누어 주었다. 예를 들어 중원 대륙을 지배했던 많은 북방 기마민족들은 이들이 지배계층을 형성하고 있으면서도 문자기록은 중국식 문법에 따라 기록하는 경우가 많았다. 한국의 경우도 그러했는데 그렇다면 이러한 국가의 국민들은 모두 중국어를 했던 중국계 민족이었단 말인가?

이러한 전통은 20세기 초까지도 있었던 기마민족의 전통이었었다. 이들은 전쟁과 정복사업에 관련된 제철기술, 군사전략에 관련된 분야에 열중하고 나머지 기록, 문학에 관련된 부분은 현 지역에 거주했던 인텔리 계층이 담당을 하고 있었다. 따라서 기록된 문자만으로 이들을 인도-유럽인이라고 말하는 것은 난센스이다. 고려왕조와 조선왕조, 중국의 청나라 외에 수많은 북방 기마민족이 세운 국가들은 한자를 사용해서 중국식 문법에 맞추어 역사를 기록한 경우가 많으나 그렇다고 이들 지배계층이 중국어를 쓴 것은 아니었다. 따라서 중근동에 있었던 기마정복민족의 국가들을 분석할 때에도 이와 같은 사항을 고려하여 판단하여야 한다.

북방지배민족들은 권력을 독점하지 않고 일부 권력을 현지 귀족집단에게도 나누어 줬는데, 왜냐하면 기마정복민족이 인구의 대부분을 차지했던 수메르나 기타 중앙아시아 지역의 경우에는 인종간의 갈등이 생길 우려가 없었으나 정복한 지역에서는 발생할 가능성이 높았다. 따라서 이러한 반란과 저항을 막기 위해 어느 정도의 신분상승과 정치에 참여할 수 있는 기회를 준 것으로 보인다. 그러나 이러한 신분상승이 무한정 허용된 것이 아닌 어느 정도의 한계를 전제로 한 것이었는데 바로 골품제도, 즉 카스트제도의 시작인 것이다.

기마민족이 정복했던 지역에서는 어김없이 골품제도가 나타났는데 예를 들어 한국의 신라도 골품제도가 있었고, 인도에도 카스트제도가 현재까지 남아 있다. 이집트에도 신관계급과 귀족, 평민으로 나뉘어져 있었으며, 유럽에도 봉건시대에도 이러한 계급제도가 있었다. 이러한 계급제도의 발생은 기마민족들이 타 지역을 점령하면서 생긴 신분차별제도였을 것으로 보인다.

4) 중근동 지역에 편두가 있는 이유

재미있는 것은 스키타이민족과 유대인과의 연관 가능성인데 키쉬(Kish)라는 이름은 성서에서도 언급이 되고 있다. 키쉬는 이스라엘 사울(Saul)왕의 아버지(B.C. 1104~1029)라고 기록이 되어 있는데 키쉬(Kish)라는 뜻은 '활'을 뜻해서 이 키쉬라는 인물이 스키타이계 기마민족일 가능성을 암시하고 있다.[29] 따라서 누비아-이집트-이스라엘-수메르-월지족(스키타이)-쿠샨왕조의 지배자계급들 사이에는 혈연적 연결고리가 있음을 짐작할 수 있다.

---

29) http://www.searchgodsword.org/enc/isb/ "Kish", International Standard Bible Encyclopedia

〈그림 13〉 가나안의 신들: 야훼,[30] 야훼의 아내 아쉐라(Asherah), 바알(Baal)

〈그림 13〉의 가나안의 신들을 봐도 모두 편두를 한 것을 볼 수 있다. 그리고 고대 유대인의 신앙은 유일신 신앙이 아닌 다신교 신앙이었음을 알 수 있다. 우리가 일반적으로 알고 있는 하나님(여호와, 야훼)은 아내도 있었는데 아내의 이름이 아쉐라(Asherah)였다. 아쉐라는 투르크 전설에 나오는 아쉬나와 발음이 비슷하다. 투르크 전설에 나오는 아쉬나는 남성으로 나오고 있지만, 현재 투르크 인들은 아쉬나라는 이름을 여자에게도 사용하고 있다. 따라서 고대 히브리인들을 지배하던 신족이 편두를 했던 점, 그리고 이들이 투르크 계통의 이름을 사용했던 점, 끝으로 바알신을 보면 알 수 있듯이 몸을 푸른색으로 칠하는 풍습이 있었던 것으로 보아, 히브리인들을 통치하던 지배계급도 아시아에서 온 기마민족이었을 가능성이 높다.

이집트의 고고학자 알렌 가드너(Aren Gardner)는 히브리 문자의 해독에 혁명적인 발견을 하게 되는데 히브리인들이 최초로 사용했던 히브

---

30) http://www.pleasantfluff.com/2009/07/19/the-origins-and-gradual-adoption- of-monotheism-amongst-the-ancient-israelites/

리 문자는 오늘날 유태인들이 사용하는 문자가 아닌 수메르의 고대 문자를 사용하여 문자를 기록했다는 사실을 발견했다. 실제로 아브라함이 수메르의 도시 우르(Ur)에서 나왔기 때문에 이들이 수메르 문자를 쓴 것은 어떻게 보면 당연한 것으로 보인다. 특히 고대 히브리인들은 현재의 히브리어가 아닌 완전히 다른 언어를 사용했는데 히브리인들이 원래 사용하던 언어는 페니키아어와 유사했던 것으로 보인다.[31] 그러나 B.C. 4세기경부터 히브리인들은 모국어를 사용하는 인구보다 셈족 계통의 언어를 사용하는 인구가 증가하기 시작하면서 중근동에서 原히브리어는 사라진 것으로 보인다.[32]

〈그림 14〉 고깔모자를 쓴 페니키아인[33]과 스키타이인(B.C. 4세기경)

31) Black & Armstrong, "The learned world had almost universally allowed that the Phoenician language was, with few exceptions, identical with the Hebrew", *The Foreign quarterly review*, Phoenician Inscriptions, London, 1838, p. 446.

32) Oxford University Press, "Hebrew ceased to be a spoken language around the fourth century BC", *"Hebrew" in The Oxford Dictionary of the Christian Church* 1st edition, Oxford University Press, 1958.

33) http://realhistoryww.com/world_history/ancient/Canaan_1a.htm

페니키아인들의 언어는 투르크계 언어와 유사하며 이들이 사용했던 고대문자도 투르크 고대문자와 유사한 것으로 보아 투르크인들과 페니키아인들은 동족이었을 가능성이 크다. 그런데 히브리인의 언어가 페니키아인들과 유사하다고 했으니, 투르크-수메르-페니키아-히브리어는 모두 알타이-투르크 계통의 언어였을 것으로 추측이 된다. 히브리어, 페니키아어, 수메르어가 중동에서 사라지게 된 계기는 수메르제국의 몰락과 연관이 깊은 것으로 보이는데 수메르제국이 B.C. 1700년경 셈족 계열의 민족의 침략으로 무너지면서 중동 지역 알타이문화 중심지가 사라지자 유대인들과 수메르인들은 터전을 잃고 방황하다 수메르인으로 추정되는 힉소스인들이 B.C. 1650년경 이집트를 침략해서 지배하던 시기를 전후해서 메소포타미아 지역을 떠나 지중해 연안에 거주하기 시작했던 것으로 보인다.

그러나 B.C. 1500년경, 이집트의 독립운동과 셈어족 계열의 바빌론제국에 의해 바빌론 유수(B.C. 597)를 당하고, 특히 로마제국에 의한 통치와 항쟁(B.C. 164~A.D. 70)으로 지배민족으로부터 반정부세력으로 규정됨에 따라 히브리어 사용이 금지되고 셈족 계열의 언어나 고대 라틴어의 사용을 강요당한 것으로 보인다. 왜냐하면 포에니 전쟁 이후로, 페니키아인이 건설했던 카르타고의 철저한 파괴, 히브리인의 항쟁에 대한 로마제국의 피의 숙청으로 인해서 중근동 지방에서 수메르어 계열의 언어를 쓰던 수메르, 페니키아, 히브리인들이 바빌로니아제국과 로마제국에 의해 철저히 파괴되고 숙청되어 사라졌기 때문이다. 그로인해 전쟁의 참화로부터 살아남은 사람들의 언어는 셈족언어에 흡수되어 사라져버렸다.[34]

---

34) A History of Hebrew Part 13 The Culture and Language Connection.

그래서 오늘날 유태인들이 사용하는 유대어(Yiddish)는 문법적으로는 완전히 인도-유럽어족화되었으며, 단어도 대부분 독일, 러시아, 폴란드 지역에서 차용해 와서 더 이상 고대 히브리어의 면모를 거의 찾아 볼 수가 없다. 그러나 다행스럽게도 중근동 지방에서 발견되는 토기와 비석에 새겨진 문자를 통해서 고대 히브리문자가 알타이-투르크계와 관련이 있었다는 흔적을 찾을 수 있다.

5) 수메르에 편두가 있는 이유

수메르인들은 B.C. 3500년경에 메소포타미아와 티그리스강 사이의 비옥한 평야지대를 기반으로 일찍이 문명을 일으킨 민족이다. 이들은 자기 자신들을 수메르라고 부르지 않고 웅 상 기-가(ùĝ saĝ gíg-ga)라고 불렀으며, 그 뜻은 '검은 머리의 사람들'이었고,[35] 그들이 살았던 땅은 키-엔-기르(Ki-en-ĝir)라고 불렀다.[36] 수메르인들이 편두를 하고 있었던 것은 이들도 알타이-투르크 계열의 민족이었음을 추측할 수 있다. 이들이 자기 자신을 불렀던 명칭을 분석해 보면 이들의 언어가 투르크계의 언어와 비슷한 것을 발견할 수 있는데 음운별로 분석을 하면 다음과 같다.

---

35) W. Hallo, W. Simpson, *The Ancient Near East*, New York: Harcourt, Brace, Jovanovich, 1997, p. 28.

36) K. van der Toorn, P. W. van der Horst, "Nimrod before and after the Bible", *The Harvard Theological Review* volume 83, issue 1, Cambridge University Press, 1990, pp. 1~29.

〈표 2〉 수메르어, 카자흐어, 한국어의 비교

언 어	수메르어	한국 발음	수메르어	한국 발음
수메르	ùĝ saĝ gíg-ga	웅 상 기-가	Ki en ĝir	키 엔 기르
카자흐	Қара басиың адамдары	카라 바스능 아담다르	Адамның жері	아담능 제르
한국어	검은 머리의 사람들	검은 머리의 사람들	사람의 땅	사람의 땅

〈표 2〉를 보면 수메르어, 카자흐어와 한국어의 문법이 비슷함을 알 수 있다. '검은 머리 사람들'이라는 단어로 미루어 보아 '사람'을 뜻하는 수메르어는 '기/기그(gig)'인 것을 알 수 있다.

·첫째, 기/기그(gig)와 키(ki)는 '사람'이라는 의미

수메르인들이 살았던 땅을 불렀던 '키-엔-기르(Ki-en-ĝir)'라는 문장의 의미는 '사람의 땅'이다. 따라서 '검은 머리의 사람들'이라는 문장과 '사람의 땅'이라는 두 문장을 종합해 보면 수메르어에서 사람을 뜻하는 단어는 기/기그(gig) 또는 키(ki)로 특히 수메르민족을 지칭하는 고유명사로 쓰임을 알 수 있다. 따라서 키쉬(Kish), 쿠쉬(Kush) 등의 도시는 앞의 발음이 '키(ki)' 또는 '쿠(ku)'인 것으로 미루어 보아 수메르인들이 들어가서 세운 도시명이 아닐까 추측이 된다. 그러므로 이집트를 쳐들어갔던 힉소스인, 누비아인과 수메르인 사이에는 어떤 상관관계가 있었을 것으로 추측이 된다.

·**둘째, 앙(aĝ)과 엔(en)은 소유격 '~의'라는 의미**

앙(aĝ)은 명사의 뒤에 붙어 소유격을 만들 때 쓰는 접미사로 '머리'를 뜻하는 사(sa)와 소유격 앙(aĝ)이 합쳐져서 상(sa-aĝ=saĝ)이 된 것으로 보인다. 엔(en)의 경우도 마찬가지인데 '사람의'라는 단어를 만들기 위해 키엔(ki-en)이라고 만든 것 같다. 한국어의 경우는 모두 '~의'로 발음이 통일되어 있는데 수메르어에서 앙(aĝ)과 엔(en)이 나타나는 이유는 수메르어가 알타이-투르크어처럼 모음조화현상이 일어났기 때문인 것으로 보인다. 한국어에서는 임진왜란(壬辰倭亂: A.D. 1592~1598) 이후에 모음조화현상이 많이 파괴되었지만 카자흐어에서는 지금도 철저하게 지켜지고 있다.

카자흐어에서는 양성모음(Жуан: 주안), 음성모음(Жіңішке: 증으스키예)이 있어 소유격 접미사가 앞에 어떤 발음이 오느냐에 따라 바뀐다.

따라서 사람을 뜻한 '사람(адам, 아담)'을 '사람의'로 만들 경우에는 앞에 양성모음 '아(a)'가 있으므로 같은 양성모음 계열인 '의(ы)'가 와서 '아담닝(адамның)'이 되고, '부인(әйел, 에이옐)'을 '부인의'로 만들 경우에는 앞에 음성모음 '예(e)'가 있기 때문에 같은 음성모음 계열인 '이(i)'를 써서 '에이옐능(әйелнің)'이 된다. 이외에도 앞의 자음이 된소리, 거센

〈표 3〉 카자흐어의 소유격 발음 변화

모음 종류	종류	소유격 변화(~의)
양성 모음(Жуан: 주안)	a(아), o(오), ¥(으) ы(의), ә(애), и(이), у(우)	ның(닝), дың(딩), тың(팅)
음성 모음 (Жіңішке: 증으스키예)	ә(예), ө(웨), ү(우) i(이), e(예), и(이), у(우)	нің(능), дің(등), тің(틍)

·한글로 정확한 표기가 안 돼 억지로 만든 발음이 있음에 유의할 것.

소리, 모음인가에 따라 ныҥ(닝), дыҥ(딩), тыҥ(팅), ніҥ(닁), діҥ(딍), тіҥ(팅)으로 바뀌나 이번 장의 문법과는 상관이 없으므로 생략하겠다.

그렇기 때문에 수메르어에서도 '머리의'라고 쓸 때 양성모음 '아(a)' 때문에 '상(sa + aĝ = saĝ)'이라 쓰고 '사람의'를 쓸 때는 음성모음 '이(i)' 때문에 '키엔(ki + en = kien)'이라고 쓴 것으로 보인다.

·셋째, '머리'를 뜻하는 '사그(saĝ)'의 의미

카자흐인 역사교수 아산 바흐티(Асан Бахти)가 쓴 『수메르, 스키타이, 카자흐』라는 책이 있는데 이 저자는 카자흐민족이 고대 수메르민족과 스키타이민족이 같은 민족이라고 주장하고 있다. 여기서는 그는 '머리'를 뜻하는 '사그(saĝ)'에 대한 명칭의 기원과 현 카자흐어에 어떻게 남아 있는가를 설명하고 있다.

본 필자와는 다른 관점에서 해석을 시도하고 있는데 언어학적 해석에 논리성이 있고 설득력이 있는 주장이라 소개하고자 한다.

〈표 4〉 사그(saĝ), 삭(сак) 그리고 카스-삭(Қас-сак)의 발음 비교[37]

시기	고대 명칭	발음	현대 명칭	발음
B.C. 2000년	saĝ	사그	Шумер	수메르
B.C. 600년	Сақ, Мас-саг	삭, 마스-사그	Сақ, Массагат	삭, 마세게트
A.D. 1500년	Қас-сақ, қай-сақ	카스-삭, 카이-삭	Қазақ	카자흐

37) Асан Бахти, Шумерлер Скифтер Қазақтар, Издательский Дом Көшпенділер, 2003, p. 19.

〈표 4〉를 바탕으로 필자는 스키타이족인 '삭(Сак)'족이 카자흐족의 직계 조상임을 강조함과 동시에 수메르와의 연관성도 강조하고 있다. 따라서 카자흐족이 수메르족과 관련이 있으면 한국인과 수메르족과 친연성이 높을 가능성이 있다는 증거이니 주목할 만한 점이다.

·넷째, '땅'을 뜻하는 '기르(ĝir)'

수메르어의 '기르(ĝir)'는 카자흐어의 '제르(жер)'와 비슷한 음가를 가지고 있다. '기르'가 '제르'와 비슷한 음가를 가지는 이유는 중앙아시아와, 동부 유럽에서는 'ㄱ' 발음이 'ㅈ' 발음으로 바뀌는 경우가 많기 때문이다. 이를 그림으로 도식화하면 〈표 5〉와 같다.

'주스'는 카자흐인들이 자신을 부르는 호칭이고 '우즈'는 우즈벡인들이, '구스'는 헝가리인들이 자신을 부르는 명칭인데 〈표 5〉의 발음 법칙을 적용하면 이들이 서로 같은 민족에서 왔음을 알 수 있다.

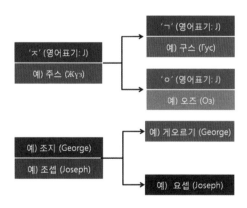

〈표 5〉 'ㅈ' 발음의 'ㄱ'화 & 'ㅇ'화 현상

〈표 6〉은 수메르어, 카자흐어, 한국어의 유사성에 대해서 비교 나열한 것이다. 이를 보면 카자흐어와 수메르어가 상당히 유사함을 알 수 있다.

　물론 한국어도 유사한 단어를 많이 가지고 있는데 얼핏 보기에 유사하지 않은 것 같은데도 유사한 단어에 포함시킨 이유는 발음의 변화 때문인데 앞서 말한 'ㅈ'의 'ㄱ' 또는 'ㅇ' 발음화 현상으로 인해 수메르어, 카자흐어, 한국어에서는 'ㅈ' 탈락, 또는 'ㄱ'화 현상이 나타나기 때문이다.

〈표 6〉 수메르어와 카자흐어(투르크계어), 한국어의 비교[38]

수메르어	한국어발음	카자흐어	한국어발음	비슷한 한국단어	본래 의미
Ада	아다	Ата	아타	아빠	아빠
Ама	아마	Ана	아나	엄마	엄마
Ту	투	Туу	투우	뜨다	(달이) 뜨다
Тир	티르	Тірі	트르	틀다	(보금자리를) 틀다
Шуба	슈바	Шопан	쇼판		목동
Уг	우그	Ұрпақ	우르파크	아들	자손
Ру	루	Ұру	우루	우격다짐	때리다
Шутагти	슈타그티	Ұстады	우스타드	잡다, 쥐다	잡다
Акар	아카르	Құм	쿰		(바닷가) 모래
Заг	자그	Жақ	자크	쪽	이쪽, 저쪽
Заггин	자긴	Жақын	자큰	근자(近者)	근처
Ме	미예	Мен	미옌		~와
Гаш	가슈	Қарлығаш	카르그가슈	까치	제비
Еден	예덴	Еден	예덴	들	마당, 뜰
Уш	우슈	Үш	우슈	셋	셋
У	우	Он	온	열	열
Ен	옌	Енi	예느	앞	앞의
Кен	켄	Кең	켕	큰	넓은
Уд	우드	От	오트		불
Удун	우둔	Отын	오튼	장작	연료
Кир	키르	Жер	제르	땅	땅
Узук	우주크	Ұзын	우즌	긴	긴
Ки / Ги	키 / 기	Қыз	크즈	딸	딸
Денгир	덴기르	Тәнiр	텡으르	단군	단군

---

38) 위의 책, pp. 20~21.

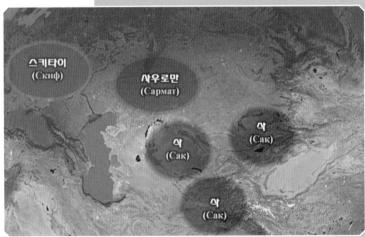

현 카자흐스탄의 3주스와
고대 삭족의 삼권분립

제4장

카자흐의
주스(Жүз)와
고조선인의
조선

1. 카자흐민족의 구성

1) 스키타이의 기원

그리스의 역사가 헤로도토스가 쓴 '역사'에는 스키타이의 기원에 대한 기록이 있는데 그 내용은 다음과 같다.

옛날 타르그타이(Таргытай)[1]가 깜빡 잠이 들었다가 그의 말(Chariot)을 잃어버리게 되었다. 그래서 말을 찾아 나선 타르그타이는 동쪽으로 계속 가게 되는데 그 곳에서 상반신은 사람, 하반신은 뱀의 형상을 한 여인과 만나게 된다. 타르그타이가 그 뱀여인에게 "혹시 이 곳으로 지나가던 말을 보지 못했소?"라고 묻자, 그 여인이 "네 봤습니다 제가 가지고 있습니다"라고 대답했다. 이에 타르그타이가 그 말이 자신의 말이니 돌려 달라고 하자, 그 여인은 거부하며 함께 잠자리를 하면 말을 돌려주겠다는 제안을 하게 된다. 이에 타르그타이는 그 여인과 살면서 3명의 아들을 얻게 되는데 이들이 리폭사이(Липоксай), 아르폭사이(Арпоксай), 콜락사이(Колаксай)이다. 그 후 타르그타이는 뱀여인을 떠나 자신의 고향으로 가 버린다. 이때 태어난 3명의 아들

---

1) 그리스 신화에 등장하는 영웅 헤라클레스이며 카자흐어로는 타르그타이(Таргытай)라고 한다.

들이 스키타이를 3부족으로 나누어 통치하는 지도자가 되었다.[2]

이 3개의 삭(스키타이) 부족의 탄생이 오늘날 카자흐민족을 셋으로 나누는 3주스의 기원이 아닌가 추측되고 있는데 '주스'의 성립에 대한 학설들을 정리하여 보면 다음과 같다.[3]

· **첫째**, 주스는 부족들 간에 군사적 동맹을 위해 만든 군사공동체로서 16세기에 카자흐 한국이 건립되었을 때 탄생했다는 설(주스제도는 16세기 이전부터 시작되었고 다른 지역에서 들어왔다는 설도 있다).
· **둘째**, 주스는 지리적 구분의 개념으로서 각기 다른 자연조건과 기후 속에 사는 부족들을 크게 나눈 개념이라는 설.
· **셋째**, 카자흐인의 전설에 근거한 것으로서 카자흐인의 먼 조상(스키타이)이 그의 세 아들에게 나라를 나누어 준 것에서 유래했다는 설.[4]

필자는 상기의 3가지 학설이 모두 맞는다고 생각을 한다. 그 이유는 과거 광활한 주스를 하나의 국가로 다스리기는 힘들었을 것이다. 또한 예나 지금이나 카자흐스탄은 다민족 국가였으므로 광활한 영토에 흩어져 사는 다민족 국가를 효율적으로 다스리기 위해서 그들이 행정구역을 강이나 산맥의 경계에 따라 자연스럽게 나누어서 후계자에게 나누어 제국을 통치하게 했을 가능성이 있다. 따라서 복합적인 목적과 이유로 인해

---

2) Мұхтар Құл Мұхаммед 외, *Көркемсуретті Қазақстан Тарихы 1нші* том, Қазақ энциклопедиясы, 2006, pp. 54~57.
3) 헤로도토스가 언급했던 기마민족들은 스키타이계의 민족으로 헤라클레스와 뱀여인의 전설은 삭족의 전설임과 동시에 스키타이족의 전설이기도 하다. (필자 주)
4) 타르그타이와 뱀여인 사이에 태어난 리폭사이, 아르폭사이, 콜락사이에 의한 3개의 스키타이의 탄생 설화.

서 생겨났다고 보이는데 카자흐스탄의 '주스'는 한국의 조선과 상당히 흡사한 면을 가지고 있다.

2) 카자흐족의 주스라는 명칭의 유래
〈표 1〉를 보면 여러 주잔의 명칭 중에 여여(茹茹, 중: 루루, 카: 주주)라는 명칭이 있는데, 발음의 유사성으로 보아 이 '주주(카: Жужу, 중: 茹茹)' 발음에서 오늘날 카자흐스탄의 '주스(Жүз: 원래 발음은 '주즈'이나 통상적으로 주스라고 함)'가 왔다고 볼 수 있다.

〈표 1〉 주잔을 표기한 중국문헌과 러시아문헌

한자표기	한국발음	중국발음	카자흐발음
蠕蠕	연연	루루(Ruru)	주안주안(Жуань-жуань)
柔然	유연	로우란(Rouran)	조우잔(Жужу)
茹茹	여여	루루(Ruru)	주주(Жужу)
芮芮	예예	루이루이(Ruirui)	조우조우(Жоужоу)
檀檀	단단	탄탄(Tantan)	탄탄(Таньтань)

3) 조선과 카자흐스탄 3주스의 공통점
〈표 2〉를 비교해 보면 조선과 카자흐스탄의 3주스가 상당히 비슷한 것을 알 수 있는데 차례로 아래로 내려가면서 살펴보도록 하자.

구 분	한국	카자흐스탄
신의 명칭	단군	탱그리
국가명	주신(조선)	주스(주잔)
부족명	마한, 진한, 변한	오르타, 크스, 울루
수도명	아사달	아스타나

·첫째, 한국의 단군 신화[5]는 많은 한국 사람들이 알고 있으나, 이 책을 보게 될 카자흐인들을 위하여 아래에 간단히 설명을 덧붙였다(아래 주 참조). 그리고 스키타이의 기원은 앞 장에서 설명하였으므로 추가 설명은 생략하겠다(제4장, 1. 카자흐민족의 기원, 1) 스키타이의 기원 참조). 단군의 아버지는 환웅이다. 그리고 스키타이족 3명의 아들들의 아버지는 헤라클레스이다. 즉, 천산산맥 동쪽에 있던 고조선의 건국 시조는 아버지가 환웅족이고 어머니는 토착민 웅족의 여인이었다. 그런데 천산산맥 서쪽에 있던 스키타이의 경우에는 아버지가 소아시아 지역에 있던 그리스인 출신의 헤라클레스이고 어머니가 환웅족 출신(여와[6]: 필자의 의견)이다. 그러나 공통된 특징은 이 두 왕조의 시작에 환웅족이 개입되어 있다는 점이다. 그리고 이들의 자식이 새로운 국가를 건설한다. 따라서 스키타이족과 한민족의 지배세력은 같은 가문에서 갈라져 나갔음을 추측할 수 있다. 그리고 뒤에 언급하겠지만, 스키타이족도 골품제도를 가지고 있어서 지배층과 피지배층을 엄격히 구별하였다. 따라서 스키타이족의 시원인 3명의 아들의 아버지가 그리스인이라고 해서 그 자식이 그리스인이 되는 것이 아니라 스키타이인이 된다. 그 이유는 스키타이 지배층이 피

---

5) 환인의 서자 환웅이 하늘에서 내려와 아사달에 나라를 건설하고 후에 곰족의 웅녀와 결혼을 해서 자식을 낳았는데 이가 바로 '단군'이다. 이 단군이 바로 조선의 시조이다(삼국유사의 단군 신화에서 발췌).

6) 『한단고기』상에 나타나는 여와는 배달국의 제5대 태우의(太虞儀, 기원전 3511~3420년) 환웅의 딸이다. 또한 신화로서 전해지는 여와는 인간을 창조한 신으로서 첫째 날 닭을 만들고, 둘째 날 개를 만들고, 셋째 날 양을 만들고, 넷째 날 돼지를 만들고, 다섯째 날 소를 만들고, 여섯째 날 말을 만들고, 일곱째 날 황토로 인간을 만들었다고 한다.

지배계층의 반발과 저항을 막기 위해서 정략적으로 결혼을 한 것이기 때문에 그런 것이다. 이러한 양 부족 간의 혼혈로 탄생한 자식들을 이용하여 스키타이인들은 현지주민들의 저항을 없애고 효율적으로 통치할 수 있었던 것이다. 그리고 소수의 스키타이인들의 지배권을 독점하고 쿠테타를 막기 위해 스키타이족은 피지배민에게 권력진출의 기회를 주지 않았다(신라에서도 6두품 이상의 진급은 되지 않았음). 여하튼 단군 신화에는 1명의 아들 '단군'만 언급이 되었으나 조선은 원래 하나의 나라가 아니라 마한, 진한, 변한으로 구성된 3개의 조선이었으므로 스키타이의 신화는 한국의 환웅과 웅녀의 사이에 3명의 아들이 있었을 가능성을 암시해 준다.

·**둘째**, 한국의 조선(주신)과 카자흐스탄의 주스는 그 행정 조직의 구성과 발음이 상당히 비슷하다. 양 국가 모두 하나의 국가를 세 개의 조선(주스)으로 나누었다는 점이다. 조선은 하나의 국가가 아니라 마한, 진한, 변한의 3개의 국가가 연맹을 한 연방국의 형태였다. 마찬가지로 카자흐스탄도 오르타 주스, 크스 주스, 울루 주스의 3주스의 연합으로 형성된 연방국이었다. 지금까지도 카자흐스탄에는 이 전통이 남아 있다.

〈표 3〉 카자흐스탄의 3주스(Жүз: 본관)와 루(Pу: 성)

주스(Жүз)		루(Pу)
울루(Ұлы)		Jalair, Alban, Dulat, Sary-Uisyn, Sergeli, Shaprashty, Suan, Oshaqty, Ysty, Qangly
오르타(Орта)		Argyn, Kerei, Naiman, Qonyrat, Qypchak, Taraqty, Waq
크스 (Kiши)	Baiuly	Adai, Alasha, Altyn, Baibaqty, Berish, Esentemir, Masqar, Qyzylqurt, Sherkesh, Shyqlar, Tana, Taz, Ysyq, Zhappar
	Alimuly	Kete, Qarasaqai, Shomekey, Totqara
	Jetyru	Kerderi, Kereit, Ramdan, Tabyn, Tama, Toleu, Jagabaily

·컬러 글씨는 한국인과 혈연적 관계가 깊은 종족으로 추정.

·**셋째**, 이들의 공통 수도는 '首都'라는 의미의 '아스타나(Астана)'이다. 이것은 우리 조선의 수도인 '아사달'과 발음적으로도 유사하다.

카자흐스탄	아스 + 스탄 = 아스탄→아스타나 Ас + Стан = Астан→Астана
조 선	아소 + 쌍 = 아사땅→아사달

우리나라에서 훈민정음이 제정되었던 당시의 초기 문헌을 보면 '땅'이라는 표기를 '쌍'으로 표기했던 것을 종종 볼 수 있다. 물론 받침법이 제대로 확립이 되질 않아서 그랬다고 말할 수도 있겠지만, 그것보다는 훈민정음의 초기 사용 당시에는 표기를 발음에 충실히 해서 표기하려고 하였기 때문에 나타난 현상이라고 보는 게 옳을 것이다. 왜냐하면 한글은 표음문자이기 때문이다. 따라서 그 표기법이 지방에 따라 같은 단어를 다르게 표기하는 일도 발생하였는데 그 이유는 바로 사투리 때문이었다.

또한 'ㅅ'과 'ㄷ'은 그 음값이 같은 곳에서 나왔다. 내가 중학교 때 배웠던 문법에서 'ㄷ'이 'ㅅ'으로 변하는 현상을 구개음화(口蓋音化)라고 했는데 요즘은 뭐라고 부르는지 모르겠다. 그래서 'ㄷ' 발음은 우리 알타이-투르크민족이 발음을 할 때 종종 'ㅅ' 또는 'ㅈ'으로 변하는 경우가 많이 있는데 카자흐어에서도 이러한 구개음화 현상이 나타난다. 자세한 설명은 카자흐어와 한국어의 비교에서 나중에 하도록 하겠다. 따라서 땅을 'ㅅ' 발음이 섞인 '쌍(스땅)'으로 발음했을 가능성은 얼마든지 있다. 하지만 '스탄'이라는 단어는 알타이-투르크어가 아닌 페르시아어에서 기원한 단어다. 이 외래어가 사용된 이유는 스키타이민족의 건국 초기에 이들은 순수 스키타이인으로만 나라를 건설한 것이 아니라 여기에 아리안, 즉 페르시아인도 함께 동참해서 나라를 건설하였기 때문에 이러한 현상이 나타난 것이 아닌가 추측된다.[7] 따라서 페르시아어가 섞여 있다고 해서 스키타이인들을 전부 인도-유럽인으로 보는 서양식 시각은 잘못되었다고 본다. 왜냐하면 쿠샨왕조에서 이미 언급하였듯이 이들은 정복 기마민족으로 전 세계에 흩어져 있던 다른 민족들을 점령하고 그 지역의 원주민과 혼혈하고 지배계급을 이루었기 때문이다.

스키타이의 전통은 아니지만 현재 카자흐스탄에는 한국의 족보와 비슷한 제도를 가지고 있어 간단히 소개한다. 주스의 하위 개념인 '루'도 한국의 성씨 제도와 비슷한 면을 가지고 있는데 예를 들어 한국에서 "동래 정씨 충정공파 4대손의 정 아무개"라는 사람이 있다고 치자. 카자흐스탄도 한국과 같이 말을 할 수가 있는데, "오르타 주스 나이만부족 옐티예"의 아무개라고 말할 수 있다. 요즘 한국에서는 동성동본도 결혼이 가능하다는 얘기를 들었다. 하지만 예전에는 결혼을 할 수가 없었다. 카자흐인들도 한국과 마찬가지로 '본관(주스)'과 '성(루)'이 같으면 부계 7촌까지 결혼을 할 수가 없다.

〈표 5〉 한국의 족보제도와 카자흐스탄의 주스제도의 유사성

한국식 구분	카자흐식 구분	한국	카자흐스탄
본관(지역)	주스(Жуз)	동래	오르타 주스(Орта Жуз)
성(씨족)	루(Ру)	정	나이만(Найман)
파(계열)	타이파(Тайпа)	충정공파	옐티예(Елте)

---

7) A. Нысанбаев, *Древний Казахстан*, Аруна, 2009, pp. 8~9.

예외 사항이 있다면 '파'가 다를 경우에는 일부 가능한 것으로 보인다. 다만, 한국의 족보제도와 카자흐스탄의 주스제도의 차이점은 한국이 카자흐스탄보다 고대국가로 일찍 발전하면서 씨족 단위의 부족연합이 하나의 왕권에 통합된 고대국가로 발전하면서 자신의 씨족을 뜻하는 '성'이 빨리 정착한 반면, 카자흐인들은 이후 이슬람문화와 유목민족 문화전통을 유지하면서 "성"씨 제도를 발전시키기보다는 씨족단위의 부족 개념을 더 발전시킨 이후에 러시아제국에 의해 성씨의 개념이 정착하게 되어 씨족명이 '성'씨로 자리 잡히지 않아 한국처럼 씨족명인 '정'이 자신의 성으로 정착된 것이 아니라 새로 성과 이름이 러시아인처럼 만들어지게 되었다. 그 증거로 중국의 금사 국어해 성씨편(金史 國語解 姓氏编)에 보면 나이만(Năimán, 乃蠻)이라는 중국 성씨가 존재함을 볼 수 있다. 즉, 러시아의 영향권에 있던 나이만족은 부족명을 자신의 성씨로 쓰질 못하고 러시아화되었지만, 중국 지역의 나이만족은 자신의 부족명을 한국처럼 성씨로 쓰게 되었음을 볼 수 있다.

카자흐족뿐만 아니라 중앙아시아의 모든 민족, 동유럽의 헝가리, 불가리아의 민족들까지 모든 알타이-투르크계 민족들은 한국처럼 본관과 파(계열)를 가지고 있는데 이들의 이름을 보면 많은 중앙아시아인 민족들이 한국인과 관련성이 있음을 발견할 수 있다.

징기스칸과 몽골초원을 두고 다투다 패해 카자흐스탄으로 들어와 오르타 주스의 나이만이 된 나이만 부족도 그 속을 들여다보면 한국인과의 혈연적 관계가 있음을 발견할 수 있는데 〈표 6〉은 나이만 부족의 계열도이다.

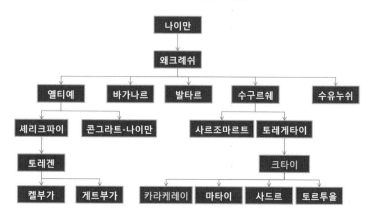

〈표 6〉 나이만 부족의 파(계열)

나이만 부족의 파를 보면 그중에 크타이(Қытай)와 카라케레이(Қаракерей)가 있는 것을 볼 수 있는데, 크타이의 중국식 한자표기는 기단(契丹)으로 거란족을 뜻한다. 그런데 이 거란의 하위 계열에 카라케레이가 보이는데 '카라'는 검은색을 뜻하며 '케레이'는 카자흐스탄에 있는 '케레이'족을 뜻한다. '카라케레이'는 원래 케레이족의 일원이었는데 내부분쟁으로 인해 일부가 독립하여 나와 나이만의 한 계열로 들어가게 되었다.

크타이도 원래는 하나의 거대한 부족이었으나 금(金)나라에게 망하고 중앙아시아에 와서 서요(西遼, 카라크타이)를 건설하고 명맥을 유지하다 징기스칸에 의해 멸망하면서 부족의 인구가 급속히 감소하자, 나이만 부족의 한 일원이 되었다. '케레이'를 한국어로 번역하면 민족을 뜻하는 '겨레'로서 발해가 거란족에 의해 멸망했던 당시 요나라의 국민으로 흡수, 통합되었다가 금나라에 의해 요나라가 멸망하면서 중앙아시아로 이동하자 일부 함께 이주한 부족이 크타이의 하위 계열인 카라케레이로 남은 것으로 추측된다. 그러나 안타깝게도 오늘날 러시아를 포함한 유라시아 민족들은 중국인들을 '키타이츠(러: Китаец, 한: 거란족)'라고 부르고 있어 장래에 고대사가 왜곡이 될 소지를 두고 있다. 하루빨리 민족명에 대한 올바른 수정이 있어야 할 것으로 보인다.

4) 고조선은 주잔의 전신(前身)인가?

주잔국의 영토를 보면 굉장히 광대했다. 그런데 이들의 영토가 과거 고조선의 영토였을 것으로 추정되는 발해만 지역도 포함하는 것으로 묘사하고 있는 것을 볼 수 있다. 물론 고대국가의 영토를 정확히 그릴 수 없기 때문에 추정하여 그릴 수밖에 없는 문제점이 있다. 그럼에도 불구하고 카자흐족의 시원이 된 주잔과 한국의 고조선의 문헌적 연결고리는 없을까? 먼저 중국과 한국의 역사기록을 살펴보기로 하자.

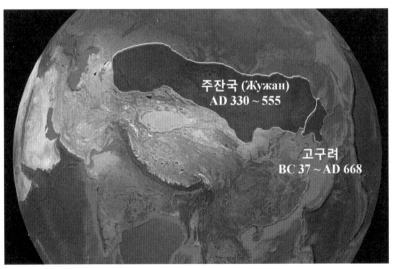

〈그림 1〉 주잔국과 고구려

- 사마천의 『사기』: 고조선은 B.C. 108년에 멸망했다.
- 『한단고기』: B.C. 108년 서압록 사람인 고두막한(高豆莫汗)이 의병을 일
  으켜 한나라를 무찔렀는데 스스로를 단군이라 했다.[8]
- 『한단고기』: 고두막한이 한나라를 크게 격파하고 나라를 세웠으나, 갑오
  34년 10월 동명왕이 고두막한에게 사람을 시켜, 자신이 천자의 아들이어
  서 도읍으로 삼겠다고 옮겨가라고 하였다. 단제가 걱정으로 병을 얻어 죽
  자 동생인 해부루가 아란불(阿蘭弗)의 권유로 가섭(迦葉) 땅으로 천도하
  여 동부여 또는 가섭원 부여를 건국하였다.[9]
- 후한(後漢)『논형(論衡)』: 탁리국의 여자 시종이 임신을 하여 아이를 낳았
  는데 왕이 그 아이를 죽이고자 돼지우리에 던져 넣었으나 돼지들이 보살
  펴주었고, 말우리에 던져넣었으나 말들이 밟지 않았다. 왕은 하는 수 없이
  아이를 어미에게 돌려주었으며 동명(東明)이라 부르게 되었다. 그러나 동
  명이 너무나도 총명했던 관계로 왕위를 빼앗길까 두려워 한 왕이 죽이려
  고 하자, 동명은 따르는 무리를 이끌고 부여에 가서 국가를 건설하였다.[10]

위의 내용을 보면 한민족과 관련이 있었던 고조선이 B.C. 108년에 망
한 것은 사실인 것으로 보인다. 그러나 고조선은 세 개로 나눠진 국가였
으므로 한나라와의 전쟁에서 피해를 입지 않았던 나머지 지역에 살았던
고조선 백성들은 한나라에 복속당했던 지역을 독립시키기 위해 외부로
부터 군사지원을 받아, 독립운동이 일어나 한나라를 물리치고 부여를
건설했다는 것을 알 수 있다.

---

8) 임승국 번역, 『한단고기』, 정신세계사, 2009, p. 23.
9) 위의 책, pp. 132~133.
10) 『論衡』 二券 「吉驗編」 第九

그런데 부여를 건국한 고두막한의 고향은 서압록 지역이라고 했으며 동명성왕이 온 지역은 탁리국이라고 기록해 놓았다. 그렇다면 탁리국의 위치는 어디일까? 일단 고두막한이 서압록에서 왔다고 했으므로 서압록의 위치를 찾는 것이 선행되어야 할 것 같다.

고대에는 요하(遼河)를 압록수(鴨綠水) 또는 구려하(九黎河)라고 불렀었다. 따라서 고두막한이 왔다는 서압록의 위치는 현재의 요하, 즉 압록수의 서쪽방면임을 알 수 있다. 압록수가 요하임을 알 수 있는 자료는 신당서(新唐書) 고구려전(高句麗專)을 보면 알 수 있는데, 신당서의 기록을 보면 압록강의 위치가 한반도 북부가 아닌 만주와 몽골의 경계선 부근에 있었다는 것을 알 수 있다.

> 마자수는 말갈의 백산에서 나오는데 색깔이 기러기의 머리색이라서 압록수라고 불렀다. 국내성의 서쪽으로 돌아서 염난수(鹽難水)와 합쳐져 서남으로 흘러가 안시(安市)에 이른 다음 바다로 유입된다.[11]

즉, 고두막한이 온 지역은 내몽골 지역임을 알 수 있다. 몽골 지역은 탁리국(槖離國)이 있었던 곳이다. 즉, A.D. 5세기경 등장하는 주잔국의 위치에 탁리국이 위치해 있었다는 것을 알 수 있다. 우리가 일반적으로 알기로는 고조선이 북부여로 계승되고 다시 고구려로 계통이 이어진 것으로 알고 있는데 갑자기 탁리국이 출현하니 동명성왕은 고조선으로부터 온 인물인가? 아니면 탁리국으로부터 온 인물인가?

---

11) 新唐書 高句麗傳 "有馬訾水出靺鞨之白山色若鴨頭號鴨淥水歷國內城西與鹽難水合又西南至安市入于海"

실마리의 열쇠는 투르크의 탐가문자를 보면 그 답을 찾을 수가 있다. 고대 투르크어로 단군을 뜻하는 탱그리는 탐가문자로 ⵉⵏⵀ(teŋri)라 고 쓰며 발음은 '틔리' 또는 '텡리'이다. 즉, 중국문헌에 나오는 '탁리(橐 離)'는 고대 투르크어의 텡리의 음차문자임을 알 수 있다. 즉, 탁리국은 단군(텡리, 탱그리)이 다스리던 국가, 즉 단군조선이었음을 알 수 있다. 따라서 우리가 알고 있는 단군조선의 영역은 만주 지방서부터 몽골 지역 일대였음을 알 수 있다. 실질적으로 단군조선의 위치가 몽골이 되어야 바이칼 호수에 있는 부리야트족과 부여족이 왜 비슷한 문화와 풍습을 가지고 있는지 이해가 될 수 있으므로 단군조선의 위치는 탁리국이 있 었던 내몽골 자치구 일대임을 알 수 있다. 따라서 카자흐족 조상의 국가 인 주잔국이 위치했던 장소가 단군조선의 위치와 같았었기 때문에 이 지역에서 서쪽으로 이주한 조선인(주잔인, 탁리인)들이 중앙아시아에 들어와서도 모국에서 가져 온 주스제도를 그대로 계승하여 삼한제도와 아사달을 건설했다고 볼 수 있다.

5) 주잔(유연)은 고구려와 친족관계

주잔이라는 나라는 단군조선인 탁리국이 있었던 자리에 건국이 된 국 가이다. 그런데 이 국가의 지도자 이름들을 보면 한국과 연관이 되어있 다는 것을 발견할 수 있는데, 주잔, 즉 유연을 건국한 지도자의 성(性)은 '목골려(木骨閭, Mùgǔlǚ)'이다. 여기서 목골려(木骨閭, Mùgǔlǚ)는 고구 려는 뜻하는 이름과 동일한 발음을 가지는데 당나라의 승려 예언(禮言) 이 편찬한 『범어잡명(梵語雜名)』을 보면 고려, 즉 고구려를 무구리(畮俱 理, Mǔ jù lǐ)라고 표기하고 있는 것을 볼 수 있다. 즉, 당나라 건국 전후 에 존재했던 고구려를 당시 중국인들은 '무구리'라고 불렀다는 것을 알

대	A.D.	가한	
1	402~410	郁久閭社崙 丘豆伐可汗	욱구려사륜 구두벌가한
2	410~414	郁久閭斛律 藹苦蓋可汗	욱구려곡률 애고개가한
3	414	郁久閭步鹿眞 可汗	욱구려보록진가한
4	414~429	郁久閭大檀 牟汗紇升蓋可汗	욱구려대단 모한흘승개가한
5	429~444	郁久閭吳提 敕連可汗	욱구려오제 칙련가한
6	444~450	郁久閭吐賀眞 處羅可汗	욱구려토하진 처라가한
7	450~485	郁久閭予成 受羅部眞可汗	욱구려여성 수라부진가한
8	485~492	郁久閭豆崙 伏古敦可汗	욱구려두륜 복고돈가한
9	492~506	郁久閭那蓋 候其伏代庫者可汗	욱구려나개 후기복대고자가한
10	506~508	郁久閭伏圖 他汗可汗	욱구려복도 타한가한
11	508~520	郁久閭醜奴 豆羅伏跋豆伐可汗	욱구려추노 두라복발두벌가한
12	520~552	郁久閭阿那瓌 敕連頭兵豆伐可汗	욱구려아나괴 칙련두병두벌가한
13	552~553	郁久閭鐵伐 可汗	욱구려철벌가한
14	553	郁久閭登注 可汗	욱구려등주가한
15	553	郁久閭庫提 可汗	욱구려고제가한
16	553~554	郁久閭菴羅辰 可汗	욱구려암나진가한

(출처: https://ko.wikipedia.org/wiki/%EC%9C%C%AO%EC%97%BO%28%EB%82%98%EB%9D%BC%29)

수 있다. 즉, A.D. 4세기에 단군조선이 있었던 자리에 건국된 유연(주잔)의 건국자의 이름이 목골려이고 동시대에 동아시아를 지배한 고구려를 무구리라고 불렀다는 것을 볼 수 있다. 이런 정황 증거로 보아, 유연을 건국한 목골려는 고구려인이었을 가능성이 있다. 특히 A.D. 494년 부여의 왕이 고구려에 항복을 했다는 기사가 있는 것으로 보아 고구려가 단군조선(탁리국)을 접수하고 그곳에 주잔을 건설하고 친족을 왕으로 앉힌 것이 아닌가 생각된다.

카자흐스탄의 역사기록에 의하면 카자흐족들은 카자흐스탄 동부의

몽골국을 '모쿠리스탄(카: Могулистан)'이라고 불러 몽골을 '모쿠리
(카: Могули)'라고 불렀다. 즉, 오늘날의 몽골족은 고구려인을 조상으로
둔 민족임을 알 수 있다.

2. 스키타이의 골품제도: 아크 수이에크(AҚ сүйек: 흰뼈)

앞 장에서 잠깐 언급하였다시피 스키타이에게는 신라의 골품제도와
같은 제도가 있었는데 이들은 계급을 왕, 무사, 승려계급, 농민-유목민
계급,[12] 노예계급으로 나누었는데 이들은 신분에 따라 각기 다른 색깔의
옷을 입어야 했다. 아래의 글은 카자흐스탄 역사교과서에 있는 스키타이
족의 의복 풍습에 대한 묘사로, 다음의 글은 원문에 대한 해석이다.

• Темір Дәуіріндегі Қазақстан Сақ Тайпалары

Сақ тайпалары одақтарға бірікті. Одақтары көсемдер(патшалар)
басқарды. Сақ қоғамы топтарға бөлінді: 1. тайпа көсемдері мен
ақсүйек жауынгерлер; 2. Абыздар; 3. малшылар мен егіншілер; 4.
Құлдар. Оларды киімлеріне қарап ажыратқан: жауынгерлер – қызыл,
абыздар –ақ, малшылар мен егіншілер – сары мен көк тісті киім
киген.

---

12) 농민과 목동은 같은 계급으로 붉은색과 흰색계급과 같은 귀족이 아니었다. 그래서 누가 상위고 하위인가는
그다지 중요하지 않았다. 다만 여기서는 비교의 편의상 농민을 목동보다 위에 배열했다.

• 철기시대의 카자흐스탄 삭족의 역사(해석문)

삭족의 왕국들은 연합부족국가로 이루어져 있다. 이 연합부족의 지도자들이 이 부족국가들을 지배했는데, 삭족의 사회와 왕국은 계급으로 나뉘어져 있었는데, 제1계급 왕국의 지도자와 흰뼈 무사들, 제2계급 승려들, 제3계급, 목동과 농민들, 제4계급 노예들이었다. 이들의 복장을 보면 이들의 계급을 알 수 있는데, 흰뼈 무사는 적색, 승려는 흰색, 목동과 농민은 노랑색과 청색을 입었다.

— 카자흐스탄 역사, 청동기시대

전 세계에 계급사회가 공통적으로 있었지만 이렇게 신라와 스키타이처럼 계급에 따른 옷의 색깔까지 이렇게 비슷한 민족이 또 있었는지는 잘 모르겠지만 진골의 자주색과 카자흐스탄의 붉은색은 색깔이 다르지만 같은 붉은색 계열의 색을 써서 신라도 스키타이의 골품제도(아크 수이예크)에 영향을 받았다는 것을 알 수 있다. 그리고 스키타이와 신라의 사이에 위치하고 있었던 진시황의 진(秦)나라는 중국 대륙 통일 이후 진시황만이 붉은색을 사용하고 다른 사람들은 사용하지 못하게 했다는 일화가 있는데 이러한 제도가 생겨난 것은 바로 진나라의 지배계급이 바로 스키타이족이었기 때문에 이러한 기이한 제도를 만들었던 것이 아닌

〈그림 2〉 삭족, 환국(색족), 신라 골품제도 비교

가 추측된다. 중국 서진(西晉) 때 진수(陳壽)가 쓴『삼국지』진한(辰韓)을 설명하는 조(條)에서 다음과 같은 내용이 나온다.

진한은 마한의 동쪽에 있는데 그 나라 노인들이 하는 말에 의하면 옛날 진 나라의 괴로운 부역을 피하여 유민들이 한나라로 오자, 마한에서 그들에게 일부의 땅을 주었다.

또한 진서(晉書)에는 진한(辰韓)사람들과 진(秦)나라 사람들의 말이 비슷한 데가 많아서 진한(辰韓)을 진한(秦韓)으로 쓰기도 했다고 기록하 고 있다. 이로 미루어 보아 진나라와 진한은 같은 민족이 건국한 나라였 다는 것을 알 수 있다. 중국의 진나라는 중국 한족이 건설한 나라가 아 니라, 바로 한반도에 건설된 진한의 전신인 스키타이계 민족이었기 때문 이다. 따라서 스키타이와 신라는 그 조상이 같았다고 볼 수 있다.

3. 스키타이는 동이족인가?

우리 한민족의 조상 민족은 누구나 다 알고 있듯이 동이족이다. 동이 족(東夷族)이라는 말의 어원은 중국이 자신을 중심에 두고 주변 민족을 부르면서 생겨난 것으로 동이족이란 동쪽에 있는 활을 잘 쏘는 종족이 라는 뜻이다. 동이족이라는 단어에는 활의 의미가 들어가 있다. 그렇다 면 '스키타이'란 말의 어원은 무엇일까? 스키타이를 지칭하는 명칭은 상 당히 많다. 그중에 '스키타이족(영: Scythian)' 혹은 '스키프(러: Скиф)' 라고 불리게 된 어원을 보면 이들의 명칭이 '스쿠타(페르시아: Skuta)'라

국가	한국	중국	인도	카자흐스탄	러시아	영국
명칭	Sek(色)	Sək(塞)	Saka	Sak	Скиф	Scythian
발음	색	석	사카	삭	스키프	스키시안

는 고대 이란어에서 왔으며 오늘날 영어의 '궁수'라는 의미의 '슈터(영: Shooter)'와 어원이 같다. 즉, 동이족과 동일하게 '활'과 관련된 단어가 자신의 민족을 상징하는 명칭으로 사용되고 있다. 따라서 한자로 한민족과 카자흐족을 표기하게 되면 한민족은 동이족(東夷族), 카자흐민족은 서이족(西夷族)이 되는 것이다.

과거 몽골인들은 우리를 색리국(索離國)이라고 불렀는데 삭(Сак)족의 한자표기로는 '새(塞)'로서 '사이(Sai)'로도 읽히는데 고대에는 '석(Sək)'으로 읽었다. 따라서 상기의 내용을 종합해서 색리국(索離國)의 한자를 다시 표기하면 '석이국(塞夷國)'으로 표기할 수 있다. 따라서 한민족과 카자흐족은 그 기원이 만주에서 중앙아시아로 갔거나 아니면 중앙아시아에서 만주로 이동해서 형성된 민족임을 추측할 수 있다. 『한단고기』에 보면 삭족으로 추측되는 묘사가 나오는데

색족(色族) 중에 황부(黃部)의 사람은 피부가 누렇고 코는 튀어 나오지 않았으며 광대뼈가 튀어 나오고 머리털은 검고 눈은 펑퍼짐하며 청흑색이고, 백부(白部)의 사람의 피부는 밝고 뺨은 높고 코도 크며 머리털은 회색이며, 적부(赤部)의 사람은 피부가 녹슨 구리색이고, 코는 낮아 뭉툭하며 이마는 넓고 뒤로 기울고 머리털은 곱슬머리로 황부인과 비슷하며, 남부(籃部)의 사람은 풍족(風族)이라고도 하며 야자나무색의 인종이라고도 한다.[13]

---

13) 임승국, 앞의 책, 158~159쪽.

〈그림 3〉 흉노족의 편두[14]

즉, 색족(色族)은 하나의 단일민족으로 이루어지지 않고 여러 민족이 함께 건설한 연방 국가였던 것을 알 수 있다. 전통적으로 스키타이족에서 지도자가 나온 계층은 '흰뼈 무사(아크 수이에크, AK cүйек, 적색계급)'에서 나왔는데, 이들을 『한단고기』에 의하면 '피부가 녹슨 구리색이고 코는 낮아 뭉툭하며 이마는 넓고 뒤로 기울고 머리털은 곱슬머리로 황색계급과 비슷하다'라고 묘사한 것으로 보아 아시아계 민족이었음을 알 수 있다. 특히 이들이 아시아인의 얼굴을 가지고 있으면서도 아시아계 황색계급(황부, 黃部)과 다른 점은 이들의 이마가 넓고 뒤로 기울었다는 점인데 이는 이들 적색계급이 편두를 해서 이마가 넓고 뒤로 넘어가게 된 것이 아닌가 추측이 된다. 그 뒤를 잇는 신관계급인 백색 스키타이(백부, 白部)는 피부가 밝고 뺨은 높고 코도 크며 머리털이 하얗다고 한 것으로 보아 코카서스인이 아니었을까 추측이 된다.

---

14) Мухтар Күл Мухаммед, 앞의 책, p. 137.

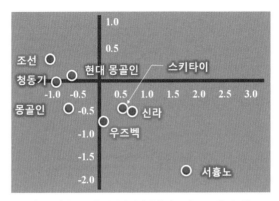

〈그림 4〉 황남대총 미이라에서 추출된 모계 DNA의 비교[15]

　한국의 골품제도와 중앙아시아의 골품제도를 비교할 때 한국에는 제
사장 계급이 없이 '6두품', 즉 '청색'이 '흰색' 대신에 있는 것은 동북아시
아 지역에는 백인이 없었기 때문에 백색계급이 없어서 신라의 골품제도
에서는 빠지고 그 대신 동남아시아계로 보이는 '청색계급(남부, 籃部)'을
더 세분화한 것이 아닌가 추측된다. 이로 인해 알 수 있는 것은 『한단고
기』가 묘사한 환국이 존재하였던 지역은 아마도 중앙아시아 지역에서부
터 티베트 지역 사이가 아니었을까 하는 것을 더욱더 확고히 해주는 증
거라고 할 수 있다. 왜냐하면 중앙아시아에는 『한단고기』에서 말하는
인종이 전부 포함되기 때문이다. 그리고 한국의 골품제도로 미루어 알
수 있는 것은 한반도에는 동남아시아계 민족과 동남아시아 민족과는 다
른 아시아계 종족(아이누족으로 추정)이 존재하였던 것으로 보인다. 이
에 따라 편두를 한 몽골계 아시아인이 한반도에 들어와서 지배계급을 형
성하고 그 밑으로 다른 아시아계 인종들이 하위계급을 형성한 것이 아

───────────────

15) 〈역사스페셜〉 제26회 "계림로 14호분 황금보검의 비밀"

닌가 생각된다.

스키타이족의 골품제도를 보면 황인종, 백인종, 흑인종을 골고루 다 가지고 있는 것을 볼 수 있는데 그렇다면 이들의 언어는 어땠을까? 색족 중에 적색계급(무사계급)과 황색계급(농민계급)이 아시아계 몽골로이 드인 점으로 보아 이들 인구의 대부분은 아시아계가 차지하고 일부분은 백색계급(제사장 계급)과 청색계급(유목계급)이 차지한 것으로 보인다. 그렇다면 이들은 누구일까? 아마도 이들은 스키타이(환국)가 확장되어 가면서 현지 원주민과 혼혈이 이루어져 탄생한 그룹이 아닌가 생각이 든 다. 실질적으로 유라시아 대륙에 있는 투르크민족을 보면 이들의 얼굴 이 가지각색인데 이들은 전형적인 몽골로이드 얼굴에서부터 서양인의 얼굴, 아랍인처럼 검은색의 피부도 가지고 있다. 하지만 이들은 모두 투 르크민족이다. 따라서 스키타이의 골품제도 속에 있던 백색, 청색계급 은 혼혈이 되었지만 스키타이문화 속에 살면서 스키타이화된 민족이 아 니었을까 생각이 된다. 투르크계 민족이 세계사에서 현지 원주민과 혼 혈한 사례는 너무나도 많고 그 증거는 오늘날 21세기에 그들의 얼굴에 서도 나타나는 불변의 진리이다. 그 예로 헝가리인과 불가리아인, 타타 르인은 서양인의 외모를 하고 있으나 이들은 모두 스키타이족이 공동조 상이다. 즉, 백색계급의 후손인 것이고 인도 남부에 있는 드라비다족은 바로 청색계급의 후손일 가능성이 높은 것이다. 그렇기 때문에 이들이 백인, 흑인의 얼굴을 하고 있어도 알타이-투르크계의 언어를 사용하고 있는 것이다.

결론적으로 『한단고기』에서 언급한 적부(赤部), 백부(白部), 남부(藍 部), 황부(黃部)는 삭족의 골품제도에서 나타나는 적색(무사계급), 백색 (승려계급), 남색(농민계급), 황색(목동계급)과 색깔이 일치하므로 『한단고기』에서 언급한 색족은 삭족이며 이들이 건국했던 나라가 바로 색리국이었음을 알 수 있음과 동시에 이들이 바로 조선(주신)을 건국했던 주역이었던 것이다. 이러한 골품제도는 중앙아시아 초원지대뿐만 아니라 인도의 카스트제도와 이집트의 계급제도, 유럽의 봉건제도에도 영향을 미쳤으며 오늘날에도 일부 지역에서는 여전히 유지가 되고 있다.

몽골 오르혼 언덕에서 발굴된 쿨트근 비문에 새겨진 탐가문자

유목민족들은 하늘에 제사를 지내기 위해 신탁문자로 상형문자를 만들었으나
후일 사용을 안 하게 되는데 그 이유는 인구가 증가하면서 기록해야 할 내용이
증가한 상황에서 초원 지역에서 종이를 만들 나무를 구하기가 어려운데다
단단한 돌에 새기는 데 어려움이 많았기 때문이다.
그래서 축약된 형태인 표음문자를 만들어 사용하게 되었다.

제5장

카자흐어와
한국-한자어의
유사성

1. 활은 동이족의 상징

앞 장에서 카자흐민족 및 투르크계 민족의 조상인 스키타이족과 한민족의 조상인 동이족이 공통으로 활을 자신의 상징으로 쓴다고 언급하였다. 그렇다면 한국과 카자흐스탄의 중간에 위치한 중원은 어떠하였을까? 진시황의 진나라는 한족의 국가가 아닌 스키타이계의 민족이 세웠던 국가라고 이미 언급하였으니 추가의 설명을 하지는 않겠다. 고대 중원땅에 살던 원주 민족은 우리 동이족이었는데 중국인(한족)들은 이들을 구이족(九夷族)이라고 불렀다. 그 이유는 이들이 아홉 개의 부족으로 이루어진 민족이었기 때문이다. 이들 구이족들이 건설한 은나라의 갑골문자를 보면 이러한 사실을 뒷받침하는 증거를 찾을 수 있는데 민족(民族)의 족(族)자의 갑골문자를 보면 이 문자의 속에 화살이 그려져 있음을 알 수 있다. 〈그림 1〉을 참조하기 바란다.

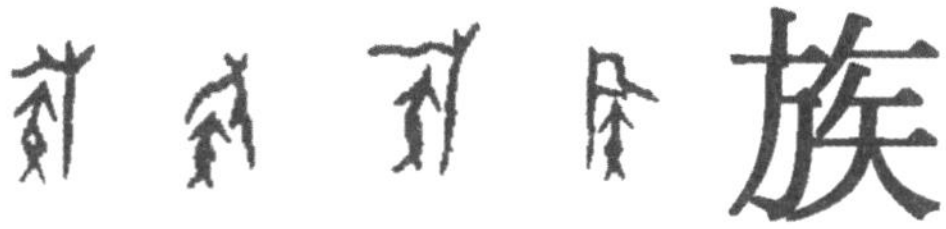

族

〈그림 1〉 갑골문(甲骨文) & 현대 중국한자¹⁾

〈그림 1〉의 갑골문자들을 보면 모두 활을 볼 수가 있는데 그 이유는 중원에 건국되었던 갑골문자를 만들었던 은(殷)왕조가 알타이-투르크계 민족이 건설한 국가였기 때문에 이러한 한자가 만들어졌다고 볼 수 있다.

누흐의 방주를 설명할 때 나왔던 배 '선(船)'자와 민족 '족(族)'자 등이 알타이-투르크의 전설인 누흐와 관련이 있듯이 〈그림 1〉의 한자도 알타이-투르크민족의 전통과 연관성이 있는 것은 한자가 이들에 의해서 만들어졌기 때문에 한자 속에 알타이-투르크민족의 풍습이 글자 속에 담겨 있는 것이다.

활이 알타이-투르크민족의 상징으로 쓰이게 된 유래를 『구당서(舊唐書)』의 「돌궐전(突厥傳)」에서 찾아 볼 수 있는데

돌궐족은 그 나라를 열 개의 호(號)로 나누고, 각 호는 한 사람이 다스렸는데 이것을 설(設)이라고 불렀다. 그리고 각 10명의 설들에게는 화살을 한 개씩 주는 풍습이 있었는데 이로 인해서 이들을 열 개의 화살로 부르기도 하였다.

(…중략…)

이후 화살은 부족을 지칭하는 이름으로도 사용되었는데 큰 화살은 대수령을 뜻한다.²⁾

---

1) http://www.internationalscientific.org/CharacterASP/CharacterEtymology.aspx?characterInput=%E6%97%8F&submitButton1=Etymology

2) 주학연, 「진시황은 몽골어를 하는 여진족이었다」, 우리역사연구재단, 2008, 32~33쪽.

천제 제준과 열 개의 태양의 전설에도 나왔던 화살이 돌궐족 사이에서도 널리 사용되었음을 알 수 있다. 따라서 동이족과 스키타이족을 연결하는 고리는 태양, 활, 화살, 새의 형태로 공통적으로 나타나고 있음을 알 수 있다.

특히 중국의 소수 민족 중에 이족(彝族, Yí zú)이 있는데 이들은 고대 투르크민족의 최초국가였던 린(gLing)제국의 발원지였던 티베트와 사천성 지역 일대에 거주하고 있으며 강족(羌族)에서 갈라져 나온 민족이다. 원래 이들을 표기하던 한자는 이(夷)였으나, 청나라 때에 오랑캐라는 이미지가 있다하여 오늘날의 표기인 이(彝)로 바꾸게 되었다. 따라서 중국 사천성 지역에 거주하는 이족(彝族)은 우리 한민족의 조상인 동이족(東夷族)과 조상이 같음을 알 수 있다. 이들의 조상이 같다는 것은 이들이 스스로를 부른 민족명에서도 단서를 발견할 수 있는데, 이족은 자신들을 로로족(倮倮族, Luǒ luǒ zú) 또는 '누오수'라고 불렀다. '로로'라는 발음은 카자흐인의 시원이 된 주잔국 민족의 명칭인 '로우란'과 비슷한 음가를 가지는데 중원 지역에서는 'ㅅ' 계열의 발음이 'ㄹ'화 되는 경우가 많았다. 예를 들어 한국에서는 계집 녀(女)를 '여'로 발음하는데, 일본에서는 '죠(じょ)'라고 발음하며 중국에서는 '뉘(Nǚ)'라고 발음한다.

〈표 1〉 로로, 누오수의 발음 변화

	발음의 변화
로로	로우란→조우잔→주잔(몽골)→주천(여진)→조선(한국)
누오수	우오수→오스→우즈(우즈벡족)
	주오수→주스→주즈(카자흐족)

따라서 이족의 '로로'는 주잔을 뜻하는 다른 발음인 '로우란'과 그 어원이 같으며 그 의미는 조선이 되는 것을 알 수 있다. 특히 중국에서는 이족(彝族)과 강족(羌族)이 같은 민족에서 갈라져 나왔을 뿐만 아니라, 하니족(哈尼族, Hā ní zú), 리수족(傈僳族, Lì sù zú), 라후족(拉祜族, Lā hù zú)들도 모두 이족으로부터 갈라져 나왔다고 기록하고 있다.[3] 따라서 이는 동남아시아 일대에 살고 있는 라후족과 기타 소수 민족들의 조상이 한국인과 같다는 것을 비교언어학적 측면에서 증명할 수 있음을 반증한다. 실제로 라후족의 언어는 알타이계 언어와 그 어순이 같고 알아들을 수 있는 어휘도 많이 보유하고 있다. 그래서 한국에서도 라후족에 대한 다큐멘터리가 방영이 되어 양 민족 간의 공통점에 대해서 이미 언급한 바 있다. 그러나 성급하게 성과물을 내놓으려고 무리하게 짜맞추려 하는 바람에 오히려 강단사학가들로부터 반격을 받아 한민족과의 유사성이 많음에도 불구하고 묻혀버리게 되었으나, 다시 연구할 가치가 충분히 있다.

---

3) http://zh.wikipedia.org/wiki/%E5%BD%9D%E6%97%8F彝族是中國最古老的民族之一，彝族與哈尼族(HāNíZú)、傈僳族(LìSùZú)、拉祜族(LāHùZú)等族皆源于古彝族，彝族自古以來就居住在祖國的西南, 经过人类发展的不同阶段而成为现今的彝族。

2. 한자어, 한국어, 카자흐어에서 공통적으로 발견되는 단어들

한자가 알타이-투르크민족에 의해서 만들어졌다면 당연히 알타이-투르크언어에 그 흔적이 있어야 한다. 한국어나 일본어에는 한자단어가 많이 있기 때문에 그다지 놀라울 것이 없지만, 필자가 카자흐어를 공부하면서 느낀 것은 카자흐어 단어에도 한자어에서 왔을 것으로 추측되는 단어들이 상당수 포함되어 있음을 발견했다. 〈표 2〉의 단어들은 본 필자가 카즈구 대학교에서 카자흐어를 공부하면서 발견한 음운법칙을 바탕으로 그 기원이 같을 것으로 추측되는 단어들을 모아 놓은 것이다. 단어의 숫자가 많아 일일이 단어의 변천과정을 설명할 수 없으므로 알타이계언어의 발음변화규칙편을 참조하기 바란다.

<표 2> 한자어와 어원이 같은 단어

카자흐어	발음	한자어	의미
사람 + Шы / Ші	스(shi)	사(士, 師)	예: 의사, 판사, 검사
Шөл	숄	사(沙)	사막
Су	수	수(水)	물
Доңыз	동으즈	돈(豚)	돼지
Шын	슨(shin)	진(眞)	진실
Жау	자우	적(敵)	적(일: 데키 てき)
Ку	쿠	곡(鵠)	고니
Тәңір	텡으르	천(天)	하늘
Жар	좌르	절(絶)	절벽
Бай	바이	부(富)	풍부한
Теңеу	텡예우	평(平)	평등하다
Сызу	스주	선(線)긋다	(선을) 긋다
Жапсыру	잡스루	접(接)하다	접착하다
Ұлы	우르	위(衛)	위대한
Дін	든	종(宗), 신(信)	종교, 신앙
Қаулы	카우르	결(決)	결정
Дық(дік), тық(тік), лық(лік)	드크, 트크, 르크	~적(的)	~적(的)
Тіс	트스	치(齒)	이빨
Тіл	틀	설(舌)	혀
Бет	비예트	면(面)	표면

<표 3> 한국어와 어원이 같은 단어

카자흐어	발음	한국어	의미
Мал	말	말(馬)	가축
Тауық	타우으크	닭	닭
Қонжық	콘즉	곰	아기곰
Ауыл	아울	마을	마을
Көл	콜	강, 가람	호수
Жырту	즈르투	찢다	찢다
Жақын	자큰	약간	약간, 조금
~ға, ~ге	~가, ~게	~에, ~에게	~에, ~에게
Дос	도스	동무	친구(일: 토모 とも)
Жалқаяқ	좔카약	찰흙(土)	찰흙
Бұзылу	부즈루	부수다	부수다
Қатал	카탈	까탈스러운	까다로운
Сүрту	수르투	쓸다	청소하다
Қайшы	카이스(kaishi)	가세	가위
~и	이	~의	~의(소유격)
Басу	바수	밟다	(발로) 밟다
Шайнау	샤이나우	씹다	씹다
Жылау	즈라우	징징거리다	울다
Дәрет	데리예트	똥	대변
Жылы	즈르	따뜻한	따뜻한
Салқын	살큰	서늘한	매섭게 서늘한
Суық	수우크	추운	추운
Дем	뎀	숨	숨
Тері	테르	살	피부, 살코기
Ашу	아슈	열다	열다
Жабу	자부	닫다	닫다
Салыну	사르누	쌓이다	쌓이다
Қарға	카르가	깜귀	까마귀
Тағу	타구	차다	(발로) 차다

Орамал	오라말	오랏줄	두건
Шала	샤라	살짝	살짝
~Жақ	좌크	~쪽	~쪽(방향)
Бас	바스	머리	머리
Жақ	좌크	턱	턱
Құлақ	쿠락	귀	귀
Қол	콜	손	손
Иық	이으크	어깨	어깨
Аяқ	아야크	발	발
Саусақ	사우삭	손가락	손가락
Білек	블렉	팔	팔뚝
Шіру	스루(shiry)	썩다	썩다
Тек қана	텍 카나	딱 하나	단지
Сап	삽	삿빠	손잡이
Ірің	으릉	고름	고름
Теру	테루	치다, 따다	때리다, 따다
Шикі	쉬크	시큼한	상한
Жұму	주무	주무시다	(눈을) 감다
Той	토이	잔치	잔치
Шөп	숍	풀	풀(草)
Көп	콥	꽤	아주, 많이
Сырғанау	스르가나우	쓸리다	쓸리다
Күнә	쿠네	죄(罪)	죄
Кінә	크네	책(責)	책임
Көмкеру	켐케루	꿍꿍이	(계획을) 꾸미다
Құйрық	쿠이륵	꼬리	꼬리
Дара дара	다라 다라	따로따로	따로따로
Сыбырлау	스브르라우	씨부리다	속삭이다
Қашау	카샤우	깎다	조각하다
~деп	뎁	(일: ~도 ~と)	~라고
Қию	키유	(일: 키르 きる)	자르다

〈표 3〉에 나열한 단어들이 서로 비슷한 점으로 보아, 고대 알타이-투르크민족은 한자를 발명했을 뿐만 아니라, 오랫동안 한자를 사용했음을 알 수 있다. 이로 인해 카자흐어에서도 한자어에서 온 것으로 보이는 단어들이 다수 포함되어 있다고 볼 수 있다.

실례로 몽골 오르혼 언덕에 있는 쿨트근의 비석에는 고대 투르크 문자와 한자로 쿨트근의 업적을 기록해 놓은 비석이 있는데 이는 한족들을 위해 쓴 한자가 아니라 한자를 사용하던 다른 북방민족들을 위해서 한자로 기록한 것으로 보인다.

3. 한자가 북방민족 사이에서 널리 쓰였다는 또 다른 증거

중국 측 역사서에서도 은나라를 세운 사람들이 동이족이라고 분명히 밝히고 있을 뿐만 아니라 서양 역사학자들도 이들이 한족이 아니라는 것은 이미 고증을 통해서 정설이 되었다. 그러나 갑골문자는 통일된 양식을 가지고 있지 않고 지역에 따라서 차이가 있었던 것으로 보인다. 전국시대 7개국을 하나로 통일한 진시황이 중원의 문자를 통일하고자 한 것으로 보아 은나라 이후, 주나라, 춘추전국시대에 이르게 되면서 각각의 국가들이 필요할 때마다 각자 문자를 따로따로 추가해 통일된 여러 형태의 한자가 존재했던 것으로 보인다. 그리고 최초의 독음(讀音) 방식은 오늘날의 한국식 한자발음처럼 한 글자에 하나의 발음이 아니라 일본처럼 두 세 발음 이상으로 읽혀졌던 것으로 보인다. 예를 들어 오늘날 한국에서는 화(話)를 '화'로 한 음절로 읽지만 일본어로는 '하나스(話す)'로 읽기 때문이다. 물론 훈독으로 '와(わ)'라고도 읽지만 고대에는 음

독식 방식보다는 훈독식 방식이 더 많았을 것으로 추측된다. 그러나 문자체계가 정착하기 시작하면서 중국의 경우에는 한 글자당 하나 또는 두 개의 음절로, 일본은 훈독의 방식을 유지하면서 음독으로 하나 또는 두 개의 음절로, 한국은 하나의 음절로 압축된 것이 아닌가 생각된다.

따라서 카자흐어에서 중국 한자어가 나타나는 이유는 중원을 정복하고 지배하던 투르크계 민족들 진(秦), 5호 16국 중 투르크계 국가들, 당(唐), 요(遼: 요나라는 금나라에게 밀려 카자흐스탄 지역에 가서 서요((西遼)=카라키타이를 건설함), 징기스칸의 4한국이 지배하던 기간 중, 지배계급이었던 몽골-투르크계의 언어가 한족의 언어에 섞여 들어가거나 반대로 한족의 언어가 투르크계의 언어에 섞여 들어가면서 생긴 현상이 아닌가 생각된다.

예를 들어 중국어에서 의문사(哪, 什么, 怎么)를 이용해서 질문을 할 때는 의문조사 마(吗)를 쓰지 않는다. 그러나 의문사가 없을 때는 '마'를 쓴다. 이러한 문법은 카자흐어에서도 동일하다.

	구분	발음	의미
중국어	你好吗?	니하오마?	안녕하세요?
	你是哪里人?	니쓰나리런?	어디 사람이세요?
카자흐어	Үйде анаң бар ма?	위제 아낭 바르 마?	집에 어머니 계세요?
	Үйде не бар?	위제 니에 바르?	집에 뭐가 있어요?

홍산유적에서 발굴된 유적을 통해 중국의 황하 문명이 고대 발해만에 있던 홍산 문명에서 기원했음은 이미 중국학계에서도 공식적으로 인정하고 있다. 그리고 동이족 계열의 은나라가 한자를 발명했었기 때문에 흉노족이 황하유역의 갑골문자와 비슷한 글자를 썼다고 해서 흉노족이

중국으로부터 글자를 배워갔다는 주장은 이제는 설득력이 있는 주장이라고 할 수 없다. 오히려 몽골, 만주 지방에서 광범위하게 사용되었던 한자의 기원이 된 탐가(Tamga)문자를 중국인들이 개량해서 썼다고 보아야 순서가 맞는다.

따라서 카자흐어에 중국 한자어에서 기원한 것으로 보이는 단어가 나타나는 것은 전혀 이상한 현상이 아니며 이는 고대 카자흐인들도 훈족들이 사용한 탐가와 비슷한 형태의 문자를 쓰고 발음했었을 가능성을 암시한다고 볼 수 있다. 한국인의 한자 발음은 중국 한족의 한자발음을 모방했다기보다는 고대로부터 쓰던 동이족 방식의 발음을 그대로 간직하고 있다고 보아야 할 것이다.

실례로 현대 한국 한자의 발음체계는 중국 당나라에서 온 발음체계인데 중국 당나라는 스키타이계인 위구르족이 건설한 나라였다. 그 당시 통일 신라도 스키타이계 민족이 세운 국가였으니 신라가 당나라의 한자 발음체계를 따른 것은 그동안 중원에 퍼져 있던 부여-고구려계의 한자발음체계 및 다른 여러 가지 한자발음을 스키타이계의 한자발음으로 통일을 시킨 작업이 아니었나 생각된다. 지금도 중국 고문은 중국식 발음보다는 한국식 발음으로 읽어야 원문에 더 가까운 음을 구현할 수 있는데 그 이유는 한자를 사용했던 지식인층, 지배층이 한족이 아닌 동이족이었기 때문이다.

4. 알타이계 언어의 발음변화규칙

카자흐어와 한국어가 비슷한 이유는 신라가 삼국 통일을 하면서 한반도의 언어가 스키타이계 신라어로 통일이 되었듯이, 당시 중원의 삼대 세력이던 서쪽의 스키타이계 투르크민족, 북쪽의 몽골계 민족, 동쪽의 퉁그스계 동이족이 패권 다툼을 하다가 스키타이계 당나라와 신라가 통일을 하면서 스키타이계 한자 발음이 그 당시 중원의 표준어가 되어 오늘날까지 카자흐어와 한국어, 일본어에 공통적으로 남아 있는 것이 아닌가 생각된다.

한반도의 경우는 영토의 크기가 작았기 때문에 언어적인 통일이 가능했지만, 중원의 경우에는 언어적 통일의 진행속도가 느렸을 뿐만 아니라 지리적 제약 등 여러 가지 어려움이 있어 일반 서민들에게까지 스키타이계 언어가 퍼지지는 못하고 조세 및 부역을 위한 행정용어로서 한자어의 발음만 통일을 시켜 사용한 것이 아닌가 생각이 된다.

이로 인해 비록 지리적으로 한국과 카자흐스탄이 수천 킬로미터 떨어져 있었음에도 불구하고 같은 스키타이계 언어를 사용했기 때문에 오늘날까지도 어원이 같을 것으로 보이는 단어들이 다수 있는 것이 아닌가 생각된다.

알타이-투르크계의 언어 변화원리를 이용하면 다르게 보이는 단어라 할지라도 그 어원이 같음을 찾아낼 수 있는데 그 규칙을 정리하면 〈표 4〉와 같다.

계열	발음	변화	예
'ㄱ' 계열	ㄱ(g), ㄲ, ㅋ(k), ㆁ	'ㄴ' ↔ 'ㅅ'	Денсаулық ↔ Зенсаулық
'ㄴ' 계열	ㄴ(n), ㄷ(d), ㄹ(l), ㄸ, ㅌ(t)	'ㅅ' ↔ 'ㄱ'	Georgia ↔ Грузия
'ㅁ' 계열	ㅁ(m), ㅂ(b), ㅃ, ㅍ(p)	'ㄱ' ↔ 'ㅇ'	Қазак ↔ Хазак
'ㅅ' 계열	ㅅ(s), ㅆ, ㅈ(j), ㅉ, ㅊ(ch)	'ㅅ' ↔ 'ㅇ'	Жақсы ↔ Яксы
'ㅇ' 계열	ㅇ(o), ㅎ(h), ㆆ		

아직 가림토 문자의 원형이라고 확신할 수 있는 문자를 찾지 못했으므로 이 장에서는 훈민정음이라는 용어를 쓰도록 하겠다. 훈민정음은 음양오 행설의 원리를 이용해서 창조된 것으로 보이는데 음(陰)과 양(陽)은 각각 자음과 모음을 나타내며 오행(五行)은 자음을 구성하는 기본 다섯 가지 단어, 'ㄱ, ㄴ, ㅁ, ㅅ, ㅇ'으로 각 기본단어의 발음이 강해지면 획수를 하 나씩 더하는 방식으로 만들어진 것으로 보인다(예: ㅁ→ㅂ→ㅃ→ㅍ).

따라서 'ㄱ'과 'ㄲ, ㅋ'은 'ㄱ' 계열의 형제발음(g 그룹), 'ㅅ'과 'ㅆ, ㅈ, ㅉ, ㅊ'은 'ㅅ' 계열의 형제발음(s 그룹)이라고 할 수 있다. 〈표 4〉의 규칙을 염 두에 둔 상태에서 아래의 발음변화 규칙을 함께 적용하면 많은 카자흐어 와 한국어가 그 어원이 같음을 찾을 수 있다.

1) 'ㅅ' 계열 발음 과 'ㄱ' 계열 발음의 상호변환: ㅅ↔ㄱ

예) 주스(жүз)↔구스(гус)

왼쪽의 '주스'는 카자흐인들이 자신들을 일컫는 말이고 오른쪽의 '구 스'는 헝가리인들이 자신들을 일컬을 때 쓰던 말이다. '주스'와 '구스'는 모두 한국의 '조선', '주신', '숙신'과 그 어원이 같다. 코카서스 지방에 있는 '조지아(Georgia)'라는 국가는 '그루지아'라고도 발음된다. 또한 '조지(George)'의 다른 발음은 '게오르기'로써 'ㅅ' 계열의 발음이 'ㄱ' 계열의 발음으로 변환됨을 알 수 있다.

2) 'ㄴ' 계열 발음과 'ㅅ' 계열 발음의 상호변환: ㄴ ↔ ㅅ

예) 주안주안(Juanjuan)↔로우란(Rouran)

보통 구개음화라고 하는데 'ㄷ'이 'ㅈ'으로 바뀌는 현상으로 주로 남한에서는 구개음화가 이루어져 '그랬지요'라고 말하나, 북한에서는 구개음화가 이루어지지 않아 '그랬디요'라고 발음한다. 카자흐어에서도 구개음화가 나타나는데 첫 발음이 'ㄷ'으로 시작하면 'ㅈ'으로 바뀌는 경우가 많다. 그 예로 '건강'을 뜻하는 '젠사우륵(денсаулык)'은 표기는 '덴사우륵'이라고 했지만 발음할 때는 '젠사우륵'이라고 한다.

3) 'ㄴ' 계열 발음 그룹 안에서의 상호변환: ㄷ↔ㄹ

예) 주안주안(Juanjuan)→루안루안(Ruanruan)↔로우란(Rouran)

'ㅈ' 계열의 발음이 역으로 'ㄷ' 발음화될 때 'ㄷ'발음이 앞에 오는 것을 피하기 위해 'ㄷ' 대신 부드러운 'ㄹ' 발음이 오는 현상으로 '조선'의 카자흐-몽골어인 '주잔'의 다른 발음은 '주안주안'이다. '주안주안'이 역 구개음화을 일으키면 '두안두안'으로 변해야 하지만, 'ㄷ'발음을 기피하는 현상 때문에 'ㄴ' 계열 발음 중, 부드러운 발음인 'ㄹ'로 변환되어 '루안루안'→'로우란'으로 변환이 된다.

4) 'ㅅ' 계열 발음이 역 구개음화를 일으키는 경우: ㅅ↔ㄴ)

예) 주안주안(Juanjuan)↔두안두안→달단→탄탄→타타르(Tatar)

그러나 모든 알타이-투르크민족이 상기의 예처럼 'ㅅ' 계열의 발음이 'ㄹ'로 변하는 것은 아니다. 남한의 한국어에서는 구개음화가 일어나고 북한의 한국어에서는 구개음화가 안 일어나듯, 일부 부족에서는 역 구개음화가 일어나는 현상을 발견할 수 있는데 그 예가 바로 '타타르족' 명칭이 그 예이다.

'주안주안' 발음이 역 구개음화를 하게 되면 'ㅈ'이 'ㄷ'으로 변하면서 '주안주안'이 '두안두안(단단→달단)'이 되면서 '타타르'로 발음이 변환된다.

또한 일부에서는 '주안주안'의 발음이 'ㄹ', 'ㄷ'이 아닌 'ㅈ'탈락 현상이 일어나 'ㅇ'으로 되는 경우가 있는데 그 예가 '유연'이다. 즉, 중국사에 등장하는 조선, 주신, 주천, 주잔, 달단, 타타르, 유연 등은 모두 같은 민족을 얘기하고 있는 것이며 명칭이 다른 이유는 이들 민족이 각자 자신들만의 방언을 가지고 있었기 때문인 것으로 보인다.

5) 'ㄱ' 계열 발음과 'ㅇ' 계열 발음의 상호변환: ㄱ↔ㅇ

예) 칸↔한(왕에 대한 호칭), 구사르↔후사르

중앙아시아에서 카자흐인은 안부 인사를 할 때 중부, 북부 지방 사람들은 '칼릉 칼라이'라고 말한다. 그러나 남부 사람들은 '할릉 칼라이'라고 'ㅋ'이 'ㅎ'으로 변한다. '구사르'는 헝가리의 기마부대로 헝가리인을 뜻하는 '구스'에 '사르', '용병'이라는 의미가 합쳐져 '헝가리 용병'이라는 의미이다. 그러나 '후사르'라고도 발음한다. 우리가 헤라클레스라고 부르는 그리스 신화의 인물도 CIS 지역에서는 '게라클'이라고 부른다. 따라서 'ㄱ' 계열 발음이 'ㅇ' 계열의 발음으로 상호변환됨을 알 수 있다.

6) 'ㅈ' 계열의 발음이 'ㅇ' 계열의 발음의 상호변환: ㅈ ↔ ㅇ

예) 주스(жуз) ↔ 우즈

카자흐인은 우즈벡인과 근본적으로 혈통이 다르다고 생각하는 카자흐인이 많은데 국가명을 보면 이들이 같은 민족이었다는 것을 알 수 있다. 카자흐인을 뜻하는 '주스'는 'ㅈ'발음이 탈락할 경우 '우즈'가 된다. 유럽 지역에서는 흔히 'ㅈ'이 'ㅇ'으로 발음이 바뀌는 경우가 많은데 '조셉(Jeseph)'을 '요셉'으로도 발음한다. 따라서 상기의 발음 규칙을 정리해 보면 카자흐인을 상징하는 '주스', 우즈벡인을 상징하는 '우즈', 그루지아인을 상징하는 '조지', 헝가리인을 뜻하는 '구스'는 모두 같은 어원에서 왔으며 이들의 조상이 같았다는 결론에 도달하게 된다.

상기의 이론을 바탕으로 조선이라는 지명이 유라시아에 어떻게 분포하는가를 살펴보면 이들이 모두 별개의 민족이 아닌 하나의 민족에서 갈라져 나간 민족이라는 것을 알 수 있으며 그 영역은 유라시아 대륙 전체라고 보아도 과장이 아닐 만큼 굉장히 광대함을 알 수 있다. 다음의 〈그림 2〉는 조선과 연관된 어휘를 바탕으로 그려본 고대 조선의 영역이다.

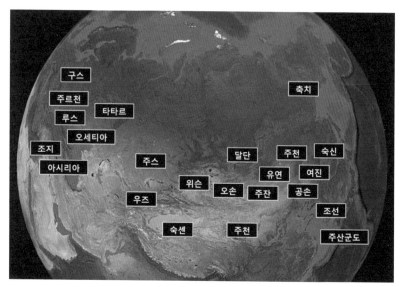

〈그림 2〉 비교음운학적으로 분석한 조선 관련 파생어

　　〈그림 2〉의 알타이-투르크계 언어의 발음변화 법칙을 바탕으로 각 민족들의 이름의 유래를 분석해 보면 이들이 모두 '주잔'에서부터 갈라져 나간 일종의 방언이라는 것을 알 수 있다. 즉, 이들은 모두 같은 민족이 었지만 사는 곳이 다르다보니 언어가 점차 갈라져 나가 오늘날에 이르게 된 것이다.

　　따라서 '조선'의 발음을 찾아서 전 유라시아 대륙에 있는 부족의 명칭을 조사하면 『한단고기』에서 말하는 고대 환국의 영토와 위구르인들이 주장하는 고대 위구르제국의 영토가 대략 일치함을 알 수 있다.[4]

---

4) 고대 몽골초원 아르항가이에는 위구르족이 세운 12개의 연방 유목 국가가 있었다. 이 국가들 중 북쪽 지역에 타타르라고 불리는 종족이 살았는데 '북부 조복 타타르'가 오늘날의 케레이족의 조상이 되었다(출처: "Қазак Ру", Тайпаларының тарихы ≪Керей≫, Алаш, 2014, pp. 18~19).

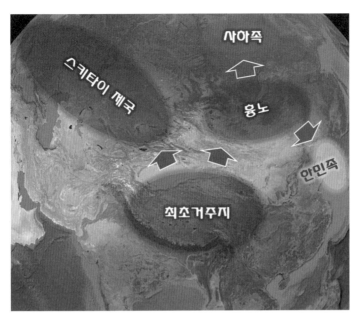

〈그림 3〉 카자흐인이 주장하는 삭족의 이동경로[5]

5) 카자흐족에 의하면 자신들의 조상 '삭족(카: Сак)'이 티베트에서 파미르를 거쳐 알타이산맥에서 동서로 갈라
졌다고 보고 있다. 그중 한 지류로 한국인을 삭족의 후예로 보고 있다(출처: 위의 책, p. 11).

한국 의성의 적석목곽분과 카자흐스탄 이식 코르간

카자흐스탄 삭족의 무덤 양식은 신라-가야왕족의 무덤 양식과 같으며
이들의 왕관은 사슴뿔 왕관, 나뭇가지 왕관을 써서
이들이 종교적 지도자들임을 알 수 있다.
이 지역에는 동일한 양식의 동복, 칼, 장신구 등등이 발견되어
삭족과 신라-가야왕조는 같은 혈연에서 갈라진 친척관계임을 알 수 있다.

제6장

중앙아시아로 진출한 조선인들

1

1. 스키타이족의 분포로 본 환국(桓國)들의 추정 위치

투르크계 민족과 동이족의 차이점은 기본적으로 민족의 기원과 구성은 같지만 투르크민족은 숫자 '10'을, 동이족은 숫자 '9'를 쓴다는 점이다. 이러한 차이점은 이미 10개의 태양의 전설에서 언급한 바가 있다. 스키타이족 계열의 부족명을 보면 『한단고기』에 나오는 12환국의 명칭과 비슷한 명칭들이 나타나는데 그 명칭들을 정리해 보면 다음과 같다.

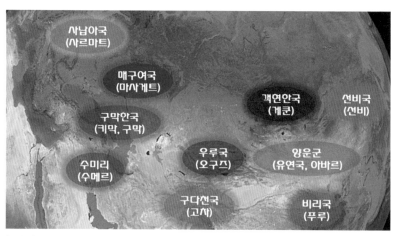

〈그림 1〉 12환국의 명칭과 스키타이계 부족명의 유사성

스키타이부족의 이름과 『한단고기』에 나오는 12환국의 일부 국가의 명칭들이 발음의 유사성을 보이는 비슷한 것들을 나열하면 〈그림 1〉과 같은 결과가 나옴을 알 수 있다.

참고로 부족의 위치는 시대와 상관없이 배열하였다. 왜냐하면 이들은 유목민족이었으므로 그 위치가 수시로 바뀌었기 때문이다. 예로 키르키즈인(게쿤족)은 바이칼 주변에 거주하였지만 중세시대에는 카스피해 북쪽에 거주하다가 지금은 키르키즈스탄을 건국하여 중국, 카자흐스탄, 우즈베키스탄 사이에 위치하고 있으며 아바르(유연)족은 중국의 서부 지방에 거주하였지만 그후 민족 이동을 하여 유럽으로 들어갔다. 하지만 이 부족국가들은 초원지대를 중심으로 활동하였기 때문에 민족의 이동은 있었을지언정 스키타이계 민족 전체의 영역 안에서 주로 활동하였으므로 이들 유목민족의 영역에는 큰 차이가 없었을 것으로 추정된다. 참고로 정사에서 인정하는 불가리아 역사의 시작은 B.C. 5세기경부터로 되어 있으나 불가리아에서는 자신들의 역사가 5,000년도 넘은 역사를 가진 민족이라고 말하고 있다. 그렇기 때문에 이들 민족들은 상당히 고대부터 그 부족명을 가지고 있었다는 전제하에 바라보아야 할 것이다. 따라서 12환국 중 일군국, 구모액국을 제외한 나머지 10개의 국가 명칭을 스키타이 부족과 비교 정리하면 〈표 1〉과 같다.

〈표 1〉 12환국과 스키타이 부족의 명칭 비교

환국	스카타이 부족명	비고
Bēi lí guó(卑離國)	Fu yú(夫餘), Bù yǔ(不與), Fú lóu(符婁), Fèi liú(沸流)	Buyeo(夫餘)
Yǎng yún guó(養雲國)	Róu rán(柔然), Авар	Yuyon(柔然)
Kòu mù hàn guó(寇幕汗國)	Kimak(Кимак)	
Jù chá chuān guó(句茶川國)	Kypchak(Кыпцак)	
Yú lóu guó(虞婁國)	Ogyz(Оғыз), Onggut(Оңғұт)	
Kè xián hàn guó(客賢汗國)	Kyrgyzstan(Қырғыз)	Gekgon(鬲昆)
Mài jù yú guó(賣句餘國)	Massagetae(Массагет)	
Sī nà ā guó(斯納阿國)	Sarmatian(Сармат)	
Xiān bì guó(鮮裨國)	Xiānbēi(鮮卑, Шанби)	Sunbi(鮮卑)
Xū mì ěr guó(須密爾國)	Sumer Шумер	
Yīqún guó(一群國)		
Jù móu é guó(句牟額國)	Kumyk(Кумык)	

비리국(卑離國, 부여), 양운국(養雲國, 유연=아바르: Авар), 구막한국(寇
幕汗國, 키막: Кимак), 구다천국(句茶川國, 큽착: Кыпцак), 우루국(虞婁國,
오그트 또는 옹구트 Оғыз, Оңғұт), 객현한국(客賢汗國, 크르크즈:
Қырғыз), 매구여국(賣句餘國, 마사게트: Массагет) 사납아국(斯納阿國, 사
르마트: Сармат), 선비국(鮮裨國, 샨비: Шанби), 수밀이국(須密爾國, 수메
르: Шумер)

제정 러시아는 큽착국을 쿠믁(Кумык) 또는 쿠만(Куман)이라
고 불러 구막한국(寇幕汗國)과도 유사한 발음으로 불렀었다. 또한 키르
키즈스탄의 키르키즈족을 표기한 중국의 문헌을 보면 한나라 때는 격곤
(鬲昆, Lì kūn), 견곤(堅昆, Jiān kūn), 위진남북조시대와 수나라 때는

결골(结骨, Jié gǔ), 계골(契骨, Qì gǔ), 흘골(纥骨, Hé gǔ), 호골(护骨, Hù gǔ) 등등으로 불렸다. '객현(客賢, Kè xián)'이 상기의 발음들과 동일하다고 보는 이유는 'ㄱ'의 'ㅎ'화 현상 때문이다.

突厥語 Qırğız, 即中國史籍記载的黠戞斯, 就是今天的柯尔克孜人, ≪史記≫ 中最早記录了柯尔克孜人的情况, 称之为 "鬲昆"。两汉时称 "坚昆", 魏晉南北朝至隋代称 "结骨"、"契骨"、"纥骨"、"护骨"。唐代时根据汉語的音译通称为 "黠戞斯"。五代十國、遼、宋、金时又称 "纥里迄斯", 大蒙古國和元代时称 "吉利吉斯" 等, 这些名称其实都是各时期各种不同的音译。清代时按准噶尔人的称呼, 称其为布魯特。乃蛮, 钦察, 契丹等来自哈萨克汗國的部族属于吉尔吉斯的 "色尔特克勒克"(意为 "外部之人")。不属于吉尔吉斯本部。[1]

〈표 2〉 키르키즈스탄 표기와 발음의 변화(제5장 알타이계 언어의 발음변화규칙 참조)

1) http://zh.wikipedia.org/zh/%E6%9F%AF%E5%B0%94%E5%85%8B%E5%AD%9C%E6%97%8F

〈표 3〉 수메르와 투르크민족의 공통점

	수메르인	투르크인
언어	우랄-알타이계	우랄-알타이계
신의 명칭	딘그르	탱그리
신의 거주지	수메르	수메르산
인종	아시아계과 백인혼혈	아시아계과 백인혼혈
편두풍습	있음	있음
키쉬 도시 존재여부	있음	있음

　많은 사람들이 수메르를 '수밀이(須密爾)'와 동일시하는 것에 대해서 의견을 같이하는 사람들이 많은데, 수메르인이 알타이-투르크민족과 연관성이 있다는 연구를 발표한 역사학자들은 중앙아시아와 동유럽에 많이 있다. 따라서 한국의 고조선이 카자흐스탄의 주장과 역사적 연결성, 환국과 투르크 10개 부족의 명칭이 같다는 것을 참조하면 『한단고기』에 나오는 환국 12연방 국가 중 하나였던 수밀이가 수메르였다는 것을 알 수 있다.

　알타이-투르크 신화를 보면 최초의 탱그리가 탄생하고 난 후, 자신의 몸을 분리해서 남자 탱그리와 여자 탱그리(우마이 탱그리: Ұмай Тәнір)를 창조했는데 여자 탱그리가 거주한 산이 수메르 산(카: Сумер тау, 한자로는 수미산(須彌山)으로 표기하며 산스크리스트어로 카일라스(Kailash)라고 부른다)이었다라고 한다.[2] 그리고 수메르 문명의 사람들이 믿었던 신은 '딘그르'였는데, 이러한 것을 보면 알타이-투르크민족과 수메르 문명 간에는 종교와 신화에 공통점이 있는 것을 볼 수 있다. 편두의 풍습, 알타이어계 언어를 사용한 점, 자신들을 검은 머리 종족이라

---

2) Жанайдаров. О., *Ежелгі Қазақстан мифтері*, Аруна, 2009, pp. 10~12.

고 부른 점, 자신들에게 문명을 전파해 준 신을 딘그르(단군, 탱그리)라고 부른 점, 이들의 장신구가 중앙아시아 스키타이 유물과 유사한 점 등 등을 볼 때, 중앙아시아에 있던 삭족(색족, 스키타이)과 동일한 문화를 가진 수메르는 『한단고기』에 나오는 수밀이라고 볼 수 있는 근거는 충분하다고 본다. 뿐만 아니라 카자흐 역사학자나, 헝가리, 불가리아 학자들은 이미 훈족과 스키타이, 수메르인들이 서로 같은 민족이라고 주장하고 있고 이들은 모두 우리와 동일한 우랄-알타이어족의 국가들이므로 '수밀이'와 메소포타미아 지역에 있던 '수메르'와 동일한 국가라고 주장하는 나라는 한국 하나만은 아님을 알 수 있다.

2. 헝가리-불가리아의 후노르와 마고르 전설

헝가리와 불가리아에는 후노르(Hunor)와 마고르(Magor)의 전설이 있는데 이 전설에 의하면 헝가리와 불가리아민족이 수메르제국에서 이주해 간 민족이라고 주장하고 있다. 후노르와 마고르는 구약성경에도 나오는 인물들로 이들은 바빌론을 건설한 왕으로 유명한 니믈롯(Nimrod) 왕의 아들들이다.

〈그림 2〉 후노르와 마고르의 마이오티스 발견[3]

특히 주목할 점은 니믈롯왕의 아버지 이름이 쿠쉬(Cush)였다고 기록이 되어있는데 불가리아인, 헝가리인, 누비아인, 수메르인, 유태인, 훈족, 스키타이가 모두 하나의 끈으로 연결되어 있음을 알 수 있다(3장〈그림 10〉참조). 니믈롯은 바빌론의 왕이었지만, 전설에 의하면 후노르와 마고르가 어린 시절을 스키타이의 땅에서 보낸 것으로 보아, 니믈롯은 스키타이족 사람이거나 스키타이의 땅에서 오래 살다가 수메르 지역으로 들어가 왕이 된 사람으로 보인다.

---

3) http://en.wikipedia.org/wiki/File:FeherSzarvas-ChroniconPictum.jpg

어느 날 후노르와 마고르는 사냥을 나갔으나 제대로 된 사냥을 하지 못하고 헤매고 있을 때 한 아름다운 흰색 암사슴을 발견하여 추적했는데 이들은 이 사슴에 인도되어 마이오티스(Maiotis)라는 새로운 땅에 가게 되어 그곳에 정착하여 헝가리민족의 기원이 되었다.[4]

좀 더 현실에 가까운 역사기록을 보면 불가리안 역사학자 아스파구치(Asparuch)에 의하면 아틸라(Attila)의 아들 아르낙(Irnak)이 아틸라의 사후 훈족을 재구성하여 볼가-돈강 유역에 새로운 훈족의 국가를 건설하였다고 한다. 발칸 불가리아를 건국(A.D. 681년, 불가리아 역년 4441년)한 지도자와 그의 후계자들은 아르낙의 영향 아래에 있었고 아틸라의 아들 아르낙이 새로운 부족연합을 마이오티스(Maiotis) 지역에서 건설했던 것이 확실한 것으로 보여진다고 기록하고 있다. 오늘날의 불가리아를 건설한 부족들은 그 연합체를 오노구르(Onogur)라고 불렀는데 오노구르의 의미는 온(On) 오구르(Ogur)로서 "열 개의 부족" 또는 "열 개의 화살"을 뜻한다. 현재까지도 터키에는 자신들을 오후르(Ohur)라고 부르는 투르크계 민족이 있다.

백제도 숫자 '10'을 상징하는 국가였는데, 삼국사기 기록에 의하면 백제(百濟)도 처음에는 십제(十濟)로 불리다가 백제(百濟)가 되었다고 하는데 이 십제를 카자흐어의 '열'을 뜻하는 '온(카: Он)'으로 발음하면 백제라는 국명을 투르크어식 발음으로는 '오노구르', 즉 열 개의 화살이라는 의미가 되며 한국어로도 숫자 '백'은 '온'이므로 백제를 십제(十濟)로 표기하건 백제(百濟)로 표기하건 그 발음이나 의미가 크게 변하지는 않는

---

4) http://en.wikipedia.org/wiki/Hunor_and_Magor

것을 볼 수 있다.

이외에도 카자흐스탄에는 오그즈(Оғыз: A.D. 9~12세기)라는 국가가 존재했는데 이 오그즈는 오구르(Ogur)의 변형된 발음으로 역시 '화살'을 뜻한다. 현재 중국의 식민지가 된 신장 위그루족의 위그루(Uygru)도 오그루(Ogru)와 그 어원이 같을 것으로 추측된다.

3. 스키타이, 흉노, 조선, 카자흐스탄의 국가 3등분 정책

북방민족에게서 홀수를 선호하는 3수의 문화는 아주 일반적이며 그다지 특별한 것이 아니다. 그렇지만 앞 장에서 조선과 카자흐스탄의 3주스(주잔)에서도 언급했듯이 주잔과 조선의 발음의 유사성은 결코 우연으로 넘기기에는 너무나도 유사성이 크다. 그런데 이러한 유사성은 단순히 카자흐스탄과 조선만의 특징이 아니라, 흉노와 스키타이에서도 공통적으로 나타난 현상이었는데 표로 정리하면 〈표 4〉와 같다.

이들은 유목민의 전통에 따라 영토를 한 명의 '칸'이 독점을 한 것이 아니라 각각 3등분으로 해서 나머지 두 지역은 해당 부족이 다스리게 하고 '칸'은 중앙 직속령만 다스렸던 것이다. 따라서 다른 지역의 부족장은

〈표 4〉 조선, 흉노, 스키타이, 카자흐스탄

국가명	지역 구분
조선	마한, 진한, 변한
흉노	동부, 중부, 서부
스키타이	리폭사이, 아르폭사이, 콜락사이(아들 이름)
카자흐스탄	오르타 주스, 울루 주스, 크스 주스

자기 지역에 대한 정치적 자치권을 가졌을 뿐만 아니라, 군사도 가지고 있을 수 있었다. 이러한 전통은 북방민족이 국가를 세울 때마다 전통으로 계승되어 징기스칸이 건설한 몽골제국이나 누르하치가 건설한 청나라 때도 이러한 풍습이 유지되었다. 한국의 사학계에서는 강단사학가와 재야사학가로 나뉘어져서 삼한의 위치가 한반도라느니 만주라느니 의견이 분분한데 유목민족의 관점에서 이것을 해석하면 둘 다 맞다. 왜냐하면 〈표 4〉의 국가들처럼 알타이-투르크민족은 그 통치의 영역이 커지면 한 명의 칸이 신개척지를 통치한 것이 아니라 3등분을 해서 관할했기 때문이다. 그에 관련된 기록이 있는데 기록은 다음과 같다.

정미 원년(B.C. 194), 번조선 왕 기준이 오랫동안 수유에 있으면서 은혜를 베풀어 백성들은 풍족하였다. 뒤에 떠돌이 도적에게 패한 뒤 바다로 들어가 돌아오지 않았다. 이에 오가의 무리들은 상장 탁을 받들고 대거 등정길에 올라 월지에 이르러 나라를 세웠으니 월지는 상장 탁이 태어난 곳이다. 이를 중마한이라 한다. 이에 이르러 변한, 진한 역시 각각 그 무리로써 땅 백 리씩을 받아 도읍을 정하고 나라를 세웠으니 모두 마한의 명에 따르며 세세토록 배반하지 않았다.[5]

— 『북부여기(北夫餘記)』 상편

5) 이일봉, 『실증한단고기』, 정신세계사, 1998, 265쪽.

한(韓)은 세 종류인데 첫째는 마한, 둘째는 진한, 셋째는 변한이다.

마한은 54개의 나라를 거느리고 있으며 진한은 12개의 나라를, 변한 역시 12개 나라를 거느리고 있어서 삼한을 합치면 모두 78개 나라를 거느리고 있었다고 말한다.[6]

— 『후한서(後漢書)』,[7] 『삼국지[8] 위지동이전(三國誌 魏志東夷傳)』

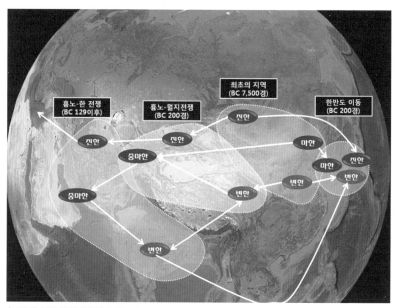

〈그림 3〉 삼한의 원래 위치와 이동경로

---

6) 이일봉, 앞의 책, 128쪽.

7) 중국 이십사사 중의 하나로 후한의 역사를 남북조시대 송나라의 범엽(398년~445년)이 정리한 책이다. 다루는 시대는 25년(건무(建武) 원년)부터 194년(흥평(興平) 원년)까지의 역사이다. 본기 10권, 열전 80권, 지 30권으로 이루어져 있으며, 이 중 지 30권은 범엽이 죽은 후, 유소가 보완·완결하였다(출처: http://en.wikipedia.org/wiki/Book_of_the_Later_Han).

8) 서진(西晉)의 진수(陳壽)가 쓴 중국 삼국시대의 정사(正史)이다. 후한의 운세가 기울기 시작하던 189년부터 진나라의 사마염이 천하를 통일하는 280년까지의 기록을 담고 있다(출처: http://en.wikipedia.org/wiki/Records_of_Three_Kingdoms).

따라서 조선은 삼한으로 나뉘어졌다고 해서 끝난 것이 아니라 또다시 나뉘어졌음을 기록을 통해 알 수 있다. 특히 북부여기에 기록된 중마한의 경우는 이들이 중마한을 새로 건설하면서 하나의 독립국가를 이루지 않고 진한, 변한과 함께 3등분을 해서 중국의 서부 지역을 다스렸음을 볼 수 있다. 따라서 삼한의 대륙설과 한반도설은 모두 맞다고 볼 수 있다. 대륙에 있던 삼한이 한반도로 들어가서 그 통치 지역을 다시 마한, 진한, 변한으로 3등분하여서 다스렸었기 때문이다.

1) 흉노-월지전쟁 시기의 삼조선 성립

『한단고기』에 의하면 B.C. 194년 번조선의 무리들이 서쪽으로 이동하여 중마한을 세웠으며 이때 진한과 변한도 함께 건국되었다는 기사가 나온다. 또한 사마천의 사기를 보면 흉노(진한: 필자의 의견)의 묵특선우가 B.C. 177~176년경 월지(중마한)를 격파하였다는 내용이 나오니 대략 기원전 2세기 무렵에 삼한의 주민들이 동북아시아 지역에서 서쪽으로 일부 이동하였음을 알 수 있다.

2) 한반도의 삼조선 성립

한반도에 동이족이 유입되기 시작한 시기는 춘추전국시대 때의 혼란 시기부터 시작이 되었다고 보아야 한다. 특히 진시황이 B.C. 221년 중원을 통일하면서 유민의 유입은 최고조에 달하였는데 중국 서진(西晉) 때 진수(陳壽)가 쓴 『삼국지』에 진한사람은 진나라의 부역을 피하여 온 유민들이 와서 건국한 나라라는 기록이 있는 것으로 보아 중원의 서쪽 지역에 삼조선이 생기던 비슷한 시기에 한반도에서도 삼조선이 생기고 있었음을 추측해 볼 수 있다.

특히 가야의 전신인 변한은 김병모 교수가 쓴 『허황옥 루트 인도에서 가야까지』를 보면 인도와 중국 사천성 보주(普州)시와 관련이 있는데 인도와는 동떨어진 지역인 보주시가 인도와 관련이 있는 이유는 장건이 한 무제에게 보고한 내용을 보면 의문이 풀린다. 장건이 서역을 여행하다가 촉(蜀)땅 명산의 주산물인 대나무와 옷감을 현지인들이 가지고 있는 것을 보고 어디서 구했느냐고 하자, 인도 상인으로부터 샀다는 말을 들었다. 이에 장건은 운남성에서 미얀마를 통해서 인도로 가는 길이 있는 것을 발견하고서 귀국한 후, 한 무제에게 운남을 정복하자는 건의를 했다는 내용이 나온다.[9]

따라서 장건이 활동하던 시기 이전부터 중국 남부 지방은 독자적으로 인도와 연결되는 루트를 가지고 있었던 것으로 보인다. 따라서 인도 북부 지역으로부터 내륙루트를 통해서 미얀마로 연결되는 길이 그 당시 존재했기 때문에 인도 북부를 정복한 월지족이 동진하여 미얀마로 들어가 알타이-투르크 신화와 비슷한 '사일여신의 전설'을 만들었을 가능성이 크다. 또한 미얀마에서 허황후의 고향인 사천성 보주로도 연결이 되므로 인도북부에서부터 미얀마, 사천성이 알타이-투르크민족이 활동했던 지역이었을 가능성이 크다.

〈그림 4〉에서 보면 쿠샨, 쿠시, 키쉬, 쿠차 등등의 이름이 나타나는 것은 이 국가를 건설한 사람들이 스키타이 계통의 언어를 사용했던 민족이라는 것을 추정할 수 있다. 현대 카자흐어로 '사람'을 크스(Kici)라고 하는데 이때의 의미에는 '문명화된 인간'이라는 의미가 있다. 이 단어는 몽골초원과 바이칼 호수 근처에서는 퉁그스계 방언으로 '키'로 발음이

---

9) http://ko.wikipedia.org/wiki/%EC%9E%A5%EA%B1%B4

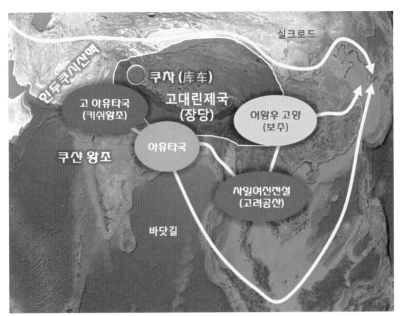

〈그림 4〉 허황옥의 이동추정루트와 당시의 동서교역로

된다. 그래서 몽골 북서부 지역에 사는 종족을 '에벤키'라고 부른다. 이는 수메르어도 동일해서 수메르어에서도 '사람'을 '키'라고 불렀다.

가야제국 중에도 고차(古磋)가야라는 국명이 나오는데 고차가야도 원래의 기원은 티베트-파미르에서 기원해서 한반도에 이르렀다는 것을 알수 있다. 또한 『한단고기』에 나오는 구다천국(句茶川國)도 구차한국(句茶汗國)으로 마찬가지로 파미르에 존재했었을 가능성이 있다.

또한 허황후의 고향인 보주 지역은 몽골, 중앙아시아, 티베트에서 전승되어 오는 '게세르 한(Gesar Khan)' 전설[10]의 무대인 곳으로 예로부

10) 티베트어로 링(glin), '섬'을 뜻한다. 그러나 산스크리트어의 드비라(dvīpa)처럼 '대륙'이라는 의미로 대치

터 고대 투르크 신화에서 링(dLing)제국이라고 불리던 고대 알타이-투르크 왕국이 있었던 지역이다. 가야가 스키타이계이기 때문에 실크로드를 통해서 한반도에 들어왔다는 고정관념을 가질 필요는 없어 보인다. 왜냐하면 스키타이계 민족들이 티베트에서 저지대로 내려가는 길이 여러 갈래가 있었기 때문이다. 그중 하나가 미얀마로 통하는 실크로드 남방루트이고 현 인도의 아요디아(아유타) 지역에서 배를 타고 동남아시아를 통해 한반도로 가는 뱃길도 존재했기 때문이다.

3) 흉노-한전쟁 시기의 삼조선 성립

묵특선우에게 대파당한 중마한(월지족)은 서쪽으로 더 이동하였으나 B.C. 162년 노상선우의 공격으로 왕이 살해당하고 현 우즈베키스탄 위치인 아무다리야강 지역으로 다시 서진하여 알렉산더가 건국한 박트리아를 정복하고 대월지를 건국한 이들은 다시 쿠샨왕조를 건국하여 인도의 북부를 지배하게 되었다.

진한(흉노: 필자의 의견) 또한 B.C. 129년 이후 한무제와의 제2차 한-흉노전쟁에서 패함으로써 많은 흉노의 무리가 중앙아시아 지역으로 넘어오고 다시 이들이 서진하여 유럽에서 훈(Hun)족이라 불리게 된 것으로 보인다.

될 수 있다. 링제국이 있었을 것으로 추정되는 후보 지역이 학자들에 의해서 몇 군데 지목되고 있는데 한족, 티베트족 사학자들이 공통적으로 주장하는 링제국의 위치는 15세기까지 티베트인들이 신성하게 여기던 지역으로 게세르 한이 탄생한 중국 사천성 서쪽지역인 감목장족 자치구(甘孜藏族自治州)이다. 이외에 다른 후보 지역으로 암네 마친(Amne Machin, 阿尼瑪卿山), 브리강(Bri, 양자강), 르드자강(rDza, 야롱강: 양자강 지류)이 거론되고 있다. 전체적인 공통사항은 이 지역들이 모두 티베트 동부지역이라는 점이다. 링제국은 20세기까지 존재하다 중화인민공화국에 합병되었다.

변한은 중마한의 건국에 함께 참여했던 세력으로 묵특선우에게 패하여 중앙아시아로 이주하던 당시 중마한과 함께 대월지를 건국한 다음에 쿠샨왕조가 성립된 기원후 1세기 이후 쿠샨왕조의 팽창 시기에 인도 북서부의 아요디아 지방으로 이주하였다가 허황후와 함께 한반도의 가야국 건설에 기여한 것이 아닌가 추측된다. 왜냐하면 후한 광무제 건무 18년(A.D. 42년) 수로라는 인물이 가야국을 건설하였다는 기록이 나오며 건무 24년(A.D. 48년)에는 아유타국의 공주 허황옥이 김수로왕과 만났다는 기록이 있기 때문에 시기적으로 일치한다.

4. 우즈벡족의 서진

제정러시아 때부터 소비에트 시절까지 식민통치를 받아 왔던 중앙아시아국가들은 현재까지도 자기 민족들의 시작이 15세기 때부터인 것으로 알고 있는데 이것은 잘못된 생각이다. 러시아의 학자가 줄기차게 15세기를 주장하는 이유는 그렇게 되어야 제정러시아 시절 점령한 중앙아시아를 역사적 정당성을 가지고 점령할 수 있었기 때문이다. 한국에서도 과거 2차 세계대전 당시 일본이 한국의 고대사를 반 토막으로 잘라 일본의 역사보다 짧게 만든 다음에 일본이 한국으로 문명과 기술을 전파했다는 식으로 왜곡된 역사를 가르치던 시절이 있었다. 중앙아시아민족들도 하루빨리 자신들의 역사를 자각하여 스스로 세계무대에서 당당히 주체적인 민족으로 활동하길 바랄 뿐이다.

이번에는 카자흐족이 아닌 우즈벡족의 기원에 대해서 말하고자 하는데 아직도 현지 중앙아시아인들은 러시아와 중국이 만들어 놓은 이이제이(以夷制夷)[11]의 전술에 말려들어서 지금도 서로가 다른 민족이고 문화도 다르다고 생각하고 있는 사람들이 많은데, 외국인의 관점에서 이들을 바라보았을 때 아무런 차이점도 발견할 수 없다. 우즈베키스탄은 카자흐스탄처럼 3주스의 제도는 가지고 있지 않지만, 언어도 상당히 비슷해서 의사소통이 가능하고 의복이나 음식도 같은데 다른 민족이라니 잘 이해가 안 되는 부분이다. 하루 빨리 주변의 형제 민족들과 화해하여 대국으로 성장할 수 있기를 기원한다.

우즈벡족의 기원에 대해서는 중국대백과전서(中國大百科全書)를 바탕으로 추정할 수 있는데 다음과 같은 기록이 있다.

올자(兀者, Wù zhě)인들은 오자(吳者, Wú zhě), 알자(斡者, Wò zhě), 알졸(斡拙, Wò zhuó)로 부르기도 하며 요(遼)나라(기단, Кидан) 때에는 오야(烏惹, Wū rě), 올야(兀惹, Wù rě), 오약(吳若, Wū ruò), 오사(吳舍, Wū shě)라고 불렀으며 금(金)나라(Jurchen), 원(元)나라(Моңғол хандығы) 시기에는 오저개(烏底改, Wū dǐ gǎi), 올적개(兀的改, Wù de gǎi), 올적가(兀的哥, Wù dí gē)로 불리웠다. 이들은 송화강 하류에서 아무르강 하류 및 우수리강에 이르는 광범위한 지역에 분포하였으며 수렵, 어로, 채집활동을 했었다.[12]

상기의 내용으로 보아 우즈벡족은 카자흐족의 조상이 되는 위슨족, 흉노족, 캉르족 등등의 민족들과 같은 지역에서 거주하고 있었음을 알 수 있으며, 추가로 우즈벡의 '우즈'와 '월지', '위슨'은 모두 'ㅇ'과 'ㅈ'의 공통

---

11) 야만족은 야만족을 이용해서 멸망시킨다는 전통적인 한족의 외교방식으로 많은 북방민족들이 이 전술에 이용당해서 중원에서 밀려나 중앙아시아로 동아시아로 흩어졌다.
12) 주학연, 『진시황은 몽골어를 하는 여진족이었다』, 우리역사연구재단, 2008, 71~76쪽.

자음을 가지고 있는 것으로 보아 같은 민족일 가능성이 크다. 따라서 카자흐, 우즈벡, 한국인들은 그들의 조상과 역사가 같음을 알 수 있다. 우수리강이라는 명칭이 생긴 이유는 상기의 근거로 미루어 보아 '우즈벡족(오저개 烏底改, Wū dǐ gǎi)의 강'이라는 의미일 가능성이 크다.

·1차 이동(B.C. 700~200): 중국 춘추전국시대의 내전과 혼란을 피해 일부는 만주로 일부는 중앙아시아로 이주.

·2차 이동(B.C. 177~176): 흉노−월지전에 패한 월지족이 현 위치의 우즈베키스탄 일대에 대월지를 건설한 다음, A.D. 1세기경 인도로 들어가 쿠샨왕조 건국.

·3차 이동(A.D. 1200~?): 징기스칸의 서방 원정 당시 몽골, 타타르, 키르키즈, 고려인 등의 민족들과 함께 만주에 있던 우즈벡족 중앙아시아 원정.

역사는 반복된다고 했던가? 현재 우즈베키스탄의 영웅인 티무르제국을 건설한 아무르 티무르(A.D. 1370~1405)도 후일 인도를 점령하고 무굴제국을 건설한 것을 보면 만주에서 이주한 북방민족이 인도로 들어가는 루트는 만주→서안→투르판→우루무치→중가르 게이트→알마티→사마르칸트→칸다하르→델리 지역으로 연결이 되었었다는 것을 추측할 수 있다.

또한 '티무르'를 부를 때 '아미르 티무르(Amir Timur)'라고도 부르는데 이는 '아미르 티무르'가 만주 지역의 아무르(Amur)강 유역에 머물던 우즈벡족의 후손으로 후일 징기스칸의 서방 원정 때 중앙아시아로 이동해서 왕국을 건설하였기 때문에 생긴 이름이 아닌가 생각된다.

물론 현지에서는 에미르(Emir)란 아랍어에서 온 단어로 '제후' 또는 '왕자'를 뜻하며 파생어로 현재 아라비아 반도에 있는 아랍 에미레이트

(Arab Emirates)의 에미레이트(Emirates: 토후국)라는 의견을 내놓고 있기도 하다.

그러나 우즈벡인들이 고대에 만주에 살았었기 때문에 자기의 고향에 대한 향수로 우즈벡족이 살던 아무르강(흑룡강)의 지명을 붙였을 가능성은 전혀 없다고 할 수 있을까? 그리고 우즈베키스탄에는 아무다리야(Амудария)라는 강이 있는데 '다리야(дария)'는 '큰 강'을 뜻하는 명사이다. 따라서 아무다리야강이라는 명칭은 연해주에 있는 아무르강(흑룡강)과 비슷한 명칭을 가지고 있는 것으로 보아 연해주에서 중앙아시아로 이주해 온 우즈벡족이 자신의 고향에 있었던 강의 지명을 현재의 아무다리야강에 붙인 것으로도 해석할 수도 있다고 본다. 왜냐하면 몽골의 중부 지방에는 앙카라(Ankara)강이 있는데 터키의 수도도 '앙카라(Ankara)'라는 지명을 가지고 있어, 앙카라라는 지명도 터키 민족이 서진함에 따라 함께 서쪽으로 이동해 온 지명으로 보인다. 마치 서양인들이 미국 땅에다 자신들이 살던 고향의 지명을 가지고와서 붙인 것처럼.

특히 티무르제국을 건설한 아무르는 자신이 징기스칸의 혈통의 후예라고 자처했던 만큼, 자신의 이름에 아랍어를 차용해 토후라고 스스로를 낮추기보다는 징기스칸이 살던 지역을 흐르던 아무르강에서 이름을 따와 자신의 정치적 입장을 강화시켰을 가능성이 더 크다. 왜냐하면 그때까지도 중앙아시아에는 여전히 징기스칸의 후예들이 각 지역에 지배자로 군림했기 때문이다. 따라서 정치적 혼란을 수습하고 안정을 시키기 위해서 징기스칸과 관련된 이름을 썼다고 보는 것이 더 타당하다고 본다.

5. 캉르(Қаңлы)의 서진

  이미 앞에서 위슨(烏孫)족의 쿤모왕 신화에 대해서도 언급하였듯이
동아시아에 거주했던 알타이-투르크민족의 서진의 증거를 찾을 수 있었
다. 위슨족 외에도 다른 부족들이 카자흐스탄 지역으로 들어왔는데 카
자흐스탄의 울루 주스(카: Ұлы Жүз)에 캉르(카: Қаңлы, 영: Qangly)
라는 루(카: Ру, 부족)가 있는데 마흐무트 카쉬카리(Махмұт Қашқари)
의 '투크 언어의 기원(Түбі бір түркі тілі)'이라는 모음집과 오르혼-예
니세이에 있는 비석 속에 이들에 대한 많은 기록을 남겨 놓았다. 캉르는
B.C. 400년경부터 중앙아시아에 이주해 오기 시작한 것으로 보이는데
캉르는 칸그하(카: Кангха)로도 알려져 있다.

  러시아어로 번역된 한서(漢書)에 의하면 칸쥐(카: Канжуй)라고 표기
하고 있으며 중국식 한자표기로는 강거(康居, Kāng jū)이다. 칸쥐 이외
에 다른 표기로는 '칸(카: Кан)', 칸그라
(카: Кангла), 칸귀(카: Кангуй), 칸가르
(카: Кангар), 칸그라스(카: Канграс), 켄
게레스(카: Кенгерес)가 있다.

〈그림 5〉 캉르족의 대수학자 알-파라비[13]
A.D. 872~950년 사이의 인물로 대수학(Algebra)을 세계 최초로 만들어 낸 인물이다.

---

13) http://i-cias.com/e.o/farabi.htm

공통적으로 '칸'이라는 발음이 들어가 있는 것이 보이는데 '칸'이라는 단어는 오늘날 카자흐어에서 켕(кен)이라는 단어로 남아 '넓다'라는 의미를 가지고 있다. 이들은 B.C. 300~100년 사이에 스르다리야(Сырдария) 강과 수(Шу)강 유역의 평야 지역부터 카라산(Қаратау) 지역에 거주하였는데 이들의 풍속과 전통은 월지족과 비슷하며 60만 명의 주민과 20만 명의 무사를 거느리고 있었으며 훈족의 지배를 받고 있었다고 한다. 이들은 대월지, 쿠샨왕조와 외교관계를 수립하였으며 이들의 수도는 칸

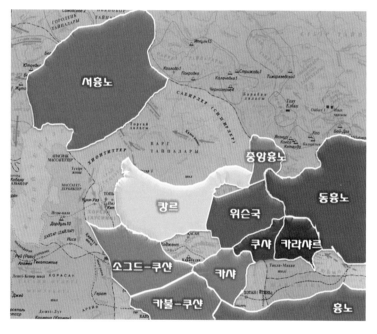

〈그림 6〉 A.D. 300~400년경의 중앙아시아[14]와 캉르(칸쥐)

·상기의 지명에서도 수메르의 키쉬(Kish), 누비아의 쿠쉬(Kush)와 유사한 쿠샤, 카라사르, 카샤, 소그드-쿠샨, 카불-쿠샨의 국가명이 보이고 있다.

14) Мұхтар Құл Мұхаммед 외, *Көркемсуретті Қазақстан Тарихы 1нші* том, Қазақ энциклопедиясы, 2006, p. 177.

카라스(Кан каласы)였다.[15] '칸 카라스'를 한자로 표기하면 한성(韓城)이라고 표기할 수 있는데 왜냐하면 '칸'은 '넓다, 크다'라는 의미를 가지고 있고 '카라스'는 성(城)을 뜻하는 의미이기 때문이다.

필자가 보수적으로 조선과 직접적으로 관련이 있다고 표기한 국가만 보아도 거의 중앙아시아의 대부분을 차지하고 있음을 볼 수 있다. 캉르가 대월지와 풍습이 비슷하고 쿠샨왕조와 교류한 것으로 보아 이들은 중마한과 변한 계열의 부족국가였음을 알 수 있다. 그리고 흥미로운 것은 흉노족이 한무제에게 패하고 서진한 이후에도 중앙아시아에서 계속 흉노의 지역을 셋으로 나누어 통치하였음을 볼 수 있다. 따라서 만주의 삼한이 한반도로 이주해 삼한을 설립했을 가능성이 높음을 알 수 있다.

칸귀가 우리 민족과 비슷하다고 생각하는 근거는 다음과 같다.

·첫째, 캉르를 뜻하는 여러 단어들의 공통된 발음이 '칸'인데 이 '칸'이라는 단어의 의미는 '넓다'라는 의미이다. 이는 한국어의 '한(韓)'과 카자흐어의 '켕(카: кен)'이 같은 어원에서 왔음을 의미한다.

·둘째, 카자흐어에서는 'ㅎ' 발음을 'ㅋ'로 하는 경우가 많다. 카자흐스탄에서 말하는 '칸귀'는 몽골에서는 '한귀'로 발음한다. 따라서 칸귀의 '칸'과 한국의 '한'은 그 의미가 같을 뿐만 아니라 같은 어원을 가지고 있다.

·셋째, 이들의 풍습이 월지족과 비슷하다는 점은 이들이 한민족과 같은 계열의 민족임을 알 수 있게 해 주며『한단고기』에서도 언급이 되었듯이 월지족이 중마한을 건국하였다는 내용으로 미루어 칸귀는 조선의 후예가 세운 국가라고 볼 수 있다.

---

15) 위의 책, pp. 172~180.

·넷째, 이들의 수도가 '칸 카라스(카: Кан қаласы)'라고 했는데 여기서 칸(Кан)은 넓다는 의미의 '한' 또는 지도자를 뜻하는 '한(칸)'을 의미하며 '카라(қала)'는 도시를 '스(сы)'는 3인칭 조사이다. 따라서 '칸 카라스'를 한자로 표기하면 바로 한성(韓城)이 되고 한성(韓城)은 춘추전국시대(春秋戰國時代) 때 전국칠웅(戰國七雄) 중의 하나였던 진(秦)나라에 있던 도시명이다. 진나라의 오른쪽에는 한국(韓國)이 있었는데 한성에 살던 주민이 진(秦)나라와 한(韓)나라의 주민들이 아니었을까 추측된다.

·다섯째, 캉르의 다른 표현 중에 칸쥐(Кан жуй)라는 발음이 있는데 이는 한족(韓族, 중국발음: 한주)의 다른 발음으로 보인다.

·여섯째, 캉르가 중앙아시아에 들어오기 시작한 시기는 B.C. 500년부터라고 하였는데 이 시기는 중국의 춘추전국시대의 시기로 당시 중원에 있던 진국(秦國)과 한국(韓國)의 백성들이 전란과 노역을 피해 서쪽으로 이동하여 세운 국가가 아닌가 생각된다. 특히 진시황에 의해 중원이 통일된 B.C. 221년경 중앙아시아로의 민족의 유입이 절정에 달했을 것으로 추측이 되는데 바로 이 시기에 캉르의 국력이 급격히 신장이 되었다. 이는 중원으로부터 멸망당한 전국시대의 유민들이 캉르에 합류하였기 때문에 일어난 현상이 아닌가 추측되며, 또한 이 시기에 쿠샨왕조의 국력도 강대해 지면서 인도의 북부를 완전히 제압하게 된다.

·일곱째, 진시황이 중원을 통일하던 시기에 캉르의 무리들이 서쪽뿐만 아니라 동쪽으로도 이동한 것으로 보이는데 이는 서진(西晉) 때 진수(陳壽)가 쓴 『삼국지(三國志)』에 기록된 내용 중에 한반도의 진한의 기원이 진나라의 노역을 피해 이민 온 유민들에 의해 건국되었다는 내용이 있는 것으로 보아 중원의 춘추시대 국가들이 멸망당한 이후 발생한 많은 유민들은 동쪽으로 이동해서 한반도에 삼한을 설립하고 일부의 유민들은 서쪽으로 이동해서 캉르를 형성한 것이 아닌가 추측이 된다.

6. 캉르(Қаңлы)는 어디에서 왔는가?

〈그림 7〉은 A.D. 1세기경의 아시아 지역의 주요 부족의 분포를 나타
낸 것이다. 키르키즈를 게쿤(Гегун)으로 표기하고 있어 객현(客賢)한국
과 비슷한 음가를 가지고 있음을 알 수 있다. 당시 중앙아시아로 들어가
는 입구는 남쪽의 카자흐스탄 알마티로 가는 중가르 게이트(실크로드
방면)와 북쪽의 씨메이 지역으로 들어가는 초원의 길이었다.

캉글족은 훈족의 일파로 카자흐스탄 역사책을 보면 이들이 몽골 오르
혼 일대에서 온 것으로 기록되어 있다.[16] 그러나 중국 측 기록과 『한단고
기』를 보면 이들이 몽골 오르혼 일대뿐만 아니라 카자흐스탄 제2수도인
알마티 지역을 통과해서 온 무리도 있었던 것으로 보인다.

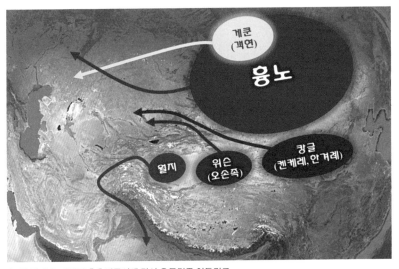

〈그림 7〉 A.D. 1세기 춘추전국시대 당시 유목민족 이동경로

---

16) Х.М. Ғабжалилов 외, *Қазақ ру тайпаларының тарихы*, Алаш тарихи зерттеу орталығы,
  pp. 137~145.

카자흐스탄에 있는 칸글(영: Qangly) 부족은 고대 카자흐스탄에 있었던 캉르(카: Канлы) 또는 칸귀(카: Кангюй)라고 불리던 종족에서 기원한 부족으로 캉르족은 크게 2개 지역에서 카자흐스탄으로 넘어온 것으로 보이는데 첫 번째 장소는 몽골, 두 번째 장소는 춘추전국시대 때의 서안-한성 일대이다. 몽골 지역에 살던 캉르족 중 일부가 중원으로 들어가 춘추전국시대 때의 제후국의 일원으로 타 국가들과 경쟁하다 혼란한 중원으로부터 탈출하기 위해 또다시 일부 부족들이 서쪽으로 이동해 카자흐스탄으로 유입되고 또 일부는 남쪽으로 이동해 사천성 북부 지역 강족자치구(姜族自治州) 지역으로 이동했던 것으로 보인다.

동쪽으로 이동한 캉르족도 있었던 것으로 보이는데 이들이 만주와 한반도로 이동해 들어와 삼한을 형성한 것으로 보인다. 몽골 지역 중앙을 보면 캉르족이 살았던 거주지로 추정되는 지명들이 많이 있는데 몽골 지역에도 캉르족이 살았던 거주 지역이 있었던 것으로 보인다. 그 후 이들은 남진하여 중원에 거주하다가 전국시대의 혼란을 피해서 일부는 서쪽으로 이동해 카자흐스탄으로 가고 일부는 더 남쪽으로 내려가 사천성 부근의 지역에 정착했던 것으로 보인다. 〈표 5〉는 투르크인들이 캉글족을 부르던 발음을 한자로 옮겨 놓은 것이다.

〈표 5〉 캉글을 표기한 카자흐어와 중국어의 비교

카자흐어	중국어	한국발음
Канли(칸리)	康里(Kāng lǐ, 캉리)	강리
Канлы(칸르)	康國(Kāng guó, 캉궈)	강국(韓國으로 표기 가능)
Кангу(캉구)	康居(Kāng jū, 캉쥐)	강거

앞에서 설명한바 있지만 한자는 한민족뿐만 아니라 일본인, 기타 북방 민족들도 공통으로 사용했었고, 각각의 민족이 고유의 한자발음을 가지고 있었다. 그래서 경우에 따라서는 유사한 경우도 있지만, 약간씩 발음이 다른 경우도 있었다. 칸르를 의미하는 강국(康國)의 한자표기의 경우 한국(韓國)으로도 표기가 가능할 수 있는데 그 이유는 'ㄱ'발음이 'ㅎ'으로 변하는 현상 때문이다. 키르키즈를 뜻하는 '게쿤'과 '객현'이 같은 민족의 다른 표기라는 것을 알 수 있는 이유는 바로 'ㄱ'의 'ㅎ'화 현상 때문이다.

따라서 캉르족은 바로 한민족을 의미하는 다른 형태의 발음이었을 가능성이 크다.

몽골에서 이 한귀가 발생하고 거주했던 지역은 오르혼 일대인데 몽골의 행정구역을 보면 한귀가 어느 지역에 거주하였었는지를 추측하게 해주는 단서가 있다.

〈표 6〉 'ㄱ'의 'ㅎ'화 현상(제5장 4. 알타이계 언어의 발음변화규칙 참조)

단어	'ㄱ' 발음(g 그룹)	'ㅎ'발음(o 그룹)
키르키즈스탄	게쿤(Гегун)	객현(客賢)
칸르(캉글)	Kāng guó(康國)	Hán guó(韓國)
징기스칸	징기스칸	징기스한
카자흐스탄	카자크스탄(Казакстан)	카자흐스탄(Казахстан)

<그림 8> 몽골의 행정구역[17]

　〈그림 8〉의 행정구역을 보면 아르칸가이(Arkhangai), 왜뵈르칸가이(Övörkhangai)와 바얀콘고르(Bayankhongor)를 볼 수가 있다. 이 명칭들은 모두 몽골의 부족명인 '한귀'의 변형된 발음으로 보인다. 특히 이 지역에는 해발 4,031m의 칸가이(Khangai)산이 있는데 아래의 이론을 바탕으로 칸가이산을 한자로 표기하게 되면 한국산(韓國山)이 되지 않을까 생각된다.

　카자흐스탄 부족에 대해서 정리한 책에 의하면 파미르-티베트에서 발원한 케레이족은 위구르족의 한 지파로 10개의 위그루족에서 갈라져 나가서 9개의 케레이족이라고 불렸었다. 이들은 아르항가이로 이동해 케레이 9족은 12개의 케레이 연방 국가를 건설했다고 한다.[18] "케레이(카: Керей)라는 민족명은 몽골어 케레(몽: Хэрээ)에서 유래한 것으로 의미

---

17) 출처: http://en.wikipedia.org/wiki/Mongolia
18) "Қазақ Ру", *Тайпаларының тарихы ≪Керей≫*, Алаш, 2014, pp. 18~19.

〈표 7〉 "캉르(Қаңлы)" 발음의 분포

카자흐어	몽골어	중국어	한국어
캉르(Қаңлы)			
칸쥐(Канжуй)	한쥐(Ханжуй)	한주(Hán zú, 韓族)	한족(韓族)
칸귀(Кангуй)	한귀(Хангуй)	한궈(Hánguó, 韓國)	한국(韓國)
칸가르(Кангар)	콘고르(Конгор)		
칸그라(Кангла)	칸가이(Кангай)		
칸그라스(Канграс)	한가이(Хангай)		
칸그하(Кангха)			
켄게레(Кенгере)	혼 헤레(Хон Хэрээ)		한겨레

는 '까마귀'라고 하며, 케레이와 캉르족은 동족인데 캉르의 별칭 '켄케
레'라는 명칭 역시 몽골어 혼 헤레(몽: Хон Хэрээ)에서 유래했으며 의미
는 '갈까마귀'이다."[19]라고 해서 두 민족명이 한국어의 '겨레'와 '한겨레'
로 우리와 동족임을 알 수 있다.

'한국'이라는 발음을 현대 중국어에서는 '한궈'라고 발음한다. 이 발
음과 유사한 발음이 몽골에도 존재하는데 바로 '한귀'이다. '한귀'라는
발음이 중국에서 '한궈'로 발음이 바뀌지 않았나 추측이 된다. 카자흐의
'칸귀'가 몽골에서 '한귀'로 발음되는 이유는 카자흐어의 특징이 우즈벡
어나 타타르어에서 'ㅎ(카: X)' 발음이 나는 단어를 'ㅋ(카: K)'로 발음하
는 점인데, 그 예로 '감사합니다'라는 의미의 우즈벡어 '라흐미에트
(Рахмет)', 위그루어의 '라흐마트(Рахмат)'가 카자흐어에서는 '라크미에
트(Ракмет)'로 발음이 된다. 물론 우즈베키스탄 접경 지역인 카자흐스탄
남부 지방에서는 '라크미에트'라고 말하기보다는 '라흐미에트'라고 더

---

19) 위의 책, p. 39.

많이 말한다.

따라서 '캉르' 부족의 역사적 내용과 '캉르'를 뜻하는 부족명의 유래를 함께 비교해 보면 캉글족의 기원이 몽골의 오르혼에 있었으며 일부의 무리가 B.C. 700년경, 스텝에서 알타이산맥을 지나 카자흐스탄 북부로 들어왔고, 중원 지역에 살던 또 다른 캉글의 무리는 중국의 춘추전국시대인 B.C. 500년경부터 우루무치를 지나 중가르 게이트(영: Dzungar gate)라는 협곡을 통해 카자흐스탄의 남부로 들어온 것으로 추정된다.

또 다른 거주 지역으로 춘추전국시대 때의 중원 지역을 들 수 있는데, 앞에서 설명했으므로 생략하겠다. 끝으로 세 번째 지역은 사천성 북부 지역인데 이들이 캉글의 후손일 것으로 추측되는 것은 몇몇 역사적 배경 때문이다. 진시황이 중원을 통일하는 데는 성공하지만 그 아들이 제

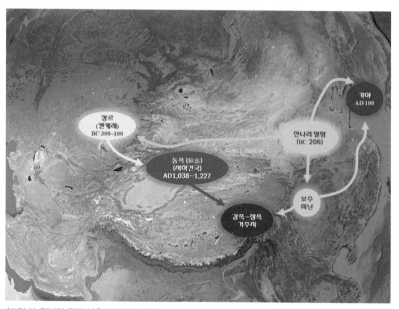

〈그림 9〉 진나라 멸망 이후 캉글족의 이동

〈표 8〉 알타이계 단어 발음의 변화규칙에 근거한 캉글과 강족의 한자표기 비교

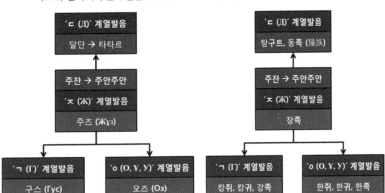

대로 국가를 운영하지 못하면서 나라가 패망하자 당시 진나라 백성들은 살기 위해 뿔뿔이 흩어졌다.

진나라의 멸망 이후 캉글족이 만주, 중앙아시아, 중국 사천성 일대로 흩어졌다는 증거는 민족명 속에서도 나타난다. 강족(羌族, Qiāng zú)을 표기한 한자 표기법은 동족(獞族, Tóng zú) 장족(藏族, Zàng zú)이 있다. 즉, 조선이라는 발음이 알타이-투르크민족 사이에서 변하는 음운현상과 동일한 현상이 '강족'이라는 민족명의 표기에도 적용됨을 알 수 있다. 중국 사천성에 거주하는 장족, 강족이 중앙아시아의 캉글과 관련이 있을 것이라는 추측은 앞서 캉글족을 표기하는 '캉쥐'가 '강족'과 같으므로 캉글족의 다른 한자표기인 한쥐, 한귀, 한족과도 동일하기 때문에 같은 민족을 다른 한자로 표기했을 것이라는 점과 함께, 앞에서 언급했듯이 강족-장족 계열의 민족인 라후족(拉祜族, Lā hù zú)의 언어가 알타이어 계열인 점으로 보아 가능성이 있음을 알 수 있다.

진(秦)나라 백성과 사천성의 강족이 같은 민족이어서 그랬는지는 몰라도 중원이 다시 5호 16국의 시대에 접어들어 혼란한 시대가 오자 강족

들은 세력을 규합하여 다시 중원에 진출해 후진(後秦, A.D. 384~417)을 건국하고 자신들이 진(秦)나라의 정통후손임을 자처한 것으로 보인다. 이는 마치 여진족의 금(金)나라가 멸망한 이후, 누루하치에 의해 청(淸)이 건국될 때 초기의 국가명으로 후금(後金)을 썼던 것과 동일하다고 볼 수 있다.

허황옥이 거주했다는 보주 지역은 오래전 탱그리의 아들인 게세르에 의해 건국된 고대 투르크민족의 국가였던 린(gLing)제국의 영토였으며 강족들은 약 2만 년 전부터 이 지역에 살았었다. 그래서 진나라 멸망 이후 일부 진나라 백성들은 자신들의 조상의 땅인 보주 지역으로 되돌아간 것이 아닌가 생각된다. 현 지역에는 지금도 강족(羌族)이 자치주를 가지고 살고 있는데 자치주 이름이 아바장족강족자치주(阿坝藏族羌族自治州, Ā bà Cáng zú Qiāng zú Zì zhì zhōu)이다. '아바'라는 지명은 만주어에도 있는데 '아브카'는 하늘을 뜻하는 한자로 보통 중국문헌에서는 한자로 아파알(阿巴嘎, Ā ba gā)이라고 기록한다.

러시아에는 '아바칸(Abakan)', 그루지아에는 압하지아(Abkhazia)라는 지명이 남아 있으며 히브리어로는 아브(Ab)로 『한단고기』에 나오는 안파견(安巴堅, Ān ba jiān)과 동일한 어원을 가진다. 의미는 '아비', '아버지'로 고대에는 '아버지'라는 의미가 '하느님' 또는 '하늘'의 의미로도 쓰였다. 따라서 현 강족이 거주하는 자치주의 의미는 강족-장족이 거주하는 환국(桓國)이라는 의미이다.

서쪽으로 이주한 고대 캉글족 중 일부는 완전히 중앙아시아로 넘어가지 않고 동투르키스탄(新藏)과 티베트에 남은 것으로 보이는데 이들이 후일 탕구트(西夏)제국을 건설한 사람들이다.

이들은 수준 높은 문명을 가지고 있었던 민족으로 피라미드를 건설할 수 있을 정도로 고도의 건축술을 보유하고 있었으나, 징기스칸의 서방 원정 때, 철저히 파괴되어 서하 지역의 백성들이 몰살당해 탕구트인들이 이룩한 위대한 유산을 잃어버리게 되었다. 탕구트인은 현재 강족과 연관이 있는 것으로 알려져 있다. 이들 강족을 부르는 발음이 바로 '창주(Qiāng zú)'로 캉글을 부르던 한자표기인 캉쥐(康居, Cáng zú)와 다른 명칭인 칸쥐(Канжуй), 한쥐(Ханжуй)와 유사하며 한국인을 뜻하는 한주(韓族, Hán zú)와 발음이 유사해 같은 민족일 가능성이 높다. 중국에서는 'ㄱ' 발음이 종종 'ㅊ', 'ㅈ' 등 'ㅈ' 계열의 발음으로 많이 변하는데 예를 들어 강(强)을 치앙(Qiáng), 건(建)을 찌엔(Jiàn)으로 발음한다. 따라서 '창주', '캉주', '칸쥐', '한쥐', '한주'는 한민족을 뜻하는 한자발음의 여러 형태였다고 볼 수 있다.

캉글(캉르)족의 계열은 위에 소개한 것 외에도 상당히 복잡하고 다양하게 존재한다. 이번 장에서는 단지 소개를 위해 올려보았다. 캉르부족들의 특징은 다른 카자흐족들과 달리 색깔로 계열을 많이 표기했는데 예

<표 9> 카자흐스탄에 거주하는 캉르족(한겨레족)의 지파들

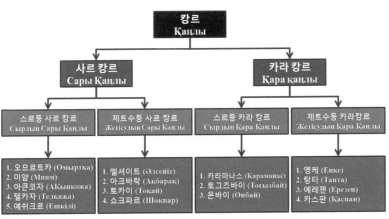

를 들어 사르 캉르(노란색 캉르), 카라 캉르(흑색 캉르), 크즐 캉르(적색 캉르)가 있다. 그 이유는 스키타이 때부터 내려온 골품제도(아크 수이예크, Ак Cγйек)와 관련이 깊은 것 같다. 신라시대와 마찬가지로 중앙아시아민족들도 계급에 따라 각 지배자의 관복의 색깔이 달랐다.

7. 케레이(Керей)와 부리야트

2009년 7월에 알마티한국교육원에서 한국어를 가르치는 선생님들을 위해서 한국의 역사와 문화에 대해서 특강을 해달라는 제의가 들어와서 예전에 만들어 놓았던 '유물로 본 한국과 카자흐스탄 간의 역사적 관련성'을 한국인, 고려인, 카자흐인 앞에서 프레젠테이션을 한 적이 있었다. 이때 한 고려인 교수가 내 프레젠테이션을 복사해 가면서 카자흐스탄에 있는 '루(부족)' 중에 '케레이'가 과거 징기스칸이 유럽 원정을 갈 때 데리고 간 고려인들의 후손들이라는 말을 해 주었다. 그래서 인터넷과 카자흐스탄 역사책을 살펴 본 결과 케레이는 몽골에서 온 부족으로 카자흐스탄에서는 '케레이'라고 부르고 몽골에서는 '케레이트'로 부른다는 것을 알았다. 케레이가 징기스칸을 따라 서진을 하기 전, 케레이가 살았던 장소는 '오르혼'이라는 지역이었다. 이 지역은 타타르 민족의 기원과 캉르 민족의 기원에 대해서 설명할 때 언급했던 지역이다.

케레이(카: Керей)라는 부족은 케레이트(카: Керейт)와 동일한 부족이다. 카자흐스탄에는 케레이와 케레이트가 각각 다른 부족으로 존재하나, 같다고 기록되어 있다. 몽골에서도 케레이는 케레이트(몽: Кэрэйд)라고 불리운다. 그렇다면 왜 케레이와 케레이트라는 단어가 동시에 존재

부족명	어간(부족명)	관련 단어
케레이트	케레이	겨레, 코리(Khori), 고려(高麗)
부리야트	부리	비리(卑離), 부여(夫餘), 비류(沸流)
이누이트	이누	일군(一群?)
탕구트	탕	단족(檀族), 동족(獞族)
매르키트	매르키	말갈(靺鞨), 만주족, 마자르족

하는 걸까?

몽골어에서 복수를 나타낼 때는 '트'를 어미로 붙인다. 즉, '케레이트'라는 단어는 '케레이들(겨레족→겨레들)'이라는 의미이다. 아마도 몽골어의 '트'와 한국어의 '들'은 같은 어원에서 온 것으로 보인다. 그러나 더 오래된 고대 몽골어에서는 '트'가 아니라 '그트(gt)'였던 것으로 보인다. 예를 들어 중국 사천성에 존재했던 고대 투르크제국인 린(gLing)제국도 표기할 때 'ㄱ(g)'을 표기하나 실제로는 묵음화 현상이 나타나고 있다. 따라서 고대에는 복수형 어미가 그트(gt)였다가 현대 몽골어에서 트(t)로 변했을 가능성이 크다. 이런 현상은 영어에서도 나타나는데 기사(騎士)를 뜻하는 나이트(knight)도 '크(k)' 발음을 하지 않는 것을 볼 수 있다. 카자흐어의 복수형 어미 라르, 다르, 타르(лар, дар, тар)도 한국어의 '들', 몽골어의 '트'와 그 어원이 같은 것으로 보이는데 카자흐어에서는 복수형 어미의 형태가 세 가지로 나타나는 이유는 앞 단어가 무엇이냐에 따라 발음이 변하기 때문이다.

〈표 11〉 카자흐어 복수형 어미의 모음조화에 따른 변화

		복수어미의 형태	Л(르)	Д(드)	Т(트)
양성 모음	А(아)	Лар(라르) Дар(다르) Тар(타르)	Калалар (카라라르) 도시들	Адамдар (아담다르) 사람들	Ағаштар (아가쉬타르) 나무들
	Ы (양성 '으')		Қасқырлар (카스크르라르) 늑대들	Кайындар (카이은다르) 친척들	Ыдыстар (으드스타르) 접시들
음성 모음	Е(예)	Лер(레르) Дер(데르) Тер(테르)	Әжелер (에쒜레르) 할머니들	Өзендер (웨젠데르) 강들	Суреттер (수례쩨르) 그림들
	I (음성 '으')		Пірлер(프르레르) 천사들	Рәміздер (레므즈제르) 상징들	Ticтep (트스쩨르) 이빨들

〈표 11〉은 카자흐어의 복수형 어미(라르, 다르, 타르)가 어떻게 변하는 가를 표로 표시한 것이다. 복수형 어미의 앞 단어의 모음이 양성이냐 음성이냐, 유성음이냐 무성음이냐에 따라 [라르/레르, 다르/데르, 타르/테르]로 변하는 것을 볼 수 있다. 그러나 'ㄹ', 'ㄷ', 'ㅌ'는 모두 'ㄷ' 계열의 발음이므로 발음의 변화는 한 계열의 안에서 규칙적으로 변하고 있음을 볼 수 있다. 특히 '데르(дер), 테르(тер)'가 현대 카자흐어에서는 '제르, 쩨르'로 발음되는 것으로 보아, 현대 카자흐어에서도 구개음화현상이 나타나고 있음을 볼 수 있다. 따라서 현대 한국어의 '들', 몽골어 '트', 카자흐어 '다르', 일본어 '다찌'는 모두 그 기원이 같다는 것을 알 수 있다. 그리고 고대에는 '그트(gt)'에 가까운 발음으로 읽혔으나, 현대어에서는 '그(g)' 발음이 사라지고 '트'만 남은 것을 알 수 있다.

따라서 케레이트를 한국어로 번역하면 '겨레, 고려, 구려'사람들이라 는 의미가 되며 부리야트는 '부여'사람들, 탕구트는 '단족' 또는 '동족(瞳

族, Tóng zú)'사람들, 매르키트는 '말갈(靺鞨, Mò hé)'사람들이라는 의미가 됨을 알 수 있다. 말갈인들이 케레이와 동족이라는 것은 만주에 있었던 고조선, 고구려, 발해, 금, 청 등등의 민족의 구성원으로 말갈인이 있었던 것을 보아도 알 수 있으며, 몽골의 원류를 기록한 독일의 역사서적에 한국을 뜻하는 솔롱고스(SSolongos)를 솔롱고스 메르키트(SSolonggos Merked)로 기록하고 있는 것을 보아도 한민족과 말갈족은 별개의 민족이 아닌 하나임을 알 수 있다.[20]

카자흐스탄 역사책에 등장하는 케레이(克烈, Kè liè, 커리예)족들은 고대에는 몽골 아르한가이, 중원 일대에 살다가 춘추전국시대의 혼란을 피해 동서남북으로 흩어진 것으로 보이는데, A.D. 8세기경에는 많은 수의 케레이들이 만주에 살았었다고 하는데 이 지역은 고대 탁리국이 위치했던 곳과 동일한 지역이다. 케레이족은 약 A.D. 8~9세기경 조복(阻卜, Zǔ bo)연맹을 맺어 요(遼)나라와 대립하나 번번이 패했었다.[21] 케레이족은 요나라의 영향으로 벗어나기 위해 만주와 몽골 동부 지역에서 독립운동을 전개했는데 묘하게도 같은 시기에 발해유민들이 같은 시기에 같은 장소에서 항쟁했었다.

---

20) Herausgegeben von Issac Jacob Schmidt, "Geschichte der Ost-Mongolen und ihres Fuerstenhauses", *SSanang Ssetsen Chungtaidsschi*, St. Peterburg, 1829, p. 77.

21) "Казак Ру", 앞의 책, pp. 43~47.

〈표 12〉 케레이(조복연맹)의 對 요나라 항쟁과 발해유민 항쟁의 비교

항쟁 시기	케레이	발해유민
1차	924년	924년 거란 발해 침입, 925년 발해 멸망
2차	983년	986년 후발해(926년 건국), 정안국(938년 건국) 멸망
3차	1026년	1030년 흥요국(1029년 건국) 멸망
4차	1090년	

〈표 12〉의 표를 보면 케레이족이 요나라에 대항해 싸웠던 시기와 발해유민이 요나라에 대항해 싸웠던 시기가 거의 일치함을 알 수 있다. 마지막 제4차 시기인 A.D. 1090년대에 있었던 항쟁이 한국 측 역사책에 기록되어 있지 않은 이유는 아마도 발해유민들이 성공적으로 앞서 건국한 정안국이나 후발해국처럼 구체적인 국가건설을 하지 못했기 때문인 것으로 보인다.

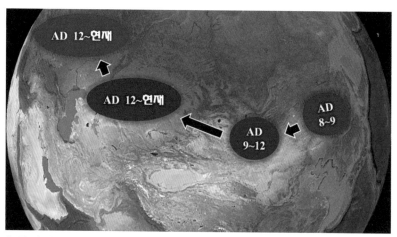

〈그림 10〉 케레이족의 이동경로

하지만 발해유민들이 그 이후에도 끊임없이 독립운동을 했었다는 것
은 여러 정황증거로도 충분히 짐작이 가능하므로 A.D. 1090년대에도
만주와 내몽골 지역에서 항쟁은 끊임없이 이어졌을 것이다. 그렇기 때문
에 케레이의 거주지에 변화가 생긴 것이 아닌가 생각된다.

카자흐 역사책에 의하면 몽골초원에 있던 케레이 한국(9~12세기)은
한때 징기스칸과 함께 타타르를 정벌(1198년)하고, 징기스칸이 어려웠
던 시절 든든한 후원자가 되어 주었던 부족으로 나중에 적이 된 자무카
와 그 추종세력들을 축출(1201년)하는데도 일조하지만 후일 A.D.
1203년 징기스칸과 갈등을 일으켜 전쟁을 하지만 패하고 나서 많은 수
의 케레이들이 카자흐스탄으로 넘어왔다고 한다.[22] 케레이가 거주했던
오르혼 일대에는 아직도 케레이 부족이 남아 있는데 몽골인들도 케레이
트(몽: Кэрэйд)라고 부른다. 이들은 카자흐스탄의 '오르타 주스'의 '케레
이' 외에도 '크스 주스'의 '케레이트(Керейт)'와도 발음이 동일한데 모두
같은 부족이다.

몽골에 남아 있던 케레이들은 비록 징기스칸과의 갈등도 있었으나, 그
후로는 몽골의 많은 황제들의 부인이 케레이 출신으로부터 나와 이들이
결코 약한 종족이 아니었음을 알 수 있다. 우리가 흔히 아는 황제로 바
투한과 쿠빌라이칸이 있는데 이들의 어머니들은 모두 케레이 출신이었
으며 원나라가 망할 때까지 몽골의 왕자와 공주들은 전통적으로 케레이
들과 결혼동맹을 했었다.

케레이족이 발해유민(고려인)이라는 증거는 이들의 탐가에서도 나타
나는데 케레이족을 상징하는 탐가는 십자가(+)이다. 서양인들은 케레이

---

22) А. Нысанбаев, *Древний Казахстан*, Аруна, 2009, p. 218.

〈그림 11〉 케레이족의 상징 십자가 열쇠고리, 족보와 고구려의 삼족오

족이 십자가를 탐가로 쓰게 된 계기가 이들이 아시아에서 유일하게 기독
교를 믿었기 때문에 십자가를 탐가로 쓰게 되었다고 주장하고 있다. 실
제로 A.D. 12세기에 케레이족은 경교(네스토리우스파 기독교)를 믿었
었다. 그러나 십자가 탐가의 기원은 기독교 때문이 아닌 단군숭배사상
에서 유래한 것이기 때문에 옳지 않다고 본다. 서양 기독교세계에 십자
가가 도입된 시기는 A.D. 3세기로 그 전까지 기독교도들은 십자가를 사
용하지 않았다. 십자가는 성 조지(Saint Geroge)가 시리아에 거주하던
킵착족의 일파인 쿠믹족을 정복하고 무력으로 그들을 개종하는 과정에
서 킵착족의 전통신앙인 탱그리(단군)사상의 상징이었던 십자가를 기독
교의 상징으로 받아들이면서 도입되었다. 하지만 당시 로마카톨릭은 성
조지가 도입한 십자가를 이단으로 규정하고 받아들이지 않았을 뿐만 아
니라 이민족의 이단종교 상징을 허용했다는 죄목으로 사형까지 시켰다
가 후에 받아들여 오늘날까지 전해지게 되었다. 따라서 서양인들이 주
장하는 십자가의 서양 도래설은 맞지 않다. 십자가는 단군사상을 가지
고 있던 모든 북방민족들이 공통적으로 가지고 있었던 상징으로써 기독

교가 십자가를 사용하기 훨씬 전부터 사용되어 왔다.

　고대 케레이족들은 제사장 계급으로 하늘에 천제를 지내고 천문을 관측하는 일을 담당했었다. 그래서 당시 제사장들이 하느님 탱그리의 뜻을 받기 위해서는 메시지를 받거나 전달하는 매개자가 필요했는데, 케레이들은 신과 인간을 연결하는 역할을 하는 게 불, 또는 새라고 생각했다. 왜냐하면 하늘에서 번개가 치면 나무에 불이 붙으므로 불은 하늘에서 내려온 신령한 존재라고 생각했으며, 새는 하늘과 땅을 자유로이 이동할 수 있었기 때문에 신의 전령이라고 생각했다. 따라서 케레이 부족은 자신들이 신의 대리인임을 상징하기 위해 까마귀를 상징으로 썼다가 십자가 형상으로 단순화되었다. 십자가 형상을 한 이유는 까마귀가 하늘을 나는 모습이 십자가(+) 모양으로 보이기 때문에 그렇게 쓴 것으로 투르크계 민족의 상징물 오유(카: Ою)나 몽골계 민족의 상징물 헤(몽: Хээ)를 보면 까마귀의 상형이 점차 십자가로 변했음을 알 수 있다. 한민족의 상징인 삼족오를 보면 태양 속에 까마귀가 들어 있는 것을 볼 수 있는데 고구려의 삼족오와 중앙아시아민족들의 태양 속의 새는 모두 같은 개념으로 북방민족의 공동문화임을 알 수 있으며 심지어 켈트족의 드루이드교와 탱그리 사상이 연결되어 있을 가능성이 있음을 추정해 볼 수 있다.

〈그림 12〉 키르키즈스탄 국기, 켈트족 드루이드교 상징, 고구려의 삼족오

〈표 13〉 부리야트의 4부족과 주변 민족의 연관성

부리야트 부족명	관련 부족명
불가드	불가르(불가리아), 말갈(숙신, 여진, 만주, 타타르), 마자르(만주, 헝가리)
코리	구려(한국), 고려(한국), 크리(아메리카 인디언), 케레이(克烈, Kè liè, 커리예)
훈고도르	훈노르(헝가리, 불가리아), 흉노(훈, 스키타이)
예하리드	예(濊)(?), 일(Ikh)

부리야트족도 케레이트(케레이)처럼 어미에 '야트'가 붙었는데 부리야트는 '부여사람들'을 뜻하는 의미가 된다. 케레이트(카: 케레이)가 거주하는 지역에는 부리야트족도 함께 거주하고 있는데 이 부리야트족은 4개의 부족이 합쳐져서 형성된 민족인데 그 민족들의 이름은 불가드(Bulgad), 코리(Khori), 에하리드(Ekhired)와 훈고도르(Khongoodor)이다.

케레이족은 부리야트족의 한 부족인 코리족에서 갈라져 나온 부족이 아닌가 생각이 든다. 역사적으로도 부여에서 고구려가 분리해 나갔으니 부여와 발음이 비슷한 부리야트에서 고려와 발음이 비슷한 케레이트가 분리되어 나갔을 가능성은 크다고 본다. 또한 이 코리족은 후일 고구려(高句麗)를 건설한 고려(高麗)족과도 같은 민족일 것으로 추측이 된다. 따라서 이러한 정황으로 미루어 볼 때 케레이족은 오래전 한민족을 부르던 명칭이었을 가능성이 높다. 부리야트족 또한 한민족과 밀접한 관계가 있다는 생각이 드는데 부리야트는 조선을 이어 받아 건설된 '부여(夫餘)'와 이름이 비슷하다. 부여의 명칭에 대한 중국 서적의 기록을 보면 산해경에서는 불여(不與), 일주서에서는 부루(符婁), 사기에서는 부여(夫餘) 등등으로 표기하고 있다. 따라서 부리야트는 고대 한국의 국가였던 '부여'였을 가능성이 높다. 또한 부여는 카자흐어로 '늑대'를 뜻하는 뵈르(Бөрі)와도 일치한다.

따라서 부여는 아쉬나(Ашина)의 후손들, 즉 늑대의 후손들이 건설한 국가로서 '흉노', '돌궐'과 같은 전통을 가졌던 국가라는 것을 알 수 있다.

A.D. 15세기, 중앙아시아에 카자흐 한국을 최초로 건국하고
'주스(주잔)' 제도를 도입한 케레이 한과 자니벡 한의 기념비

제7장

중앙아시아로
진출한 조선인들
2

1. 카자흐스탄의 칠지도 황금보검

경주 계림로 14호 묘에서 출토된 황금보검은 여태까지 한국에서 발굴된 검과는 사뭇 다른 양식으로 만들어져 있는데 신기한 것은 이와 비슷한 검이 카자흐스탄과 흑해 연안에서도 발견되었다.

〈그림 1〉의 세 검을 보면 디자인이 같은 것을 발견할 수 있는데 이는 분명 같은 민족 또는 그룹에서 만들어진 다음 각 지역으로 퍼진 것으로 추측할 수 있다.

그런데 이 황금보검이 카자흐스탄과 한국에만 있는 것이 아니라 우즈벡족의 조상이 되는 월지(유연, 아바르)족이 거주했던 크림반도, 이탈리아에서도 발견된다는 점이다. 이러한 유사점에 대해서 현지 카자흐스탄 역사학 교수들에게 의견을 묻자 역시나 러시아식 역사교육을 제대로 받은 교수들은 하나같이 무역에 의해서 전래된 것이라는 견해를 말했다. 그러나 본 필자의 의견으로 이는 과거에도 그렇고 지금에도 결코 일어날 수 없는 일이라고 생각한다. 왜냐하면 이러한 보검은 황가와 황가 사이에 교환이 이루어졌던 것으로 영토가 확장되어 왕가의 사람이 그 지역을 통치하러 갈 때 받았던 왕권과 통치권을 대표하는 권위의 상징이지 돈 주고 사는 물건이라고 볼 수 없기 때문이다. 따라서 황금보검이 유럽에서부터 한국 지역까지 광범위하게 분포한다는 것은 시기적으로 보아 흉노족의 선우가 다른 지역의 선우에게 그 통치 지역의 지배자를 정식 지배자로 인정한다는 일종의 증명서로써 주었다고 보아야 할 것이다. 고대 백제에서도 칠지도를 일본에 준 기록이 있는 것처럼 영토가 확장되고 그 지역에 왕실의 후손이 통치자로 발령을 가게 되면 그 통치권을 인정하는 상징으로 주었을 가능성이 높다.

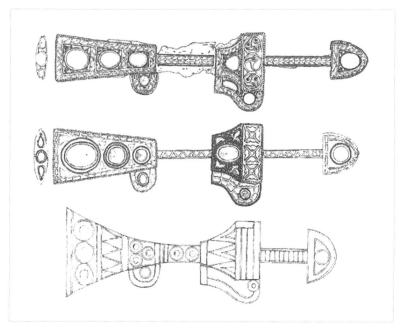

〈그림 1〉 신라의 황금보검(위), 카자흐스탄(중간), 흑해연안(아래)[1]

---

1) 요시미츠 츠네요, 『로마문화 왕국 신라』, 씨앗을뿌리는사람, 2002, 212쪽.

보검의 제작기법이나 재료가 다양한 것은 그만큼 흉노족의 영향이 유라시아 대륙 전체에 미치고 있었음을 반증하는 것이라고 본다. 『로마문화 왕국 신라』라는 책을 쓴 요시미츠 츠네요 씨의 주장에 의하면 재료는 페르시아에서 들어왔고, 제작기법은 로마식인 것으로 보아 로마에서부터 온 것이라고 말하고 있는데 그렇다고 해서 이 황금보검을 로마제국으로부터 받았다고 볼 수는 없다. 왜냐하면 그 당시 훈족의 국력은 절정에 달해 있었기 때문에 훈족이 로마제국에 OEM 방식으로 주문제작했을 가능성이 더 크기 때문이다. 훈족은 당시 유럽 지역을 석권하고 나서 당시 페르시아와 인도 지역을 통치하던 같은 스키타이 계열의 쿠샨왕조에게 귀금속을 제공해 줄 것을 요구해 로마제국에서 최종적으로 제작했을 가능성이 크다.

즉, 그 당시 만들어진 황금보검이 가지는 의미는 A.D. 4~5세기경, 국경이 절정에 달했던 스키타이계 국가들이 자신들의 세력이 어느 정도 거대한가를 상징적으로 보여 주기 위해 일부러 각지에서 귀금속을 수입하고 유럽 최강의 국가였던 로마제국에 요구해 만들게 했던 것이 아닌가 생각된다. 그리고 이 보검을 받은 왕국들은 그 당시 스키타이계 민족국가들 사이에서 나름대로 골품의 서열이나 정통성이 높았던 국가가 아니었을까 생각된다.

2. 키막(Кимак)족의 검에 있는 여인은 누구?

　카자흐스탄의 중세시대에 존재했던 유목민족 중에 키막(Кимак)족이 있었는데 이들이 사용한 검이 고구려의 환두대도와 비슷한 모습을 하고 있으며 이 검에 장식된 인물상이 서왕모의 인상을 풍기고 있어 신비롭다. 이들의 기원에 대해서 제대로 기록된 문헌자료가 없어 언제부터 이 민족이 존재하였는지에 대해서는 잘 알 수 없으나 『한단고기』의 12환국 중의 구막한국(寇幕汗國)과 발음이 비슷한 것으로 보아 키막(Кимак)족과 구막한국은 같은 국가이며 상고시대 전부터 이미 존재했었을 것으로 보인다.

　흥미로운 것은 이들 키막족 무사의 복장이 고구려, 가야, 훈족, 캉르의 복장들과 비슷할 뿐만 아니라 심지어 중원을 통일했던 진(秦)나라와도 비슷한 점으로 보아 이들이 과거 어느 시점에 몽골초원을 지나 카자흐스탄으로 들어온 것이 아닐까 추측이 된다.

　따라서 춘추전국시대를 통일했던 진시황은 한족이 아닌 명백한 알타이-투르크계 민족의 혈통을 가지고 있었다는 것을 다시 한 번 확인시켜준 증거라고 할 수 있다.

　카자흐스탄에서 발굴되는 청동거울들도 디자인이나 형태로 보아 한국의 것과 그 계통이 같음을 알 수 있는데 키막족이 중앙아시아로 들어오던 시기에 함께 들어온 것으로 짐작이 된다. 주로 쿠르간에서 한국의 청동거울뿐만 아니라 각종 비슷한 물건들이 발굴되었다.

〈그림 2〉 키막족의 검(A.D. 9~11세기)[2]과 서왕모[3]

---

2) З. Самашев, А. Ермолаева, Г. Кущ, *Қазақ алтайныңкөне Қазыналары*, Өнер, 2008, pp. 112~114.

3) http://yayulspace.egloos.com/2264608

〈그림 3〉 키막족 무사(왼쪽)[4]와 진나라의 무사(오른쪽)[5]

〈그림 4〉 청동거울. 왼쪽부터 카자흐스탄,[6] 한국[7]

연대순으로 보면 한국이 가장 오래되었고 일본 것은 A.D. 5세기, 카자
흐스탄은 A.D. 12세기 무렵에 만들어진 것으로 보인다. 한국이 고대사
회 때는 청동거울을 만들었으나, 중세 이후의 유물부터 청동거울이 발
견되지 않는 이유는 고조선의 멸망 이후 삼국시대가 열리면서 단군 조선
의 정치체계였던 제정일치사회가 무너지면서 만주와 한반도에서는 일찍

4) З. Самашев, А. Ермолаева, Г. Кущ, 앞의 책, p. 114.

5) http://whitesoul.com/zbxe/files/attach/images/7747/906/001/JEY_0396_2.jpg

6) А. Нысанбаев, *Древний Казахстан*, Аруна, 2009, p. 146.

7) artcenter.daegu.go.kr/.../history02_03.html

이 사라진 반면 일본과 중앙아시아에서는 계속 샤머니즘의 전통이 남아 있어서 계속 그 풍습이 유지된 것으로 보인다. 특히 일본은 가야 멸망 이후, 가야로부터 철기 기술자가 대거 일본으로 건너와 신도(神道)를 위한 제례 용구로써 청동거울을 계속 제작하여 중세시대까지 만들어졌던 것으로 보이며, 카자흐스탄은 샤머니즘의 문화가 유지되어 제정일치의 사회가 가능했기 때문에 중세시대까지도 그 전통이 유지되어 계속 제작했던 것이 아닌가 추측된다.

3. 황금보검과 키막족의 검이 시사하는 점

카자흐스탄에서 발견된 황금보검과 키막족의 검이 만주와 한반도에서 발견된 검들과 동일한 양식을 가지고 있는 것은 왜 일까? 고대사를 보면 한국과 일본 사이에 칠지도가 오간 것에 대한 기록이 있어 고대 백제와 일본이 같은 황가에서 나왔음을 알수 있다. 그렇다면 현재 한국이나 중국 등 동아시아 지역에서 왜 이렇게 약 5세기 무렵부터 7세기 무렵까지의 로마제국이나 페르시아제국의 양식을 본떠 만든 유물들이 많이 발굴되고 있는 것일까?

·흉노제국: 기원전 3세기 무렵부터 두각을 나타낸 흉노는 한나라의 한무제 때의 對흉노 토벌전이 발생할 때까지 중원 대륙의 패자로서 동아시아 대륙 전체를 지배하였었다. 그러나 선비-한나라의 연합국에 의해 A.D. 155년 멸망한 이후 A.D. 374년경 유럽에 먼저 진출해 있던 아란족을 격파하고 크림반도 지역, 드네프르강과 볼가강 유역에 등장한다. 헝가리민족의 기원에 대해서는 크게 흉노족 기원설과 투르크족 기원설 두 가지가 있으나,

두 민족 모두 알타이-투르크민족 계열이므로 큰 차이는 없다고 본다. 아마도 동아시아에서 서쪽으로 이동하면서 주변 민족과 혼혈 또는 연합을 하면서 몽골, 퉁구스, 투르크계의 민족들이 골고루 섞이게 되었을 것이다. 한무제에게 패하면서 세력을 잃고 약화된 흉노족은 유럽으로 가서 5세기에는 로마제국으로부터 조공을 받을 정도로 강력한 제국을 재건하게 된다.

·쿠샨왕조: 묵특선우에게 B.C. 177~176년경 대파당한 월지족은 아프가니스탄 지역을 중심으로 대월지를 건국하였고 다시 남하하여 알렉산더대왕이 건설했던 박트리아(Bactria)를 멸망시키고 1세기경 쿠샨왕조를 건설하여 5세기 후반까지 인도 북부를 지배하였다.

·5호 16국(A.D. 304~439): 중원은 한족의 한나라가 약화되어 위, 촉, 오로 분리가 되어서 내전을 겪는다. 진(晉)나라로 통일을 이루나 북방으로부터 5개의 동호 민족이 침략하여 중국의 북부를 점령하고 한족을 양자강 이남으로 밀어내었다. 그 후 북위(北魏)에 의해서 5호 16국이 통일이 된다.

·만주와 한반도: 광개토대왕의 등장으로 3~5세기까지 고구려가 만주와 한반도의 패자가 되어 이 지역을 지배하였다. 그리고 이 시기에 신라에서는 박, 석, 김 씨가 돌아가면서 왕위를 물려받던 체제에서 김 씨가 단독으로 왕위를 세습하게 된다. 또한 이 시기에 신라에 만들어진 왕릉에서 황금보검이 출토되었다.

즉, 한(漢)나라 무제 당시에는 북방 유목민족들이 약화되어 뿔뿔이 흩어졌지만 A.D. 3세기경부터는 국력을 회복하여 각자 자신들이 사는 지역에서 강력한 국가로 성장하여 각각의 알타이-투르크계 민족들이 로마제국, 페르시아, 인도, 중국을 지배하는 세계적 패자로 등극하게 된 것이다. 어쩌면 이러한 국력 회복을 기념하고 자신들의 신장된 국력을 과시하기 위해 황금보검을 만든 것이 아닐까? 왜냐하면 황금보검의 양식과 제조기법은 어느 한 지역에 국한된 것이 아니라 로마 양식, 그리스 헬레니즘 양식, 페르시아 양식, 동북아시아 양식이 골고루 보이기 때문이다. 이것을 바탕으로 서양학자들은 이 보검들이 로마에서 기원했다던가, 페르시아에서 기원했다고 보고 있는데 그것보다는 그 당시 로마를 압박했던 흉노제국, 페르시아와 인도를 제압했던 쿠샨왕조, 동북아시아를 지배한 북위와 고구려가 그 지역으로부터 칼을 만들기 위해 기술자, 재료, 디자인을 로마, 페르시아, 중국으로부터 상납받아 만든 그야말로 국제적 황금보검이 아니었나 생각된다. 즉, 알타이-투르크민족이 다시 한 번 세계를 제패하고 이를 기념하기 위해 자신들의 점령 지역에서 수집한 자원을 혼합하여 만든 다음 다시 각 지역의 지배자에게 전달한 것이 아닌가 생각된다.

이러한 추측을 가능하게 하는 책이 있는데 마이클 호르바트가 쓴 『헝가리의 역사』(Michael J. Horvath, *Hungarian Civilization*, University of Maryland Press, 2003)이다. 이 책의 내용을 소개하면

A.D. 896년 마자르(Magyar)족은 카르파티안(Carpathian) 지역에 국가를 건설하였는데 헝가리의 왕이었던 앤드류(Andrew) 2세는 A.D. 1220년, 승려 유리아누스(Julianus)를 파견하여 A.D. 896년 헝가리제국의 건설 당시에 그들을 따라 이동하지 않고 남았던 마자르인들의 무리를 찾게 하였다. 긴 여행 끝에 그 승려는 볼가강과 우랄산맥에 사는 마자르인들을 발견하는데 그 당시 이들은 타타르인들의 침공을 받을까봐 두려워하고 있었다고 한다.

(…중략…)

몇 세기가 지난 후 헝가리인들이 민족의식을 자각하게 되면서 1848년 헝가리 독립전쟁이 일어나기 몇 십 년 전, 샌도르 소마 코로시(Sandor Csoma

Korosi)가 헝가리인, 티베트인 그리고 고비사막의 민족들의 기원에 대해 조사한 내용을 남겼다. 그는 6년 동안 티베트-인도의 국경에 머물며 연구하다 1819년 연구를 미처 다 마치지 못하고 병으로 죽고 만다.

(…중략…)

1989년 헝가리의 고고학자 레스리에 바르디(Leslie Bardy)와 니콜라스 에르디(Nicholas Erdy)가 중국 신장 위그르족 자치주로 가서 코로시(Korosi)가 완성하지 못한 나머지를 연구하게 되는데, 이때 이들은 이 지역의 원주민인 위구르족을 연구하게 된다. 이들은 우루무치 지방 방송국에 방문해서 위구르인들에게 헝가리의 음악을 들려주었는데 이들은 헝가리의 음악에 대해서 친근감을 느끼고 있었다. 그 이유는 이 헝가리 음악이 1200년 된 위구르 음악의 장단에 기본을 둔 음악이었기 때문이었다.

즉, 헝가리인들도 자신들의 기원이 중앙아시아에 있었다는 것을 이미 오래전부터 자각하고 있었고 그 뿌리를 찾기 위해 노력했음을 역사를 통해서 알 수 있다.

필자가 카자흐스탄 고대사를 정리하기 위해 헝가리 역사학자가 헝가리의 역사를 강의하는 동영상을 본 적이 있는데 내 카자흐 친구가 완전히 이해하지는 못하지만 그 내용을 알아듣는 것을 보고 헝가리어와 카자흐어가 같은 어족에서 나왔음을 알게 되었다.

헝가리인들의 기원을 연구하기 위해 이들이 갔던 지역을 보면 우랄산맥, 인도, 티베트, 중국 서부 지역인데 이 지역은 모두 과거에 흉노제국(우랄산맥), 인도(쿠샨왕조), 티베트(쿠샨왕조), 중국 서부(대월지) 지역임을 알 수 있다. 지금도 대월지와 쿠샨왕조의 영토였던 아프가니스탄의 땅에는 마자르-이-샤리프(Mazor-i-Sharif)라는 지명이 있는데 헝가리의 마자르족과 관련성이 있는 지명으로 보인다. 따라서 황금보검을 만든 주인은 바로 알타이-투르크민족이며 이들의 영토가 최대 판도가 된 것을 기념하기 위해 만든 일종의 기념품이라고 할 수 있다. 특히 마자르족의 이름은 만주족과도 그 어원이 같은 '마자르'는 만주족들이 자신들을 부르던 '만주르(카: Манжур)'와도 발음이 비슷하다. 뿐만 아니라 '말갈'의 발음이 'ㅈ'화되면 '말잘→마자르'로 변하므로 헝가리민족을 구성하는 사람들의 상당수가 만주로부터 이동했을 가능성을 보여 준다.

4. 헝가리-카자흐-위구르를 잇는 연결고리 '화살'

불가리아민족과 헝가리민족의 구성은 어느 한 가지로부터 기원하지 않고 여러 경로로부터 유입된 민족으로 혼혈과 융합을 통해 형성되게 되는데 역사상 기록된 것만을 토대로 보면 B.C. 7세기 스키타이족의 유럽으로의 이주, A.D. 3세기 훈족의 이주, A.D. 5세기 온 오구르(카: Он Оғыр)의 이주, A.D. 7세기 발칸-불가리아인의 이주이다. 종족의 이름은 제각각이지만 이들은 모두 알타이-투르크계 민족으로서 시기를 달리할 뿐 꾸준히 서쪽으로 유입이 되었음을 알 수 있다. 여기서 주목할 점은 '온 오구르'라는 국가인데 '온'은 숫자 '10'을 뜻하고 '오구르'는 부족을 뜻하는데 '화살'이라는 의미도 가지고 있다.

헝가리도 중앙아시아민족처럼 국가명에 '화살'을 사용하고 있는 것으로 보아 이들이 동아시아에서 왔음을 알 수 있다. 물론 오늘날의 헝가리 사학자들은 자신들이 동아시아에서 왔다는 것을 부정하고 거꾸로 헝가리 지역에서 동아시아로 갔다고 주장하는 학자들도 있는데 이는 발견된 유물의 생성 시기나, 동아시아 지역에 기록되어 있는 역사서를 참고하지 않고 유럽역사서만 참고했기 때문에 생긴 오류라고 생각된다.

오그르(Oғыр)는 오그즈(Oғыз)라고도 불렀는데 카자흐어에서는 오구즈(Oғуз)라고 한다. 즉, 화살을 뜻하는 단어가 부족을 나타내는 의미로 사용되었음을 알 수 있는데 앞에서 언급한 한자에서 민족을 뜻하는 '족(族)'자의 갑골문자와 현대 한자에도 '화살'을 뜻하는 '시(矢)'가 있음을 다시 한 번 상기하기 바란다. 이 오그즈라는 국가가 A.D. 9세기 마자르족의 무리가 지금의 헝가리 지역으로 이동해서 국가를 건설(A.D. 896년)하였던 시기에 오지 않고 남았던 그래서 A.D. 1220년 앤드류 2세가 그토록 찾고 싶어 했던 잃어버린 마자르인들이 아니었을까?

화살을 민족명으로 썼던 것은 비단 헝가리인과 카자흐인(오그즈)뿐만 아니라 돌궐족도 썼는데 구당서(舊唐書)의 돌궐전(突厥傳)에 돌궐족이 나라를 열 개의 호로 나누고 각 호의 지도자인 설(設)에게 각각 10개의 화살을 주었다는 기록이다. 따라서 이러한 풍습을 가진 돌궐국을 투르크어로 표현하면 열 개의 화살국, 즉 온 오구즈(Oн Oғыз)라고 표현할 수 있게 된다. 따라서 만주, 몽골, 파미르, 중앙아시아, 동유럽에 걸친 북방 유목민족은 모두 그 조상이 같으며 화살을 민족의 상징으로 가지고 있던 민족으로 추측이 된다.

화살을 민족의 개념으로 쓰는 민족은 한국인의 조상인 동이족(東夷族), 카자흐인의 조상인 스키타이족뿐만 아니라 돌궐족, 흉노족, 헝가리, 불가리인들이 모두 화살을 민족의 상징으로 생각한 것은 이들이 모두 하나의 민족에서 유래되었기 때문이다.

오늘날까지 이러한 이름을 부족명으로 유지하고 있는 민족은 현재 중국 신장 위구르자치구에 있는 위구르인인데 이들의 민족명인 '위구르'는

'오그즈'와 발음이 유사하다. 따라서 위그루인도 이들과 같은 계열의 민족임을 알 수 있다. 실질적으로 헝가리인들이 위구르자치구에 가서 이들의 조상이 같은 곳에서 왔음을 앞 장에서 언급하였으니 설명은 생략하겠다.

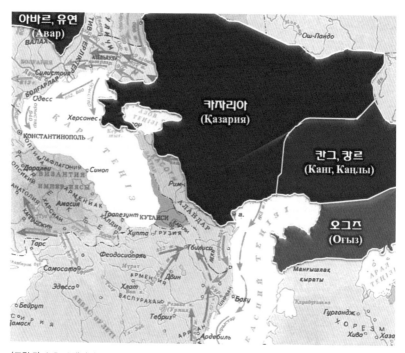

〈그림 5〉 A.D. 9세기의 중앙아시아 정세[8]

8) Мұхтар Құл Мұхаммед, *Көркемсуретті Қазақстан Тарихы 1нші том*, Қазақ энциклопедиясы, 2006, p. 238.

5. 신라의 황금보검과 오그즈와의 관계

A.D. 3~5세기에 걸친 중국의 5호 16국은 단순히 북방 유목민족이 약탈을 위해 내려왔다기보다는 다소 정치적인 이유가 그 배경에 있었던 것으로 보이는데, 한무제 때부터 시작된 한족과 흉노족과의 전쟁에서 흉노족이 패하면서 북방민족들은 전통적인 유목민족의 거주 지역이었던 감숙성, 섬서성, 산서성, 하북성을 잃어버리고 추운 북방으로 밀려나 추위와 굶주림으로 많은 사람들이 죽었고 일부는 생존을 위해 유럽으로 서진을 단행하는 모험도 하였다. 그 과정에서 이들은 한족에 대한 뼈에 사무치는 원한을 가지게 되었고 복수의 기회를 노리고 있었을 것이다.

이러한 때에 마침 한나라의 국력이 약화되면서 삼국으로 분열이 되었고 이를 계기로 북방 유목민족이 다시금 옛 땅으로 들어올 수 있는 기회가 생겼는데 다시 삼국이 진(晉)나라로 통일되자, 북방민족은 과거 한나라가 초나라를 제압하고 흉노를 공격했던 일이 재현될 가능성을 우려했다. 고구려는 조선이 한나라와의 전쟁에서 패하여 영토를 잃었던 사실을 상기하면서 한족의 통일국가 건설을 막아야 한다는 공동의식이 생기게 되었던 것으로 보인다. 이에 고구려는 만주와 몽골 지역에 있던 북방민족들이 만리장성을 넘어 중원으로 들어갈 수 있도록 지원했던 것으로 추측된다.

또한 고구려의 광개토대왕은 백제에 대한 원한을 갚기 위해 백제에 대한 압박도 같이하였으므로 그 당시 백제, 가야, 일본은 같은 알타이-투르크계 민족이었지만 중원의 국가인 동진과 힘을 합하여 북방민족과 고구려에 대항하였던 것으로 보인다. 즉, A.D. 3~5세기의 동북아시아 역사는 고구려의 강력한 군사력과 외교력을 바탕으로 한 대대적인 한족왕조 토벌전과 이에 대항한 한족-백제 연합군의 방어전이었다. 바로 이 시기에 신라는 박, 석, 김 씨가 돌아가면서 왕을 하던 것을 '김' 씨 세습왕조로 자리를 굳히게 되는데 이렇게 된 이유는 고구려가 중원 지방에 동호족들과 함께 쳐들어가 중원을 제압하는 데 국력을 집중하고자, 한반도는 고구려 영향하에 있던 읍루(말갈, 여진)족을 고구려 군과 함께 보냄으로써 백제-가야-왜의 연합군이 신라를 압박하는 것을 막았던 것으로 보인다. 이 과정에서 차후 백제의 재침략이 있을 것을 대비해서 신라에 들어온 읍루족 기마부대를 남겨 놓았을 것이고 이들이 신라의 '김' 씨 세습왕조를 만드는데 혁혁한 공을 세웠던 것으로 보인다. 읍루족이 A.D. 3~5세기경 신라로 들어왔다고 추측하는 데 이유는 다음과 같다.

·첫째, 부족명을 뜻하는 읍루(挹婁, Yì lóu)는 동물의 이름에서 왔을 가능성이 높은데 만주어로 야루(Yalu)는 흰말을 뜻한다. 또한 흉노족의 왕 묵특선우의 아버지의 이름 '투멘'을 본떠 두만강, 토문강이라는 이름이 생겼을 가능성이 있듯이 읍루족의 이름에서 압록강의 이름이 나왔을 가능성이 높다.[9] 압록-야루-읍루는 모두 그 어원이 같은 것으로 흰말을 토템으로 삼았던 읍루족의 이름에서 유래했다. A.D. 4~5세기에 만들어진 천마총에서 발견된 백마(천마)는 바로 이 당시 읍루족이 신라로 들어와서 '김' 씨 왕조를 여는데 영향을 끼쳤다는 증거가 아닐까 생각된다.

·둘째, 읍루는 숙신, 말갈, 여진 등의 다양한 이름으로도 불렸는데 이들은 나중에 타타르(Татар)라고도 불리게 되는 민족이다. 그 이유는 타타르 민족의 기원은 불가르족인데 '불가르'는 '말갈'과 발음이 유사하며 또한 헝가리를 건설한 '마자르'족과도 비슷한 음가를 가지고 있다. 연해주와 사할린 사이의 해협을 타타르 해협이라고 부르는데 그 이유는 이

---

9) 주학연, 「진시황은 몽골어를 하는 여진족이었다」, 우리역사연구재단, 2008, 81쪽.

지역이 타타르인이 거주하던 지역이었기 때문이다.

·셋째, 광개토대왕 통치 시기에 고구려군은 말갈군과 함께 신라를 구원하기 위해 백제와 가야를 토벌하였는데 이 당시 고구려군은 한반도뿐만 아니라 바다 건너 있던 일본 내의 가야 영토까지 쳐들어갔을 가능성이 있다. 그 이유는 기타큐슈에 있는 야하타 제철소에서 2007년 '근대제철발상 150주년 기념사업 연동 이벤트'가 열렸는데 이때 일본전통 방식으로 철을 제조하는 축제를 열었을 때 일본인들은 그 전통적인 제철방식을 '타타라 공법'이라고 부른다.[10] 이는 당시 고구려군과 읍루(타타르)군이 바다 건너 일본의 기타큐슈까지 쳐들어갔던 흔적이 아닐까 추측이 된다.

·넷째, 신라는 경상도에 위치했던 나라로 신라의 수도였던 경주(서라벌)에서 동해안을 따라서 연해주에 이를 수가 있는 반면 서쪽 백제의 땅으로 가려면 소백산맥에 막혀서 진입이 어렵다. 이러한 지형적인 원인으로 인해서 경상도의 사투리는 강원도의 동쪽 지방(영동 지방)과 함경도 지역과 비슷한 억양과 사투리를 가지고 있다. 이는 오래전부터 많은 북방민족들이 만주와 경상도 지역을 서로 오갔으며 같은 계열의 부족이 거주하였을 가능성을 암시한다. 이를 뒷받침하는 근거가 청나라 때 편찬된 『만주원류고(滿州原流考)』에 나오는데 여기서 신라의 위치를 만주에 묘사하고 있는 것을 보면 여진족, 즉 읍루족인 청나라 왕조가 자신들의 발생지였던 만주, 연해주 일대와 한국의 경상도에 위치했던 신라를 동일한 민족으로 이루어진 국가로 인식하고 있었음을 알 수 있게 해 준다.

·다섯째, 중국의 금사(金史)와 한국의 삼국사기(三國史記)를 보면 금나라(주천, Juchen)를 건설한 아골타가 '신라' 또는 '고려' 때 넘어온 김함보라는 인물에 의해서 건국되었다는 내용이 나오는데 이 김함보의 이동경로도 신라의 경주에서 한반도의 동해안을 따라 연해주로 갔다는 기록이 나온다.

---

10) KBS 역사다큐 〈최인호의 역사추적 제4의 제국 가야〉 제3부.

따라서 연해주와 만주에 거주하던 읍루족이 광개토대왕이 남벌을 하던 시절에 함께 내려와 자신과 동족인 김 씨 왕조를 지원해 박 씨와 석 씨 왕조를 밀어내고 김 씨가 세습을 할 수 있도록 지원해서 親고구려정권을 수립했던 것으로 추측이 된다. 뿐만 아니라 이들이 일본에 상륙하여 철기문화를 전래시키지 않았나 추측이 되는데 왜냐하면 가야국이 일본의 규슈 지방을 지배하던 당시 한반도의 가야국에서 철을 생산하여 왜(일본)에 팔아서 많은 이윤을 남겼기 때문이다.

일본은 당시 철을 제조할 만한 기술이 부족한 실정이었고 국력을 신장하기 위해 필요한 철을 가야의 수입에 절대적으로 의존하고 있었는데 고구려는 왜를 가야와 백제로부터 분리시키기 위해 왜의 경제자립도를 높여 백제와 가야와의 연합을 끊게 할 뿐만 아니라, 경제적으로 가야에 타격을 주어 다시는 세력을 확장하지 못하게 하기 위해 일부러 철기제조기술을 일본에 전파한 것이 아니었나 생각된다.

당시까지 왜는 하나의 통일국가를 가지지 못하고 여러 군소국가로 나뉘어져 있었는데 고구려가 그중 한 국가를 지원해서 親고구려로 방향을 선회하게끔 철기기술을 물려준 것이 아닌가 생각된다. 따라서 이때 들어온 읍루(타타르인)족들이 왜에서 철을 제조하고 그 기술을 일본인들에게 전파한 전통이 남아 철기제조기술을 전파해 준 타타르인의 이름에서 '타타라 공법'이라는 말이 생겨난 것이 아닐까? 특히 기타큐슈의 위치는 가야계가 진출해 있던 규슈 지방과 백제계가 진출해 있던 나라 지역의 중간에 위치한 교통요지로서 이 지역을 고구려가 장악하게 되면 백제와 가야는 왜로부터 지원을 받을 수 없게 되기 때문이다.

6. 타타르인의 기원

 카자흐스탄에 살면서 타타르 친구들을 몇몇 사귀었는데 현재 CIS 지역에 사는 타타르인들은 동양인의 얼굴을 하고 있지 않다. 이들은 징기스칸을 따라 유럽을 원정하던 당시 유럽인들에게 공포의 대상이 되었던 만큼 유럽을 내부 깊숙이 유린하고 다닌 결과, 유럽인과 혼혈이 많이 일어나서 동아시아인의 얼굴의 모습은 고사하고 투르크인의 모습조차 찾아보기 어려울 만큼 변했다. 그러나 이들의 조상은 먼 옛날 한반도와 만주에서 간 사람들인데 카자흐족이나 우즈벡족처럼 비교적 이른 시기에 중앙아시아와 유럽으로 이동하기도 했지만 타타르족은 한민족과 함께 한국사에서 빠질 수 없는 중요한 존재이다.

 타타르인의 기원은 문헌상의 기록으로 보아 약 5세기 무렵 고비사막의 북동쪽에 거주했던 것으로 기록하고 있다. 후일 징기스칸의 서방 원정 때 이들도 함께 몽골군의 일원으로 중앙아시아를 거쳐 서양으로 쳐들어갔는데 몽골제국이 붕괴된 이후에는 동유럽부터 우랄산맥 서쪽에 이르는 광대한 골든 호르드(Golden Horde)제국을 건설하였다. 옥스포드 영어사전(Oxford English Dictionary)에 의하면 '타타르' 이름의 기원이 그리스어의 지옥을 뜻하는 'Tartarus(타르타루스)'에서 기원했다고 하는데 문헌상에 보이는 타타르인은 5세기에 고비사막 근처에 거주하고 있었다. 따라서 이것은 타타르인을 비하하기 위해 만들어 낸 유럽인들의 억측으로 보인다. 왜냐하면 타타르인은 12세기에 유럽으로 들어갔기 때문이다.

 타타르인의 기마용병술은 유럽에서도 맹위를 떨쳤는데 현재 대부분의 타타르인들은 자신들이 얼마나 위대한 역사를 가지고 있었는지 망각한 채 많은 젊은 세대들이 타타르어를 잊어버리고 러시아어만 쓰고 러시아인이 되어가고 있어 안타까울 뿐이다. 이에 타타르인들의 위대한 역사를 짤막하게나마 소개하고자 한다.

7. 환국을 건국한 최초의 건국자는 타타르인

타타르인을 뜻하는 명칭은 다양한데, 동북아시아에서는 이들을 숙신족, 읍루족, 말갈족, 여진족, 만주족 등등으로 불렀다. 한 민족의 역사서인 『한단고기(桓檀古記)』와 중국인 학자가 연구한 북방민족에 대한 연구를 함께 비교해 보면 환국을 건국한 민족이 타타르인과 연관이 깊을 것으로 생각이 되는데 먼저 『한단고기』의 기록부터 보면 다음과 같은 내용이 나온다.

환국의 최초의 건국자의 이름이 안파견(安巴堅, Ān ba jiān) 또는 환인(桓因)인데 환국을 건국한 시기가 B.C. 7197년이고, 신시(神市)시대를 연 환웅(桓雄), 즉 거발환(居發桓, Jū fā huán)은 B.C. 3898에 국가를 건설하였다.[11]

중국인 학자 주학연(朱學淵)의 만주족에 대한 연구의 내용 일부를 소개하면 다음과 같다.

만주족의 언어로 '아브카'는 하늘을 뜻하고 한자로는 '아파알(阿巴嘎, Ā

---

11) 임승국, 『한단고기』, 정신세계사, 2009, 15~16, 44~45쪽.

ba gā)'이다. 그리고 이 '아브카'라는 이름을 부족명으로 사용하는 부족은 유라시아 대륙 전체에 펴져 있는데 대표적으로 시베리아의 아바칸(Abakan) 주, 그루지아의 압하지아(Abkhazia)이다. '아브카'는 가불합(呵不哈, Ā bù hā)으로 쓰이기도 하는데 금사(金史)에서 '가불합'은 밭(田)을 뜻한다.[12]

즉, 『한단고기』에 기록된 안파견(安巴堅), 거발환(居發桓)이라는 이름이 만주어로 아파알(阿巴嘎), 가불합(呵不哈)이니 이 단어들은 같은 어원을 가지고 있다고 볼 수 있다. 따라서 『한단고기』의 기록에 나오는 인물의 이름은 실존했던 인물의 이름이었을 가능성이 높다. 더욱이 이 지도자들을 고대 한국에서는 환인(桓因), 즉 '하느님'으로 불렸는데 만주어의 '아브카' 또한 '하늘'을 뜻하는 의미이니 『한단고기』에 나오는 지도자들과 타타르족 간에 깊은 연관성이 있을 가능성이 크다.

다만 주학연 교수가 인용한 금사의 마지막 구절 "가불합은 밭(田)을 뜻한다"라는 구절은 금나라 학자들이 잘못 기록한 것으로 보인다. '아파알'과 '가불합'은 같은 말이라고 했기 때문에 '가불합'은 당연히 '하늘'이라는 의미를 가져야 한다.

그런데 갑자기 엉뚱하게 '밭'이라고 하는 것은 논리에 맞지 않는다. 고대 중국인들 중에 전(田)자를 자신의 성으로 삼은 이유는 전(田)자가 '하늘'을 상징하기 때문이었다. 청나라가 건설한 천단공원의 제단을 보면 원에 십자가가 들어가 있는 형상을 볼 수 있다. 바로 태양을 상징하는 탱그리 십자가의 형태를 빌어 제단을 건설한 것이다. 뿐만 아니라 샤먼의 북을 보면 '전'자와 유사한 모양을 하고 있는데 이는 샤먼의 북이 하늘의

---

12) 주학연, 앞의 책, 76~77쪽.

소리, 즉 '신의 목소리(신탁)'를 낸다는 주술적 의미를 포함하고 있기 때문이다. 주학연 교수는 사람이 감히 하늘을 뜻하는 성을 가질 수 없어서 전(田) 씨를 쓰게 됐다고 설명했으나 그것은 농경민족으로 유목민족의 지배를 받던 관점에서의 견해이고, 스스로를 천손민족이라 자처하며 주변 국가를 다스리던 유목민족들은 당당하게 스스로를 태양신 단군의 후손이라 일컬으며 사용했다. 농경민족적 관점에서 해석해서는 안 된다고 본다.

여하튼 현재까지 전 세계에 '타타르'라는 부족의 명칭을 성으로 쓰고 있는 사람들은 헝가리의 토트(Toth), 몽골의 탈탈(脫脫, Tuō tuō), 토토합(土土哈, Tǔ tǔ hā), 위그루의 탁지(託地, Tuō de), 탁합지(託合地, Tuō hé de) 등이 있다.[13]

---

13) 위의 책, 266~267쪽.

8. 타타르 부족의 영역과 이동경로

　·읍루족의 활동: 타타르인들을 부르는 이름 중에 읍루(挹婁)가 있는데 이들은 A.D. 3~5세기경 광개토대왕과 함께 신라를 압박하던 백제-가야-왜 연합국을 격파하였으며 신라에 '김' 씨 세습왕조를 만드는 데 혁혁한 공을 세운 것으로 보인다. 또한 이들이 일본으로 넘어가서 일본에 철기제조기술을 전파한 것이 아닌가 추측이 된다. 이에 대한 설명은 앞장에서 "신라의 황금보검과 오그즈와의 관계"에서 이미 언급하였으므로 참조하길 바란다.

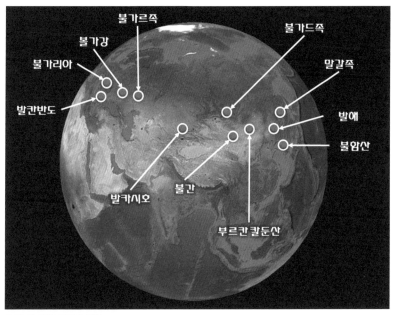

〈그림 6〉 말갈 단어의 분포

·말갈족의 활동: 타타르족이 5세기경 고비사막에 거주하였었다는 기록이 있다. 이를 뒷받침하듯 이를 알 수 있게 해 주는 지명과 부족명이 있는데 몽골 고비사막 북쪽에 불간(Bulgan)이라는 주가 있는 것을 볼 수 있다.

최초 말갈족(타타르족)이 거주했던 지역은 몽골 지역이었을 것으로 추정이 되는데 '불간(Bulgan)'은 '말갈(靺鞨, Mò hé)'과 비슷한 음가를 가진다. 또한 몽골의 불간 주의 북쪽에는 현재 러시아의 영토가 된 부리야트 자치공화국이 있는데 이 지역에 사는 부리야트족을 구성하는 부족을 보면 이들이 몽골의 불간과 연관이 있다고 생각되는 부족명이 있는데 부리야트 부족은 크게 4개의 부족이 합쳐져서 오늘날의 부리야트족이 된 것으로 기록하고 있다. 그 네 개의 부족이 불가드(Bulgad)족, 코리(Khori)족, 에하리드(Ekhired)족, 훈고도르(Khongoodor)족인데 불가드(Bulgad)족이 몽골의 불간(Bulgan), 말갈(靺鞨)과 비슷한 음

〈표 1〉 말갈과 관련된 각종 명칭

명칭	Bulgan의 파생어	위치
불가리아	불가리	동유럽
불가르족	불가르	동유럽
발칸반도	발칸	동유럽
발카시(발하시) 호수	발카시	카자흐스탄
볼가강	볼가	러시아
바이칼 호수	바이칼	러시아
불가드족	불가드	러시아
부르칸 칼둔산	부르칸	몽골
발해	발해(발카이)	만주
말갈족	말갈	만주
불함산	불함(불칸)	한반도

가를 가지는 것으로 보아 말갈족의 거주 지역은 남북으로는 바이칼 호수서부터 고비사막, 동서로는 연해주서부터 몽골 지역에 해당하는 광대한 지역이었던 것으로 보인다. 여기에 그치지 않고 이들 말갈족(타타르족)의 조상이 불가리아를 건설한 불가르(Bulgar)족과도 연계가 되어 있을 것으로 보이는데 위의 그림은 말갈과 관련된 어휘들을 표시한 것이다. 또한 〈표 1〉은 말갈과 발음이 유사한 단어들을 다시 표로 정리한 것이다.

·**숙신족의 활동**: 여진과 숙신은 같은 발음에서 나온 단어이며 후일 숙신은 여진으로 불리게 되다가 청나라를 건국한 이후에 이들의 부족명칭을 다시 만주족으로 바꾸게 되었다. 이들은 고구려가 수(隨)나라, 당(唐)나라와 동아시아의 패권을 놓고 싸울 때, 고구려와 함께 이들을 물리친 부족으로 이들은 앞서 언급한 환국, 신시뿐만 아니라 조선, 고구려, 발해의 건국에도 함께 참여했을 뿐만 아니라 금나라, 청나라까지 건국했던 강대한 민족이었다.

이렇게 고대부터 근대시대에 이르기까지 전 세계에 막대한 영향을 끼쳤던 타타르족은 너무나 강대했던 나머지 전 세계로 퍼져 나간 이후, 그 힘이 약해져 지금은 독립국가를 가지지 못하고 러시아의 속국으로 들어가 있으며 과거 타타르족에게 호되게 당했던 러시아인들은 타타르인들이 다시는 자신들만의 독립국가를 갖지 못하게 하기 위해서 다양한 방법으로 타타르인의 정체성을 파괴하고 타타르인의 역사를 지우는 작업을 하고 있다. 스탈린 통치시절에는 타타르인들이 나치 독일에 협조했다는 누명을 씌워 크림 지역에 살던 타타르를 강제로 시베리아에 이주시켜 기아와 고된 노동으로 대학살을 했고 나중에 타타르인들의 무죄가 입증

되어 다시 크림 지역으로 돌아왔을 때에는 타타르인들은 자신들의 땅에서 소수 민족으로 전락해서 타타르어를 잃어버리고 러시아어로 살아가야 하는 운명을 지게 되었다.

뿐만 아니라 타타르 민족의 수도인 카잔을 타타르스탄 자치공화국으로 만들면서 독립이 불가능하게끔 타타르스탄 자치공화국의 행정구역을 아주 작게 만들어 버렸다. 그리고 나서 다른 지역에 사는 타타르인들을 의도적으로 카자흐스탄이나, 사하 자치공화국 등등의 지역에 분할, 편입시켜버림으로써 타타르인들이 하나로 힘을 결집시키지 못하게 제도적으로 방해하고 있다.

이러한 현상은 2차 세계대전이 끝나고 중국에서도 있었는데 모택동은 일본에 의해 건설된 만주국을 일본의 괴뢰국으로 규정하고 만주를 점령하고 자신의 영토로 삼는다. 전통적으로 중국의 영토는 동이족, 몽골족, 투르크족이 세력다툼을 하며 제국을 건설해 왔기 때문에 중국의 엘리트층은 거의 전원이 알타이-투르크계 민족들이라고 봐도 무방했다. 그래서 모택동은 공산주의 이념을 명분으로 부르주아를 처단한다는 명분하에 3천만 명에 가까운 알타이-투르크 인텔리들을 대학살하여 이후 중국은 50년 가까이 암흑의 시대를 겪었을 뿐만 아니라, 현재까지도 만주족, 몽골족, 위구르족들은 그때의 후유증으로 아직까지도 뛰어난 지식인과 지도자들이 잘 나오질 못하고 있다.

러시아와 중국의 인종청소로 엘리트층을 잃고 자신들이 과거에 얼마나 위대한 역사를 가지고 있었고 훌륭한 조상으로부터 나왔는지 망각한 채 자신의 정체성을 잃고 헤매는 알타이-투르크민족의 젊은 세대들이 러시아인으로 중국인으로 살고 있는 것을 보면 개탄스러울 뿐이다. 하루빨리 제대로 된 역사교과서가 나와 알타이-투르크민족이 다시 한 번 하

나로 뭉치게 할 수 있는 구심점을 만드는 작업이 시급하게 필요함을 타
타르인들을 보면서 절실히 느낀다.

카자흐스탄의 수도 아스타나에 있는
세계종교회의를 여는 평화의 피라미드

제8장

중앙아시아민족의
문화로 본
환족의 제도

1. 숙신-여진-조선-주신-주스는 같은 어원을 가진 단어

한국에서도 많은 학자들이 '숙신(肅愼)'과 '조선(朝鮮)'은 같은 단어에서 유래되었다고 하고 있으며 조선은 순수 한국 발음으로는 '주신'이라고 한다. 그런데 그뿐일까? 아래의 단어들은 '주신'이라는 단어와 관련된 단어를 모아 놓은 것인데 참조하기 바란다. 우리가 여태껏 다르다고 생각했던 민족명들을 본 필자가 중앙아시아 언어를 연구하면서 만든

〈표 1〉 숙신과 관련된 각종 명칭

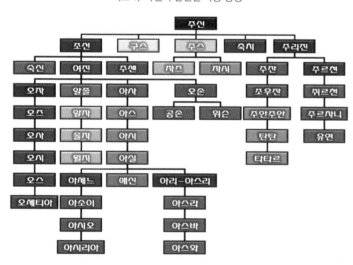

'제5장 4. 알타이계 언어의 발음변화규칙' 편을 참조해서 보면 〈표 1〉의 모든 민족들이 같은 민족이라는 것을 알 수 있다. 〈표 1〉의 민족들은 오늘날 다른 얼굴, 다른 문화와 언어를 가지고 있지만 고대에는 같은 민족이었을 가능성이 높다.

〈표 2〉의 표를 보면 한국, 타타르, 카자흐, 우즈벡, 헝가리 등 알타이-투르크계 민족들이 같은 민족이었음을 알 수 있다. 특히 중국인 학자 주

〈표 2〉 숙신 관련어의 분포지

한국어표기	영어표기	민족명	한국어표기	영어표기	민족명
주신	Jusin	한민족	오스	Os	아바르, 유연
조선	Joseon	한민족	오시	Osi	아바르, 유연
주센	jušen	여진, 타타르	아사	asa	삭
숙신	Sushen	여진, 타타르	아스	As	아바르, 유연
주스	Jüz	카자흐	아시	Asi	아바르, 삭
자시	Jasy	아바르, 유연	오세티아	Ossetian	오세티아인
자즈	Jász	아바르, 유연	아시리아	Asiria	아시리아인
주리진	Jurizhen	여진, 타타르	아세느	Aseni	삭
주르천	Jurchen	여진, 타타르	아소이	Asoi	삭
취르천	Jürchen	여진, 타타르	아시오	Asio	삭
주르차니	헝: Gyurcsany	마자르	아리-아스리	Ari-aspi	삭
조우잔	Jou-jan	아바르, 유연	아스파	aspa	삭
주안주안	Juan-Juan	타타르	아스바	Asva	삭
탄탄	Tan Tan	타타르	아스와	Aswa	삭
타타르	Tatar	타타르	애신	중: Aixin	만주, 타타르
여진	중: Nǚzhēn	여진, 타타르	오손	중: Wuson	카자흐
유연	Rouran	유연	위슨	카: Yйciн	카자흐
월지	중: Yuezhi	스키타이	공손	중: Gongson	카자흐

학연(朱學淵)의 주장에 의하면 공손(公孫: 만주-몽골), 오손(烏孫: 카자흐), 올자(兀者: 우즈벡), 아파알(阿巴嘎: 말갈, 타타르)은 모두 같은 계열이라고 했는데[1] 이는 중국인들이 최초의 조상신으로 섬기는 황제 공손헌원(公孫軒轅)이 결국 북방민족의 지도자였다는 것을 알 수 있을 뿐만 아니라, 현재까지 카자흐스탄에 존재하는 울루 주스의 위슨족은 바로 중국인들이 존경하는 그 헌원의 직계후손들인 셈이다. 또한 중원의 영토는 한족이 들어오기 전부터 이미 카자흐, 우즈벡, 키르키즈, 몽골, 타타르, 한국인들이 다스리던 땅이었다는 증거라고 볼 수 있다. 특히 청나라를 건국한 누루하치는 금나라 아골타의 후손인데 아골타가 바로 '김(金)' 씨이다. 따라서 한국의 김 씨들과 카자흐스탄의 위슨족은 혈연적 관계가 밀접할 것으로 보인다.

2. 주신(조선)이란 무엇인가?

이렇게 한민족과 중앙아시아민족, 동유럽의 헝가리와 불가리아를 연결해 주는 고리에는 바로 주신이 있다는 것을 알 수 있다. 한국에서는 이 '주신'이라는 개념을 A.D. 15세기에 건국된 조선(朝鮮) 때문에 혼동하고 있는 것 같다. 농경민족의 관점에서는 국가와 국민은 고정된 개념이기 때문에 조선을 한반도에 국한된 국가로 보았던 인식이 고대사에 나오는 조선에도 그대로 적용되어 본래의 의미를 파악하지 못하고 있는 것 같다.

---

1) 주학연, 『진시황은 몽골어를 하는 여진족이었다』, 우리역사연구재단, 2008, 86~99쪽.

조선이란 우리가 생각하는 하나의 왕이 통치하는 중앙집권적 국가의 개념이 아닌 여러 부족이 모여서 하나의 조선을 이루는 개념이라고 보아야 한다.

카자흐스탄의 주스(Жуз)제도가 그 좋은 예인데 광대한 영토를 다스리기 위해서 국토를 크게 3등분하여 삼 주스로 나누고 각 주스에 속한 부족(루) 중에 가장 영향력이 있는 루의 지도자가 주스의 지도자가 되는 방식인 것이다.

고대 중앙아시아의 부족들은 다른 지역보다 일찍이 민주주의 제도를 창안했는데 그것이 바로 '원탁회의'다. 주스에 속해 있는 각 부족들은 정기적으로 회의를 하기 위해 모이게 될 경우, 모두가 동등하다는 것을 보이기 위해 원형으로 앉아서 회의를 진행했다. 이러한 전통이 후일 영국에까지 전파되어 '아더왕과 원탁의 기사'라는 전설이 만들어지게 되는 계기가 되었다.

앞 장에서 위슨족의 쿤모왕이 성장하여 흉노족의 군대를 거느리고 함께 월지족을 격파한 이후에 쿤모왕과 흉노의 왕이 전쟁을 하였다는 내용을 설명할 때 흉노족이 쳐들어간 이유를 이들이 회의에 참석하지 않아서라고 잠깐 언급했었는데 이들은 이렇게 정기적으로 회의에 참석하여 서로 싸우지 않고 초원에서 상호조화를 이루며 살 수 있도록 항상 의견을 교환하여 중요한 결정을 내렸던 것이다.

중원에 거주했던 동이족들도 이러한 전통을 가지고 있었는데 그 대표적인 예가 바로 춘추전국시대 때의 회맹(會盟)제도이다. 춘추전국시대의 제후국들은 그들 중에서 가장 영향력이 있고 존경할 만한 제후를 회맹의 지도자로 선출을 하여 이들이 회맹의 회의에서 결정한 사항을 지켜나갔다. 이러한 전통이 시작된 시기는 정확히 언제부터인지 알 수는 없

〈표 3〉 원탁회의를 통해 선출된 것으로 보이는 지도자들과 예상 출신국

지도자명	서력(B.C.)	예상출신국	북방민족 부족명
모사라환웅	3619년	매구여국(賣句餘國)	마사게트(카: Массагет)
양운환웅	3167년	양운국(養雲國)	유연, 아바르(카: Авар)
갈고한웅	3071년	구다천국(句茶川國)	큽착(카: Кыпцак)
사와라한웅	2774년	사납아국(斯納阿國)	사르마트(카: Сармат)
부루단군	2240년	비리국(卑離國)	부여(카: Buryats)
사벌단군	772년	수밀이국(須密爾國)	수메르(카: Шумер)
구물단군	425년	구막한국(寇幕汗國)	키막(카: Кимак)

으나 『한단고기』에 나오는 환웅의 신시와 단군의 조선을 다스리던 왕들 중에 교대로 또는 명망 있는 지도자를 12환국의 의장으로 선출을 했던 것으로 보인다.

　이처럼 한민족과 북방민족의 관계를 하나로 보지 않고서는 도저히 우리의 고대사를 풀어 나갈 수 없을 뿐만 아니라 이들은 서로 하나였다는 것을 알 수 있다. 그리고 이러한 내용을 기록해 놓은 『한단고기』가 한국에서 발견되었다고 해서 이러한 거대한 제국이 모두 한민족의 영역이었다고 하는 것 또한 지나친 해석이다. 우리 한민족은 거대한 조선연방국의 한 연방국으로서 이들 중에 하나였던 것이고 현재의 카자흐스탄처럼 다민족 국가의 한 국민으로서 살아왔다고 보아야 할 것이다.

　주신(조선)이 셋으로 나뉜 이유는 지역과 언어적 차이로 인해서 발생한 것으로 보이는데 알타이-투르크계 언어는 크게 퉁구스, 몽골, 투르크계의 언어로 나뉜다. 퉁구스인들은 유라시아 대륙의 동쪽에 투르크인들은 동유럽에서부터 중앙아시아에, 몽골인들은 그 사이에 거주를 하고 있다. 따라서 이 광대한 영토를 다스리기 위해서는 중앙아시아민족들의 탱그리 신화에 나오는 것처럼 영토를 셋으로 분할하여 통치했던 것이

신분	국가 수	삭족	환국의 색족	유교정치이념
왕족무사	1	황금계급	탱그리	황제
	3	적색계급	적부인	왕
제사장	9	흰색계급	백부인	제후
유목민	27	청색계급	남부인	지방 영주
농민	81	황색계급	황부인	지방 호족

다. 그리고 각 주신들도 영토가 확장되면 필요에 의해 또다시 3등분을 하여 분할 통치하였다.

이러한 원리는 천부경(天符經)에서도 찾아 볼 수 있는데 천부경은 81자로 된 한민족 고유의 경전이라고 한다. 숫자 '1'을 탱그리가 다스리는 중앙 국가로 가정하고 삼분할 원리에 따라 주신을 네 번 3등분을 할 경우 81개 국가가 나온다. 투르크 신화에 보면 투르크인들이 홍수에 대비해 거대한 산을 쌓다가 이것이 탱그리에 대한 도전으로 간주돼 탱그리로부터 벌을 받아 언어가 77개로 나뉘었다는 전설이 있다. 이 전설에 의하면 고대 투르크민족이 초기에 하나의 국가에서 분리하던 시기에 언어가 지배민족인 탱그리부족의 언어를 포함해 78개, 즉 78개의 부족이 형성되었음을 알 수 있다.

실제로 문헌상에 보이는 환국의 분국 수는 천부경 원리를 따라 3분할을 하나 81개의 분국까지는 가지 못하고 78개의 분국이 존재했었다. 따라서 고대 투르크 신화와 『한단고기』의 환국의 분국 숫자가 일치함을 볼 수 있다. 또한 단계를 스키타이나 신라의 골품제도에 입각하여 색깔을 입히면 정확히 5등분이 되는데, 이 주신의 체계가 후일 중국에서 천자제도로 발전하여 황제만이 금색 옷을 입는 풍습이 시작된 것이 아닌가 생각된다. 이러한 풍습은 이성계가 건설한 조선왕조가 멸망할 때까지 이어 졌는데 중국의 명나라, 청나라가 황제로서 황금색 옷을 입고, 조선의 왕 은 적색 옷을 입었다. 그러나 태조 이성계를 보면 청색 옷을 입었는데 그 이유는 이성계가 원래 왕이 될 수 있는 적색계급의 사람이 아니라 청색 계급이었기 때문으로 보인다.

〈그림 1〉을 보면 태조 이성계는 푸른색 옷을 입고 있고 태조 이후의 왕들은 전통적으로 붉은색 용포를 입었음을 알 수 있다.

〈그림 1〉 태조 이성계[2] & 세종대왕[3]

---

2) http://www.chosun.com/culture/news/200609/200609040641.html
3) http://ask.nate.com/qna/view.html?n=8243427

이는 이성계가 왕족 출신이 아닌 지방 영주 가문(청색)의 출신이었음을 말해 준다. 우연히 인터넷에서 윤은숙 박사가 몽골의 에르데니 바타르 박사와 함께 조선왕조에 대해 쓴 논문에 조선왕조의 건국은 몽골의 영향을 많이 받았었다고 주장하는 기사를 읽었는데 이는 북방 유목민족의 국가건설 원리만 알고 있다면 이 논문의 내용이 사실이라는 것을 알 수 있다. 한국의 사학자들은 아직도 유교적인 사대주의 사상에 영향을 받아 동의하지 않을 수 있지만, 당시 원나라가 유라시아 대륙을 지배하던 시대였으므로 고려와 조선이 몽골의 영향으로부터 자유로울 수 없었던 상황을 고려하면 충분히 가능한 일이라고 본다.

　이성계가 푸른 용포를 입은 것은 그 당시 스키타이족의 골품제도 전통이 북방 기마민족 사이에 전승되어온 전통 때문으로 이성계의 가문은 원래 천호장(다루가치) 집안이었다. 따라서 그의 계급은 청색인 것이다. 그래서 고려왕조를 뒤엎고 새로운 왕조를 건설했음에도 불구하고 용포의 색깔을 바꿀 수는 없었던 것이다. 하지만 조선왕조가 원나라에서 나온 국가임에도 불구하고 한족이 건설한 명나라로 전향함으로써 명나라가 중원을 잡은 이후에는 조선의 '이' 씨 왕가를 적색계급으로 신분상승을 시켜주어 이후부터는 적색의 용포를 입게 된 것으로 보인다. 즉, 이성계는 자신의 권력을 위해 자신의 성장 기반이 되어준 몽골뿐만 아니라 고려왕실, 고려의 백성들을 배신하고 한족으로 전향한 인물이었던 것이다. 이로 인해 조선왕조는 병적으로 모화주의(慕華主意)에 빠져 임진왜란 때 제대로 도움도 주지 않은 명나라를 위해 국운을 거는 무모함까지 보여 청나라의 누루하치에게 치욕을 맛보게 된다.

　여하튼 북방민족의 지도자는 하늘의 아들(天子)로 인식되었는데 그 당시 태양숭배사상을 가지고 있던 고대 왕조들은 자신이 하느님(태양)

〈그림 2〉 주신의 3등분 원리와 스키타이의 골품제도의 비교

으로부터 왔다는 것을 상징적으로 보이기 위해 태양과 가까운 색인 황금색의 옷 또는 황금장식을 해서 자신의 권능을 나타냈었다. 이러한 스키타이족의 골품제도는 북방민족이 전통적으로 중원을 다스리면서 유교에도 영향을 끼치는데 계층별 차등을 두는 제도는 유교적 사대주의 세계관에 절대적인 영향을 끼쳤을 것으로 보인다. 황제 밑에 있는 왕은 황제보다 큰 궁궐을 지을 수 없었으며 왕 밑에 있는 제후는 왕보다 큰 집을 지을 수 없다는 규정뿐만 아니라 음식, 옷의 재질 등등이 상세하게 구별되었기 때문이다.

　고조선의 8조법에서도 볼 수 있듯이 고조선은 계급이 존재하던 나라였고 스키타이 또한 계급이 존재하였던 사회라는 것은 이미 골품제도를 통해서 살펴보았다. 이들은 이러한 골품제도적 개념을 국가 간의 관계에 있어서도 확립을 시켰고 또 그렇게 사용하였다. 이로 인해서 가끔 국명을 보면 색깔이 들어가는 경우가 많은데 대표적인 예가 적색 훈(Red Hun), 백색 훈(White Hun), 황금 호르드(Golden Horde), 적색 호르드(Red Horde), 백색 크로아티아(White Crotia), 적색 크로아티아 (Red Crotia) 등등이다. 이러한 국명은 그 국가를 건설했던 건국자의 계급이 무엇이었는가를 반영하여 국가명을 지었기 때문에 나타난 현상이라고 보인다.

황금 호르드(카: Алтын Орда)는 징기스칸의 첫째 아들인 주치가 다스렸던 러시아와 카자흐스탄에 걸쳐 있던 광대한 제국이었다. 이 제국을 지배했던 '칸'이 징기스칸의 적통을 이어 받은 '주치'였으니 당연히 '황금'이라는 색깔을 부여받은 것이다. '호르드(영: Horde)'는 '부족'이라는 의미로 카자흐어로는 '오르다(카: Орда)'라고 표기한다. 카자흐스탄의 남부 지역에 '크즐 오르다(Кызыл Орда)'라는 지명이 있는데 이는 징기스칸이 제국을 건설하고 자식들에게 영토를 나눠주기 위해 4한국으로 나누었던 풍습에서 유래한 것으로 '적색 호르드'에서 유래된 것이다. 카자흐어의 '크즐'은 '적색'을 뜻한다. 따라서 유럽에 나타났던 적색 훈, 백색 훈이라고 묘사된 것은 그들이 흰색, 적색의 피부를 가진 부족이라서 기보다는 이 지역을 쳐들어갔던 부족의 서열이 2계급, 3계급 서열의 부족이었기 때문이라고 해석해야 옳을 것으로 보인다. 즉, 징기스칸의 정통을 승계한 황금 호르드는 중앙아시아에 머물고 제2, 3계급의 하위 칸과 제후들이 황금 호르드 카칸의 명에 의해 유럽으로 진출한 것이다. 그래서 유럽에서는 황금 호르드라는 국가명이 보이지 않는 것이다.

누루하치, 이성계의 공통점은 이들이 푸른색의 옷을 입었다는 점인데 그 당시 서열 4위 계급에 있던 하위 무사들이 자신의 탁월한 능력과 수완으로 '칸'의 자리에 올라도 최초 그들의 신분은 4위 청색계급이었기 때문에 자신에 한해서는 푸른색을 유지해서 입은 것 같다. 고대에는 아무리 개인이 탁월한 능력을 지녀도 신분계급 그 자체를 무시할 수는 없었다. 그 이유는 본인 자신이 왕이 된 이후에는 그러한 신분제도가 자신의 권력유지에 유용했기 때문에 당장 불편한 점이 있어도 어차피 실권을 장악했으므로 참고 있다가 자신의 아들 대에서부터 본격적인 지배계급을 재편했던 것으로 보인다. 그래서 중국의 『삼국지』에 나오는 조조도 한나라 조정을 실질적으로 장악하고 좌지우지했어도 스스로는 황제가 되질 못하고 나중에 자신의 아들이 한나라 황제로부터 황위를 선양받는 형식으로 황제가 되었다.

3. 카자흐스탄과 한국에 남아 있는 환웅의 신시와 단군조선의 흔적

카자흐스탄에는 고대 한국에 있었던 국가의 명칭이 이들 부족명칭으로 계속 전해져 왔음을 〈그림 3〉을 통해서 알 수 있다. 현재까지 발굴된

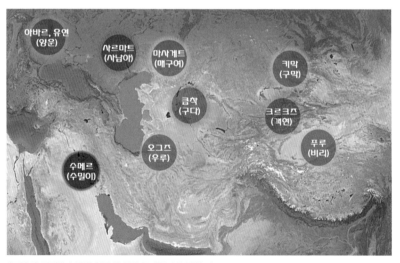

〈그림 3〉 카자흐스탄과 한국에 있던 고대국가의 명칭 비교

유물을 바탕으로 보면 만주 지역의 국가들이 먼저 형성되었고 그 이후 서쪽으로 이동하여 카자흐스탄 지역으로 갔을 것으로 추측이 가능하다. 그러나 최초 티베트에서 왔을 것을 전제로 한다면 카자흐스탄 지역의 부족국가들이 만주에서 직접 중앙아시아로 갔다고 보는 시각은 옳지 않다고 본다. 당시 기마민족들은 실크로드와 초원의 길을 따라서 동서로 자유로운 왕래를 하였으므로 농경민족식 역사관점에서 고정적으로 규정하는 것은 문제가 있다고 본다. 다만, 그림을 비교해 볼 때, 공통점이 많으므로 카자흐스탄과 한국은 고대로부터 많은 교류가 있었다는 것을 알 수가 있다.

특히 춘추전국시대 무렵부터는 많은 북방민족들이 끊임없이 동서로 이동해 갔다는 증거를 찾을 수 있는데 이들은 전쟁의 혼란을 피해 중원에서 만주, 한반도 또는 천산산맥 서쪽 카자흐스탄 지역으로 이민을 간 것으로 보인다.

중앙아시아와 만주에서 나타나는 12환국의 흔적은 그곳이 원래 12환국이 있었던 자리라기보다는 이러한 전쟁의 혼란을 피해 이동해 간 유민들이 남긴 이동의 흔적이 아닐까 생각된다. 따라서 한국과 카자흐스탄에 분포했던 12환국의 원류는 만주나 중앙아시아라기보다는 그 가운데 지역인 위구루 자치구와 중원 지방이 아니었을까 생각이 된다.

4. 환웅(거발한)이 건설한 최초의 신시는 어디였을까?

다시 『한단고기』의 내용을 살펴보자. 『한단고기』에 환웅이 환국(桓國)에서 내려와 신시를 건설하는 내용에 대한 기사가 나오는데

> 환국의 말기에 안파견이 밑으로 삼위(三危)와 태백(太白)을 내려다보고 새로 국가를 건설하기 좋은 지역이라 생각하고 누굴 보낼 것인가를 물으니 오가(五加)들이 모두 서자(庶子) 환웅이 용맹하고 지혜로우니 그를 보내는 것이 좋겠다고 추천하여 환웅은 천부인(天符印)과 무리 3,000명을 이끌고 내려가 신시를 건설하게 되었다.[4]

즉, 이들이 최초에 국가를 건설한 지역은 만주가 아니라 바로 카자흐스탄과 한국의 중간 지점인 위구르자치구와 중국의 감숙성 부근인 것이다. 『한단고기』에서 말하는 삼위와 태백은 현재 중국 감숙성 돈황현에 있는 삼위산과 백두산을 말한다. 이 지역이 환웅이 최초로 신시를 건설한 지역인 것이다. 또한 상기 기록을 근거로 알 수 있는 것은 고대 환국의 위치가 파미르 고원에 있었음을 알 수 있게 해 줄 뿐만 아니라, 카자흐스탄의 홍수 설화에 나오는 누흐 전설(카자흐스탄 소재 투르키스탄), 투르크계 민족의 조상 신화인 아쉬나 전설(중국 투르판)의 위치와도 비슷하므로 내용의 일관성이 있는 것으로 보아 환웅은 돈황 일대에 국가를 건설했을 것이다.

---

4) 임승국, 『한단고기』, 정신세계사, 2009, 30쪽.

그리고 실크로드를 따라 동서로 제국을 확대하여 나갔을 것이다. 왜 냐하면 이 지역은 남북이 산으로 막혀 있어 동서로밖에 진출할 수 없기 때문이다.

카자흐스탄-키르키즈스탄 국경에 있는 알마티 호수

중국에서는 천산(天山)이라 표기하고 티엔산(Tiān shān)으로 발음하나,
중앙아시아인들은 탱그리 타우(카: Тенгри тау)라고 발음한다.
즉, '천(天)'을 '탱그리'로 '산(山)'을 '타우'로 발음하고 있다.

제9장

『한단고기』에 나오는 인물-지명의 투르크식 발음

1. 단군 신화에 나오는 인물들의 중앙아시아식 발음

『한단고기』에 나오는 12환국의 이름과 환국을 건설한 안파견(만: 아파알) 환인, 거발환(만: 가불합) 환웅이 중앙아시아어와 만주어로 대응이 됨을 살펴보았다. 그렇다면 단군 신화에 나오는 인물들도 중앙아시아의 언어를 바탕으로 그 원래의 발음을 유추할 수 있을까? 먼저 단군 신화의 내용을 간단히 소개하면 다음과 같다.

하늘에 환인이 살았는데 환인의 서자 환웅이 인간 세상에 관심이 많아 환인이 환웅에게 풍백우사를 관장하는 3,000명의 사람들을 동행시켜 지상에 내려 보냈다. 환웅은 지상에 도착하여 신단수 아래 신단을 차리고 하늘에 제사를 지내었다. 얼마 후, 환웅과 이들의 무리를 흠모한 곰과 호랑이를 만났는데 이들은 사람이 되기를 간절히 원하는 바, 이들에게 마늘과 파 등등의 야채를 주면서 이것들을 먹으면서 동굴에서 기도를 하면 인간이 될 것이라고 하였다. 곰은 이를 충실히 지켜 아름다운 여인이 되는데 성공하였으나 호랑이는 이를 참지 못하고 동굴 밖으로 나가 실패하고 만다. 후일 환웅은 웅녀와 결혼하여 아들을 낳는데 이가 바로 단군이다. 단군은 국호를 조선이라 하고 아사달에 도읍하여 홍익인간의 이념을 널리 전파하며 아름다운 나라를 건설하였다.

1) 환인(桓人)의 원래 발음은 무엇이었을까?

가능성 1) 환웅의 발음은 '아가한' 또는 '아바이한'이었을 것이다.
원래의 발음을 도출하기 위해 다음과 같은 가정을 먼저 세웠다.

- 한자 글자의 위치가 뒤바뀌었을 가능성

  예) 평화(平和)　　　=　　화평(和平)

  　　(한국식 표기)　　　　　(중국식 표기)

- 글자의 위치를 바꾼 상태에서 훈독으로 읽었을 가능성

  예) 비조(飞鸟)문화: 아스카 문화 → 조비(鳥飛)문화: 새나라 문화

  　　　　(일본식 발음)　　　　　　　　(한국식 발음)

　한자는 고립어라는 특성상 한 글자가 하나의 고유의 의미를 지니고 있다. 따라서 경우에 따라 앞뒤의 순서가 바뀌어도 크게 본뜻을 해치지 않는 경우에는 그 글자의 순서가 종종 바뀌는 경향이 있다. 왜냐하면 한국식 한자단어와 중국식 한자단어의 위치가 뒤바뀌어 있는 경우가 많지만 그래도 의미는 같기 때문이다. 또한 과거에는 한국인들이 한자를 사용함에 있어서 한자의 발음을 지금처럼 하나의 음으로 고정해서 음독을 하기보다는 일본처럼 여러 개의 다른 음으로도 읽히는 훈독을 사용했었다. 따라서 '환인'이라는 이름을 일본사람들이 현재까지 사용하는 한자 음독체계를 응용해서 중앙아시아의 언어로 해석하면 그 뜻이 분명해지지 않을까 생각한다.

　환인(桓人)을 거꾸로 쓰면 '인환'이 된다. 여기서 '환'은 중앙아시아민

족이 지도자를 지칭할 때 쓰는 한(Han) 또는 칸(Khan)에서 왔을 가능성이 크다. 중앙아시아에서는 'ㅎ' 발음이 'ㅋ' 발음으로 변하는 현상이 많기 때문이다. 그렇다면 인(人)은 무엇일까? 두 가지 해석이 가능하다고 보는데 첫 번째는 아가(Аға, Aga)이고 두 번째는 아바이(Абай, Abai)이다. 중앙아시아어에서 '아가'는 연장자 또는 성인, 아저씨를 뜻한다. 따라서 환인의 중앙아시아식 발음은 '아가한'이었을 가능성이 크다. '아바이'는 위대한 사람 또는 하느님을 의미한다. 앞 장에서 설명했던 아파알, 안파견, 아바칸 등등의 발음이 하늘에 관련된 의미를 가지므로 환인을 '아바이한'이라고 읽었을 가능성도 있다. 또는 '이' 발음을 빼고 '아바한' 또는 '아바칸'으로 읽었을 가능성도 배제할 수 없다. 실제로 러시아에 아바칸이라는 州가 존재하기 때문에 아바칸이라는 지명이 한국에 있는 두만강, 만주에 있는 토문강, 투먼 등의 지명처럼 인명(人名)에서 유래되어 지명으로 남았을 가능성도 있다.

가능성 2) 환인의 발음은 '한님(Hanim)'이다.

또 다른 가능성은 '환인'을 그대로 발음했을 가능성이다. 투르크민족의 탱그리 신화를 보면 탱그리는 유일신이지만 그에게는 가족이 있는 것으로 묘사가 된다. 하늘의 태양을 통치수단으로 삼기 위해 인격화하다 보니 이러한 탱그리의 가계도가 탄생하게 된 것으로 보인다. 탱그리 가계도는 지역에 따라 있는 곳도 있고 없는 곳도 있으며 지역에 따라 그 이름과 후손이 각각인 경우가 대부분이다. 〈그림 1〉은 카자흐스탄 투르크 신화에 나오는 탱그리 가계도이다.

카자흐족의 탱그리 신화를 보면 『한단고기』와 마찬가지로 탱그리가 한 명이 아니라 여러 명이 존재했다고 말하고 있다. 하느님 탱그리가 생

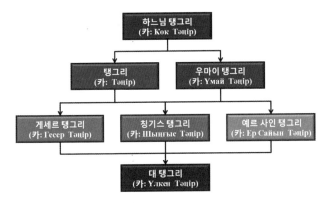

<그림 1> 카자흐민족의 신화에 나오는 탱그리의 가계도

명체를 창조한 이후, 암, 수 짝이 없어 자손이 번창하지 못하는 것을 보고 모든 생명체에 암, 수의 구별을 만드는데 자신의 자손도 번창시키기 위해서 그의 몸이 둘로 나뉘어지며 남자 탱그리와 여자 탱그리(우마이 탱그리)로 분리가 되어 아들을 셋 두었는데 그들의 이름이 게세르 탱그리, 칭기스 탱그리, 예르사인 탱그리라고 한다. 이 세 명의 탱그리는 함께 대 탱그리를 창조했는데 이 대 탱그리가 인간을 만든 탱그리이다. 그러나 악마인 예르클릭이 대 탱그리가 잠시 외출한 틈을 이용해 인간의 몸에 나쁜 마음을 심어 인간의 마음속에는 선과 악의 마음이 함께 있게 되었다는 전설이 있다.[1]

그러나 다른 버전의 탱그리 신화를 보면 탱그리 부인의 이름이 '한님(Hanim)'이라고 쓰고 있는데 '한(Han)'은 '하늘', '하느님'을 뜻하며 '님(Nim)'은 '여성' 또는 '부인'을 뜻하는 의미로 '한님'이란 '하느님의 부인'이라는 의미를 지닌다고 하고 있다.

고대에는 원래 신의 개념이 남성이 아닌 여성이었다. 그 이유는 생명을

---

1) Жанайдаров. О., *Ежелгі Қазақстан мифтері*, Аруна, 2009, pp. 8~23.

창조할 수 있는 것은 여성이었기 때문이다. 따라서 고대에는 여성이 '태양', 남성이 '달'을 상징했었다. 그러나 청동기, 철기시대를 거치면서 남성 중심의 사회로 전환되자, 신의 개념이 여성에서 남성으로 바뀐다. 이는 정치적으로 여성이 지도자를 하다가 남성으로 바뀐 것으로 보이는데 이로 인해 모든 신화에 나오는 최초의 창조주가 남성적으로 묘사되게 된 이유가 이 때문이 아닌가 생각된다.

A.D. 4~5세기에 건설된 것으로 보이는 신라의 황남대총은 남자묘와 여자묘가 함께 만들어진 가족묘인데 이 지역의 유물을 보면 남자는 은관을 썼지만, 여성은 황금관을 썼었다는 증거들이 다수 발견되었다. 이러한 현상은 이집트나 수메르 문명 지역에서도 마찬가지였다. 이로 보아 '환인'이라는 단어는 원래 원시 모계사회 때 여성 창조주의 이름인 '한님'을 남성사회로 문화가 바뀌는 과정에서 이름만 차용하고 성별을 여성에서 남성으로 바꾼 것이 아닌가 생각된다. 해와 달의 오누이 신화도 시베리아 퉁그스 지방에서는 태양이 여자로, 달이 남자로 묘사가 되지만, 고구려의 무덤에서 발견된 태호복희와 여와의 그림을 보면 태호복희가 태양, 여와가 달로 묘사된 것을 발견할 수 있다.

2) 환웅(桓雄)의 원래 발음은 무엇이었을까?

기본 원리는 환인과 같다고 본다. 두 인물 모두 환(桓)이라는 공통 발음을 가지고 있다. 따라서 단어의 배열을 바꾸어 쓰면 웅환(雄桓)이 된다. '환'이 칸(Khan) 또는 한(Han)이라면 '웅'은 무엇일까? 한자를 보면 영웅 '웅(雄)'자를 써 놓았는데 이 글자를 카자흐어식 훈독으로 읽으면 '바트르'가 된다. 따라서 '환웅'의 카자흐어식 훈독 발음은 바트르한 (Батыр хан)이 된다. 실질적으로 카자흐스탄과 중앙아시아를 통치했던 지도자들 중에 바트르한이라는 이름을 사용한 왕들이 많이 있었다.

3) 단군(檀君)의 원래 발음은 무엇이었을까?

'단군'은 정치적 지도자의 역할뿐만 아니라 종교적 지도자로서의 역할도 같이하였다. 따라서 단군이 다스리던 조선은 제정일치사회(祭政一致社會)였다. 그래서 단군의 의미에는 하늘로부터 그 권능을 받아 다스린다는 사상이 있었는데 중국에서는 천자(天子)사상이라고 불렀다. 단군의 이러한 이중적인 성격 때문에 단군은 '신'으로도 위대한 '정치지도자'로도 숭배되었는데 현재 유라시아 대륙 일대에서는 정치지도자의 의미는 사라지고 '신'의 의미로만 사용되는데 그 이름이 꽤 넓은 지역에 걸쳐서 분포한다. 그 분포 지역과 이름은 〈표 1〉과 같다.

흥미로운 사실은 수메르에도 이러한 '단군(Dingr, 딘그르)'이라는 단어가 있었다는 것이다. 따라서 『한단고기』에서 언급한 12환국 중에 '수밀이(須密爾)'가 메소포타미아의 수메르와 같다는 설이 사실이 아닐까?

〈표 1〉 단군 단어의 분포[2]

지역	한글표기	영문표기
한국	단군	Dangun
몽골 & 중앙아시아	텅리	Teŋri
몽골 & 만주	탁리(橐離)	Tuoli
만주 & 퉁구스	탕구르	Tangur
티베트	탕라 & 샴바라	Thang-La & Shambhala
중국	티엔즈(天子)	Tianzi
중앙아시아 & 몽골	탕그리 & 탱그리	Tangri & Tengri
카자흐스탄	텡으르	Tengir(Təңір)
동유럽(불가리아)	탕그라	Tangra
수메르	딘그르	Dingr

---

2) 출처: http://en.wikipedia.org/wiki/Tengri & Асан Бахти, Шумеры Скифы Казахи, p. 20.

더구나 수메르 문명이 발생한 지역에 있는 티그리스강은 '탱그리강'이라는 의미가 아니었을까 추측해 본다. 그 이유는 '티그리스(Tigris)'가 '딘그르(Dingr)'와 발음상 유사한데다 카자흐스탄에서는 티그리스강을 딘그르강(Дингр өзені, 단군강)으로 표기하고 있어서 수메르 문명이 우리 알타이문화영역이었다는 것을 확실히 입증해 주고 있다.

4) 웅녀(熊女)의 원래 발음은 무엇이었을까?

웅녀의 카자흐어식 발음을 찾지는 못했다. 다만 상기의 가정을 전제로 추측해 보면 정확하지는 않지만 어렴풋이 비슷한 단어를 찾을 수 있는데 한자를 뒤바꿔 쓰면 '녀웅(女熊)'이 된다. 하지만 이번에는 이 '녀웅'을 중앙아시아어가 아닌 일본어로 번역해야 옳다고 생각을 한다. 그 이유는 환웅의 무리는 다른 지역에서 온 집단(중앙아시아민족)이고 웅녀는 토착세력이었기 때문이다. 더욱이 고구려어, 백제어, 일본어는 유사한 단어들이 많았다. 따라서 일본어로 해석을 하는 것이 원래 발음에 더욱 가까이 다가갈 수 있다고 생각한다. 왜냐하면 현대 한국어는 중국한자어가 많이 섞여서 순수 한국어를 많이 잃었기 때문에 정확한 발음을 유추하기에는 어려움이 있다. 따라서 고대 한국어를 많이 간직하고 있는 일본어로 해석해야 함이 옳다고 본 필자는 생각한다. 웅(熊)도 역시 훈독으로 읽어야 하는데 훈독으로 읽으면 '곰'이 된다. 이 '곰'이란 단어는 '곰'을 토템으로 하였던 부족을 뜻하는 '곰'을 뜻할 수도 있으나 일본어와 비교해서 보면 '신'을 나타내는 단어에 더 가까웠을 것이라는 것을 추측할 수가 있는데 그 근거는 다음과 같다.

·첫째: 녀(女)는 여자를 의미하는 일본어 '메'와 비슷한 발음으로 읽혔을 가능성이 있다.

·둘째: 웅(熊)의 훈독은 '곰'이다.

·셋째: 일본에서는 '카미'가 '신'이라는 뜻인데 '카미'는 고대 한국어의 '곰'에서 파생된 단
어일 가능성이 높다.

·넷째: '곰'에서 파생된 단어들은 다음과 같은 것들이 있다.

고대발음	파생된 단어	의미
곰(神)	카미(かみ)	신
	검단산(檢檀山)	신의 제단이 있는 산
	도깨비	땅의 신
	개마 무사	신의 무사

·다섯째: 따라서 웅녀(熊女)의 원래 발음은 일본어 '메카미(女神)'에 가까운 발음이 아니
었을까?

2. 배달민족이라는 말의 어원은 어디에서 왔을까?

우리 민족의 시원이 중앙아시아 또는 만주 지역에 있었으므로 주요 인
물들의 이름은 중앙아시아의 언어를 가지고 밝혀야 한다고 하였다. 그렇
다면 우리가 자주 말하는 '배달민족'의 어원은 어디에서 온 것일까? 이
것도 중앙아시아의 언어에서 왔을 것이라고 생각을 한다. 삼국유사에 나
오는 단군 신화는 오히려 '환웅의 일대기' 또는 '환웅 서사시'라고 말해
야 옳을 것이다. 왜냐하면 단군 신화에서 단군은 주인공이 아니기 때문
이다. 단군은 환웅과 웅녀 사이의 결혼을 통해서 태어났다고 맨 나중에

소개한 인물이지 전반적인 이야기의 주인공이라고는 할 수가 없다. 이러한 논리에서 볼 때 우리를 단군 신화에 근거해 '단군의 자손'이라고 부르는 것 보다는 '환웅 서사시'에 근거해서 '환웅의 자손'이라고 표현하는 것이 더 옳을 것이다. 이러한 논리를 바탕으로 배달민족의 어원을 풀면 '바트르 케레이(Батыр Керей)'가 된다. 환웅의 카자흐어식 발음인 '바트르한'의 '바트르'는 '배달민족'의 '배달'과 그 음가가 같기 때문이다. '민족'이라는 단어는 일본의 신조어이므로 순수 한국어로 바꾸면 '겨레'가 되는데 이 '겨레'에 대응되는 카자흐스탄의 부족명이 바로 카자흐스탄의 오르타 주스(Орта Жүз)에 있는 '케레이(Керей)'라는 부족이다.

〈표 2〉와 같은 근거를 바탕으로 '배달민족'이라는 단어를 중앙아시아 언어로 번역을 하면 '바트르 케레이'가 된다. 그리고 그 뜻은 '영웅 민족'이 되는 것이다. 러시아인들이나 중앙아시아 사람들이 중국을 '키타이'라고 말하는데 이는 잘못된 표현이다. '키타이'는 '거란'을 뜻하는 단어로서 이들은 중국 한족(漢族)이 아니었기 때문이다. 이들은 한자와는 차별된 자신들만의 문자를 창안하여 사용하였던 민족이고 언어도 알타이-투르크어계의 언어를 사용하였다. 다만 중국을 지금도 '기타이'라고 부르는 이유는 실크로드를 타고 그 이름이 중앙아시아와 유럽에 전파된 이후로 그대로 중국을 뜻하는 고유명사가 되었기 때문이다.

〈표 2〉 고려(구려)에서 파생된 것으로 추측되는 단어들

고려(구려)	거란	기단: 거란의 한자표기
		기타이: 중국을 뜻하는 러시아어
	겨레	케레이: 카자흐스탄의 부족명
		케레이트: 몽골의 부족명
		카리예츠: 한국인을 뜻하는 러시아어

‘금(金)나라(Jurchen)’에 밀린 ‘요(堯)나라’가 중앙아시아에 ‘서요(西堯, Қара Қытай, 카라 기타이)’를 건설한 지역은 발하시 동쪽부터 신장 위그루 자치구 지역이었다. 중앙아시아인들이 중국인을 ‘기타이’라고 부르는 것은 마치 한국인이 중국 한족을 ‘고려인(카: Kəpic, 케르스)’이라고 부르는 것과 같은 난센스이다. 그러나 역사인식의 부족으로 ‘기타이’는 중국을 뜻하는 고유명사로 자리 잡고 있다. 거란족을 뜻하는 기단과 한국을 뜻하는 고려가 같은 민족이라는 근거는 카자흐스탄의 오르타 주스에 있는 나이만이라는 부족의 계보를 보아도 알 수 있는데 나이만 부족의 루(Py)를 보면 그 속에 기타이와 카라 케레이가 함께 있는 것을 볼 수 있다. 따라서 거란족도 고려인의 한 갈래였음을 알 수 있다.

3. 퉁구스족이란 무엇인가?

알타이-투르크어는 크게 투르크계 언어, 몽골계 언어, 퉁구스계 언어로 나뉘는데 한국어는 이 중에서 퉁구스계 언어에 가까운 것으로 분류되고 있다. 그렇다면 이 퉁구스족의 기원은 어디에 있을까? 보통 한민족의 조상을 얘기할 때 동이족(東夷族)을 우리 민족의 시원으로 얘기하는 경우가 많으며 보통 구이족(九夷族: 아홉 개의 동이족)이라고 얘기한다. 그렇다면 퉁구스족과 동이족은 어떠한 관계를 가지고 있을까? 앞 장에서 천제 제준과 10개의 태양 이야기를 할 때 하늘에서 9개의 태양이 떨어졌다고 얘기했다. 바로 이 9개의 태양이 바로 구이족을 뜻하는 태양일 가능성이 높다. 하늘에서 떨어졌다는 것은 정말 하늘에서 떨어진 것이 아니라, 파미르 고원의 고산지대에 살던 10개의 부족 중 9개의 부족이

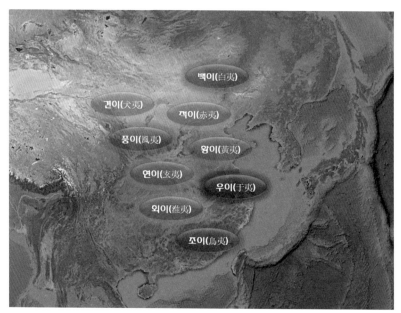

〈그림 2〉 중원에 분포한 구이족의 위치

비좁은 지역에서 벗어나 산 아래로 내려와 살게 되었다고 해석해야 옳을 것이다.

이미 앞 장에서 케레이족은 본래 티베트-파미르에 살았는데 10개의 위그르족에서 분리되어 9개의 케레이 부족이 아르항가이 지역에서 12개의 국가를 건설했다고 언급했었다. 이러한 역사적 기록은 중앙아시아에 구전되어 내려오는 10개의 위구르족에 대한 전설과 산해경에 나오는 10개 태양의 전설의 기록이 일치함을 볼 수 있다.

이 9개의 부족이 우리 민족의 시원이 되는 구이족으로 숫자 '9'가 우리 민족의 상징이 되는 것이다. 그렇다면 '퉁구스'는 어떨까? 카자흐어로 숫자 '9'는 토그즈(Тоғыз)로 '퉁구스'와 '토그즈'가 유사한 발음을 가지고 있음을 알 수 있다. 즉, '퉁구스'라는 단어 자체가 '구이족'을 뜻하는 의미인 것이다. 또한 카자흐어로 퉁그슈(Түнғыш)는 장남을 뜻하는데 북방민족의 전통에 의하면 왕위는 막내가 물려받는 전통이 있었는데 이러한 전통에 의해 앞서 말한 9개 태양인 장남 부족들은 새로운 터전을 찾아 떠나야 했고 막내 부족은 그대로 파미르 고원에 남아서 터전을 잡게 된 것이 아닐까 생각된다. 미얀마의 애뇌이족 신화에서도 막내아들은 남고 아홉 형제들은 다른 곳으로 이동하여 터전을 잡았다는 전설은 시사하는 바가 크다. 여하튼 퉁구스족이 바로 구이족임을 알 수 있다. 오늘날은 퉁구스 부족이 시베리아에 산재해 있지만 고대에는 중원 대륙에도 있었는데 그 이유는 중원에 구이족이 있었기 때문이다.

고대 정착 삭족의 거주움막(삭족은 반농반목을 했었다)

제10장

헤라클레스와 여와

1. 타르그타이와 결혼한 뱀여인은 누구인가?

이미 스키타이의 기원을 설명할 때 뱀의 형상을 한 여자와 헤라클레스가 잠자리를 같이하여 3명의 아들을 얻게 되었다는 이야기를 했다. 우리가 먼 유럽의 신화로만 여겨 왔던 그리스 신화의 헤라클레스가 한국의 신라와 연관이 있는 스키타이족을 구성하는데 등장했다는 것도 신기하지만, 헤라클레스가 실존했던 인물일 가능성에 무게를 실어주는 것도 상당히 흥미롭다. 실질적으로 동(東)카자흐스탄에 가면 씨메이(Семей)라는 도시가 있는데 이곳에는 '타르그타이산', 즉 '헤라클레스산'이 있다. 러시아의 알타이산맥에서부터 카자흐스탄의 아스타나 지역까지의 스텝 초원에는 스키타이족의 무덤인 쿠르간이 광범위하게 펼쳐져 있는데 이 지역이 과거 헤라클레스와 뱀여인이 최초로 만나서 삭(Сак)족이 탄생된 지역인 것으로 보인다. 카자흐스탄의 수도인 '아스타나(Астана)'의 이전 명칭은 '아크 몰라(Ак Мола)'인데 카자흐어로 '하얀 무덤'이라는 뜻이다. 이러한 지명이 생기게 된 계기는 알타이산맥에서부터 아스타나 근처까지가 삭족의 주요 활동무대였고 이 지역에 흰뼈 계급(적색 무사)의 무사들이 묻힌 쿠르간이 많았기 때문에 '흰뼈 무사들의 무덤'이라는 의미로 '아크 몰라'라고 부르게 된 것이 아닌가 추측된다. 다시 한 번 상기시키기 위해 뱀여인과 헤라클레스의 전설을 다시 한 번 소개하고자 한다.

〈그림 1〉 뱀여인과 헤라클레스의 만남[1]

옛날 타르그타이(Тарғытай)[2]가 깜빡 잠이 들었다가 그의 마차(Chariot)
을 잃어버리게 되었다. 말을 찾아 나선 타르그타이는 동쪽으로 계속 가게 되
는데 그 곳에서 상반신은 사람, 하반신은 뱀의 형상을 한 여인과 만나게 된다.

---

1) Мұхтар Құл Мұхаммед 외, *Көркемсуретті Қазақстан Тарихы 1нші том*, Қазақ
   энциклопедиясы, 2006, p. 55.
2) 그리스 신화에 등장하는 영웅 헤라클레스이며 카자흐어로는 타르그타이(Тарғытай)라고 한다.

타르그타이가 그 뱀여인에게 "혹시 이곳으로 지나가던 말을 보지 못했소?"라고 묻자, 그 여인이 "네 봤습니다. 제가 가지고 있습니다"라고 대답했다. 이에 타르그타이가 그 말이 자신의 말이니 돌려달라고 하자, 그 여인은 거부하며 함께 잠자리를 하면 말을 돌려주겠다는 제안을 하게 된다. 이에 타르그타이는 그 여인과 살면서 3명의 아들을 얻게 되는데 이들이 리폭사이(카: Липоксай), 아르폭사이(카: Арпоксай), 콜락사이(카: Колаксай)이다. 그 후 타르그타이는 뱀여인을 떠나 자신의 고향으로 가 버린다. 이때 태어난 3명의 아들들이 스키타이를 3부족으로 나누어 통치하는 지도자가 되었다.[3]

즉, 이들 사이에 태어난 3명의 아들들이 삭족, 즉 『한단고기』에서 말하는 색족(色族)을 구성했다는 의미가 된다. 이 신화에 대해서 카자흐인들도 알고 있었지만, 서양지향적인 역사해석으로 인해 모두들 헤라클레스에 초점이 맞추어져서 그런지 헤라클레스와 동침한 뱀여인에 대해서 아는 사람이 없었다. 이 뱀여인의 이름을 알기 위해 다른 형태로 전승되어 온 신화도 살펴보았으나 모두 '뱀여인'이라고만 할 뿐 이 여인의 이름을 알 수 없었다. 그러던 중 우연히 『한단고기』에 나오는 '여와'라는 인물이 이 여인과 비슷하다는 것을 알 수 있었다.

여와는 상당히 독특한 인물인데 『한단고기』를 보면 여와는 실존인물로서 배달국 제5대 태우의(太虞儀, 기원전 3511~3420년) 환웅의 딸이다. 또한 신화로서 전해지는 여와는 인간을 창조한 신으로서 첫째 날 닭을 만들고, 둘째 날 개를 만들고, 셋째 날 양을 만들고, 넷째 날 돼지를 만들고, 다섯째 날 소를 만들고, 여섯째 날 말을 만들고 일곱째 날 황토로

3) Мухтар Құл Мұхаммед 외, 앞의 책, pp. 54~57.

	천지창조	인간창조	신화	장소
여와	천지창조(7일)	진흙으로 창조	홍수 신화	아시아
여호와	천지창조(7일)	진흙으로 창조	홍수 신화	중동
에아	지구환경개선	DNA 조작으로 창조	홍수 신화	수메르

인간을 만들었다고 한다. 또한 이러한 자신이 창조한 생명체들이 다른 신에 의해 홍수로 절멸의 위기에 처했을 때 인류를 홍수로부터 구한 신이기도 하다. 이 여와가 한 일은 정확하게 기독교의 성경에서 나오는 '여호와'가 인간을 창조하고 7일 만에 쉬었다는 내용과 노아로 하여금 인류를 홍수로부터 구했다는 내용과 일치하니 한국 신화에 나오는 '여와'와 성경에 나오는 '여호와'는 동일 인물일 가능성이 높다. 여기서는 신으로서의 여와보다는 인간으로서의 여와에 주로 초점을 맞추어서 기술하고자 한다.

이 유물들은 스키타이족의 유물들로 스키타이족의 신이었다. 〈그림 2〉는 한국, 동아시아, 파미르 등지에서 발굴되는 여와의 모습으로 완전히 뱀의 형상을 한 여자임을 알 수 있으나, 카자흐스탄으로 가면 뱀의 형상을 유지하면서도 새의 형상도 비슷하게 가지는 중간의 형태를 띠고 있음을 볼 수 있다. 그러다 흑해 지역으로 가면 새의 모습을 하게 되며 유럽 쪽으로 들어가면 새의 형상을 한 치마를 입은 상당히 인간화된 모습으로 묘사되고 있음을 발견할 수 있다. 겉모습은 많이 바뀌었지만 그 대상이 여성이라는 점과 기본적인 이미지는 그대로 유지하고 있는데 그 이유는 이들의 근원이 하나에서 나왔기 때문이다. 그렇다면 왜 이러한 유물과 유적이 중앙아시아와 유럽에서 나타나고 있을까?

〈그림 2〉 여와의 형상으로 추측되는 유물 및 그림들. 왼쪽부터 ① 복희와 여와,[4] ② 카자흐스탄,[5] ③ 카자흐스탄,[6] ④ 흑해,[7] ⑤ 불가리아 쿠르간[8]

4) http://yacho44.egloos.com/10181780

5) blog.empas.com/hgm0424/list.html?c=831659&p=10

6) http://lah.ru/text/yanovich/g12.htm

7) http://marykellystudio.homestead.com/portfolio.html

8) http://en.wikipedia.org/wiki/File:Sveshtari_Thracian_tomb_Bulgaria_IFB.JPG

태우의 환웅시절 막내아들이었던 태호복희는 환웅의 명에 따라 중원으로 들어가서 국가를 건설하였다. 기록에 의하면 여와는 태호복희의 여동생이나 부인이기도 하다. 고대에는 근친혼이 많이 이루어졌는데 태호복희와 여와도 이러한 근친결혼을 했던 것으로 보인다. 태호복희는 후일 다시 더 동쪽으로 이동하여 중국의 중원 지방 한가운데로 이동을 하는데 여와는 이때 태호복희와 함께 가질 않고 서쪽으로 이동을 한 것 같다. 왜냐하면 태호복희에 대해서는 한국이나 중국의 사서에 많이 기록이 되어 있고 그에 대한 신화나 전설, 업적이 많이 남아 있는 반면, 여와에 대해서는 인간을 만들었다는 전설과 대홍수 전설, 그 외『한단고기』에 나오는 짤막한 언급뿐 인간으로서의 여와가 어떠한 일을 했는지에 대한 기록이 전혀 없다. 이것은 여와가 동아시아 지역에서 벗어나 천산산맥 서쪽으로 이동했을 가능성을 암시한다. 그렇기 때문에 여와에 대한 기록이 적은 것이 아닐까? 반면 중앙아시아 지역부터 유럽 지역 전역에 걸쳐서는 여와의 활약을 짐작할 수 있게 해 주는 증거들이 많은데 그 대표적인 것이 구약성경에 나오는 '야훼'의 기록과 벽화나 조각들이다.

2. 왜 뱀 또는 새의 형상을 하고 있을까?

그렇다면 왜 여와의 형상들은 하나같이 뱀 또는 새의 형상을 하고 있을까? 일반적인 학계의 의견은 뱀이 지혜의 상징이고 상서로운 존재로 여겨졌기 때문에 사용했을 것이라고 하는데 그렇다면 왜 서양에서는 뱀이 증오의 대상이고 불길한 존재로 여겨졌을까? 뱀에 대한 이미지를 보면 크게 아메리카 대륙을 포함한 아시아 대륙에서는 뱀이 존경의 대상이자 지혜를 준 은혜로운 동물로 여겨지는 반면 유럽에서는 이브로 하여금 선악과를 따먹게 한 사악한 동물이자 악마의 상징이다. 이러한 현상은 용에 대해서도 마찬가지인데 동양에서 용은 지혜의 상징이자 왕의 상징이지만, 서양에서는 사악한 괴물로서 용을 퇴치하기 위해 많은 기사들이 싸웠다는 영웅적인 민담이 나타나고 있는 것은 왜일까?

뱀이 유럽 지역에서 원래부터 악의 상징이었던 것은 아니다. 유럽에서도 뱀은 지혜의 상징이었으나, 기독교가 유럽에 확산되는 과정에서 '악마의 하수인'이라는 이미지로 전락하고 말았다. 이와 비슷한 현상이 동양에서도 있었는데 중원 대륙에서 '까마귀'와 '구미호'는 동이족들이 신성하게 여기고 존경하던 동물들이었으나 유교가 퍼지면서 흉물스러운 동물로 이미지가 완전히 바뀌어 버렸다. 이러한 현상들이 동·서양에서 나타난 이유는 이 뱀 또는 새의 형상을 한 여인을 믿던 종족이 서양인 또는 중국의 한족이 아니었기 때문에 나타난 현상이라고 생각된다. 서양인과 중국 한족들에게 이들은 자신들과 다른 문화를 가지고 있던 이방인으로 여겨져 서양인들과 중국 한족에게는 알타이-투르크민족이 이질적인 문화를 가진 이민족으로서 이들에 대해서 적대적인 감정을 가지고 있었던 것으로 보인다. 이와 비슷한 현상은 이집트에서도 나타났는데 이집트를 침략했던 힉소스인들이 믿었던 세트신은 이집트에서는 악마의 신이다. 하지만 중앙아시아 일대에서 늑대는 중앙아시아인들을 낳아 준 고마운 동물로 인식이 되고 있다. 그렇다면 늑대는 악마의 하수인인가? 아니면 중앙아시아인들을 낳아 준 은혜로운 동물인가?

여기서 추측할 수 있는 것은 뱀, 새의 형상을 한 여와가 유럽 지역에서 서양인들과 상당히 대립을 했던 것으로 보인다. 이들이 평화롭게 유럽이나 이집트에서 공존했다면 유럽에서 뱀, 까마귀가 악마의 상징으로 굳어지게 되지는 않았을 것이다. 따라서 여와는 유럽 지역에서 벌어진 알타이-투르크민족과 유럽인들과의 사이에 벌어진 전쟁과 관련이 있는 여신이었던 것이다. 실질적으로 흑해에서 발견된 여와로 추정되는 신은 스키타이인들이 다른 부족과 전쟁을 할 때 깃발이나 방패에 그렸던 그림으로 자신을 보호해 준다고 믿었던 일종의 전쟁신이었다. 구약성경에서도 '야훼'를 묘사할 때, 인신공양을 요구하고 다른 민족과의 전쟁을 요구하고 공물을 요구하는 등, 잔혹한 면을 많이 보여 주는데 그 이유는 이 '야훼'가 전쟁의 신이기 때문이다.

그리스 신화를 보면 켄타우로스가 있는데 켄타우로스는 실제로 존재한 말에 인간의 몸이 결합된 신이 아니라 사실은 기마민족을 묘사한 전설이다. 말을 최초로 가축화했던 지역은 카자흐스탄으로 흑해와 카스피해 중간 지점에서 시작된 것으로 보고 있다. 따라서 뱀 형상을 한 여인의 부족이 유럽으로 기마민족을 이끌고 왔을 때 이들에게는 그들이 말에 사람이 붙어 있는 괴물처럼 보였을 것이다. 이로 인해 오늘날 우리가 말하는 켄타우로스의 전설이 시작된 것이다.

켄타우로스가 기마민족일 것으로 추측되는 이유는 그리스 신화에 묘사된 이들의 모습 때문이다.

·초원에 무리를 지어 사는데 대부분 성질이 난폭하고 음탕하다.

·55세까지 살 수 있으나 대부분 일찍 죽는데 피살되거나 전사하기 때문이다.

·술을 너무 좋아하여 종종 술에 취해 추태를 부리기도 한다.

·케이론이라는 켄타우로스는 의술, 음악, 수렵, 예언에 능통하였다.

·케이론은 죽은 후 황도 12궁의 궁수자리가 되었다.

상기의 특징들을 보면 현재 중앙아시아에 사는 민족들의 성격과 상당히 유사함을 볼 수 있다. 지금도 이 지역의 사람들은 싸움을 좋아하고 술만 먹으면 싸우는 경우가 많이 있다. 이들의 평균수명이 낮은 이유도 이들이 빨리 늙어 죽기 때문이 아니라, 많은 젊은이들이 젊은 나이에 일찍 깡패조직에 가입해 활동하다 죽기 때문이다. 오죽했으면 징기스칸이 중앙아시아 지역에 머무르면서 서방 원정을 할 때 금주령을 내렸을까? 『삼국지』에 보면 장비를 묘사할 때 말을 잘 타고 싸움을 잘하지만, 술을 좋아하고 말썽을 많이 피우는 것으로 묘사가 되는데 이것은 그가 중국 한족이 아닌 북방민족이었기 때문으로 보인다. 실질적으로 그의 고향은 연(燕)나라로 만리장성 북쪽에 있었던 나라였다. 그것을 보면 알타이-투르크민족은 예로부터 춤과 노래를 좋아하기도 했지만 술 먹고 추태도 많이 부린 것 같다.

이 켄타우로스들이 나쁜 짓만 한 것은 아닌데 케이론(Chiron)이라는 켄타우로스는 여러 학문에 능통하였으며 그리스 신화에 나오는 대부분의 영웅들을 가르친 스승으로 그가 가르친 제자들 중 유명한 제자들로 아스클레피오스, 아리스타이오스, 큰 아이아스, 아이네이아스, 악타이온, 카이네우스, 테세우스, 아킬레우스, 이아손, 펠레우스, 텔라몬, 헤라클레스, 오일레우스 등이 있었다.

그러나 헤라클레스가 켄타우로스와 싸우는 과정에서 쏜 독화살이 케이론의 허벅지에 맞아 결국 죽음에 이르게 되었다.

이들 켄타우로스에 대한 그리스인들의 묘사를 보면 이들의 성격이 현대 한국인과도 참 닮아 있다는 것을 발견할 수 있다. 말썽이란 말썽은 유별나게 중국인이나 일본인보다 더 많이 전 세계에 부리고 다녀 '어글리 코리안(Ugly Korean)'이란 비난을 받으면서도 전 세계 각계각층에 저명한 인사들을 배출하고 있는 것을 보면 우리나라 사람들도 역시 기마민족의 피가 흐르나 보다.

특히 케이론이 죽은 후 12궁의 궁수자리가 되었다는 것은 이들이 활을 잘 쏘는 기마민족이었다는 것을 뒷받침하는 증거라고 보인다.

그렇다면 기마민족을 이끌었던 뱀여인은 어떠했을까? 이 여인도 이들과 함께 말을 타고 다니면서 초원을 누비고 정복활동을 했을 것이다. 따라서 전쟁을 하기 위해 이 여인은 전투복이 필요했을 텐데, 앞 장에서 알타이-투르크계 민족의 철기병 복장을 소개한 것을 다시 한 번 참조하기 바란다. 이들의 복장은 다른 중세 유럽계 철갑옷과 달리 비늘갑옷을 입고 있었던 것을 볼 수 있다. 따라서 이 여인도 동일한 복장을 입고 있었을 텐데, 그 여인이 철갑옷을 입은 모습을 상상해 보라! 철기제품을 한 번도 본 적이 없던 유럽인이 본 철갑옷을 입은 여인의 모습을.

그들은 과거 동아시아에서 치우와 헌원이 전쟁하던 당시 한족들이 가졌던 동일한 공포심을 가지고 있었을 것이다. 그 당시 중국인들이 치우의 모습을 얼굴이 구리로 되어 있고 연기를 내뿜었다고 묘사하는데 이는 당시 이들이 구리, 철제무기와 화공술에 대한 지식이 없었기 때문에 나온 착각이었다. 따라서 선진문물을 가지고 있던 뱀여인 부족의 침략을 경험한 이들은 이 여성 지도자를 '뱀' 또는 '새'로 묘사하게 되는데 그 이유는 바로 알타이-투르크 철기병의 특유한 비늘갑옷 때문이다. 뱀이든 새든 이들은 모두 철기병의 비늘갑옷과 비슷한 모양을 하고 있기 때문에 철제무기를 본 적이 없던 이들은 이 여인을 뱀여인 혹은 새여인으로 묘사하게 된 것이다.

〈그림 3〉 마사게트족의 지도자 토미리스의 복장,[9] 아랄토베 쿠르간에서 발굴된 복장,[10] 황금인간[11]

〈그림 3〉을 보면 스키타이족 지도자의 복장이 비늘갑옷의 형상을 하고 있음을 알 수 있다. 물론 이들이 전쟁을 나갈 때는 철갑옷을 입었을 것이기 때문에 더욱 더 뱀 또는 새처럼 보였을 것이다. 즉, 여와를 뱀 또는 새로 묘사하게 된 이유는 바로 이러한 갑옷에 그 이유가 있었다고 본다. 더욱이 이들은 샤머니즘을 믿던 부족들로 특히 새를 숭상했던 민족이었기 때문에 이들의 샤먼은 종종 새의 깃털로 만든 옷을 입고 다녔다. 따라서 이러한 스키타이족의 복장을 보고 그리스인들이 이들을 '뱀' 또는 '새'로도 묘사를 했는데 그 근본은 역시 같은 것이라 할 수 있다.

기독교에서는 금서로 취급하는 '에녹서'에 보면 천사들이 나오는데 이들은 모두 인간과 같은 형상과 육신을 가진 존재로 나온다. 이들은 밥도 먹고, 싸우고, 사랑을 하는 존재들로 묘사가 되고 있는데 이들이 입었던

---

9) А. Нысанбаев, *Древний Казахстан*, Аруна, 2009, p. 46.

10) 위의 책, p. 80.

11) Мухтар Кул Мухаммед, 앞의 책, 2006, 표지.

옷을 묘사한 내용을 정리해 보면 이들이 샤먼이었다는 것을 알 수 있게 해 주는 단서들이 많이 나온다. 즉, '여와'의 이미지는 문명적으로 낙후한 지역의 주민들이 선진 문명을 가지고 이주해 온 부족들을 보고 묘사하는 과정에서 생긴 오류일 가능성이 높다. 그리고 금서로 지정된 것은 로마제국 때에 임의로 정한 것이지 원시 기독교 신앙자들이 정한 것이 아니었다. 콘스탄티누스 황제가 거대한 다민족국가가 되어 버린 로마제국을 통치하는 데 있어 다신교 체제보다는 일신교 체제가 제국의 통치에 유리하다고 판단, 니케아 종교회의를 통해 그 당시 존재하던 다양한 종류의 성경을 기독교도도 아닌 황제가 임의로 정한 것이므로 오늘날 금서로 지정되었다고 참조하면 안 된다는 법은 없다고 본다. 오히려, 금서라고 지정된 것들을 보면 고대 문명을 찾을 수 있는 놀라운 기록이 많아 참조할 만한 가치가 더 있다.

고대 수메르 문명 시절 언급된 주시자와, 고대 그리스 신화에 나오는 시렌, 성경에 나오는 미카엘의 공통점은 모두 깃털로 된 옷 또는 몸을 가지고 있다는 것이다. 이렇게 묘사가 되었던 이유는 문명적으로 낙후된 원주민들이 동방에서 이주해 온 선진 문명을 가진 비늘갑옷을 입은 기마민족을 보고 '새 인간' 또는 '신', '천사' 등등으로 묘사하고 시간이 지나면서 사람들의 상상이 더해지면서 전설이 탄생한 것이 아닌가 생각된다. 수메르의 경우는 문명적으로 발달되어 있었기 때문에 '주시자'에 대한 정확한 묘사가 나타나지만 그리스와 이스라엘 지역은 문명적으로 낙후되어 있었기 때문에 이들을 '신' 또는 '괴물'로 묘사했다고 볼 수 있다.

시렌은 새의 형상뿐만 아니라 물고기의 형상도 있는데 이러한 이유는 비늘갑옷 때문으로 보이며, 유럽에 퍼져 있는 시렌의 전설을 보면 공통적으로 나타나는 사항이 있는데 다음과 같다.

·시렌은 바다 또는 강에 산다.

·시렌은 알 수 없는 말로 노래를 불러 뱃사람들을 유혹한다.

상기의 신화가 최초로 발생한 지역은 그리스였다. 그렇다면 그 당시 고대 그리스 지역이 어떤 상황이었는지를 알면 이 '시렌'이라 불리던 종족이 누구인지를 알 수 있다.

본 필자는 편두가 이집트에 퍼진 이유에 대한 설명을 하면서 힉소스인의 이집트 침공에 대해서 언급했었다. 힉소스인들은 수메르 지역의 토지가 염분화되면서 살기 힘들게 되자 이집트로 쳐들어간 수메르인인 것 같다고 가정했었다. 그 후 힉소스인들이 이집트인들에 의해 밀려나게 되었는데, 그 시기가 약 B.C. 1500년경으로 그때부터 이집트의 북부와 그리스 지역에는 해적들이 출몰하기 시작해 골머리를 앓았다고 썼었다.

본 필자는 B.C. 1500년경부터 지중해에 출현한 이 해적들이 바로 '시렌'이라고 본다. B.C. 1500년경 지중해에는 페라스기아인(Pelasgians)이라는 종족이 그리스와 이집트 북부에 나타나 해적활동을 했는데 후일 이들이 고대 그리스 문명을 일으키고, 로마를 건설한 '에트루스칸인(Etruscan)'이라고 서양학자들은 주장하고 있다. 이들이 시렌이라고 생각하는 이유는

·첫째: 수메르 지역에서 신의 매개자 역할을 하던 샤먼은 깃털 옷을 입었었는데 메소포타미아의 '주시자'와 비슷한 옷을 입었었다.

·둘째: 수메르인들은 스키타이계 민족과 동일 비늘갑옷을 입었을 가능성이 크다.

·셋째: 시렌과 페라스기아인이 모두 바다에서 나타난 점은 이들이 B.C. 1500년경 지중해 지역에서 활약하던 이집트 기록에 나오는 해적일 가능성이 크다.

·넷째: 시렌이 알 수 없는 말로 노래를 불렀다는 것은 이들이 다른 지역에서 온 외국인임을 의미한다.

상기의 근거로 시렌은 그 당시 원주민들이 비늘갑옷으로 무장한 해적들을 '새' 또는 '물고기' 형상을 한 괴물로 잘못 인식하여 생겨난 전설로 켄타우로스와 동일한 경우라고 생각한다.

3. 전 세계에 퍼져 있는 태호복희와 여와의 이미지

〈그림 4, 5, 6〉은 전 세계에서 발견되고 있는 새, 뱀, 물고기의 이미지를 모은 것이다. 이 외에 더 많이 있으나 지면 관계로 다 싣지는 못했지만, 인터넷 검색을 통해서 보면 매우 다양하게 존재하고 있음을 발견하게 될 것이다.

〈그림 4〉 뱀 형상의 신들(중국,[12] 켈트,[13] 인도,[14] 이집트[15])

12) http://cafe.naver.com/ArticleRead.nhn?clubid=14122274&page=1&menuid=72&boardtype=L&articleid=914

13) http://macdonnellofleinster.org/page_7g__the_druids.htm

14) http://en.wikipedia.org/wiki/File:Naga3.jpg

15) http://historical.benabraham.com/html/pine_cone_staff_-_solar_god_os.html

〈그림 5〉 새 형상의 신들(유럽,[16] 유럽,[17] 바빌론,[18] 인도,[19] 이집트[20])

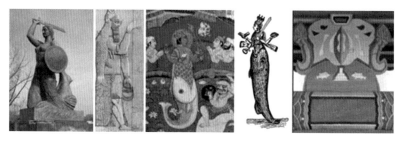

〈그림 6〉 물고기 형상의 신들(유럽,[21] 수메르,[22] 인도,[23] 유럽, 한국[24])

　'뱀'의 형상을 한 태호복희와 여와는 새의 형상으로도 묘사가 되는데 중국 집안시성에 있는 고구려의 고분벽화 오회분 4호 묘에서 발견된 해의 신과 달의 신이 바로 그 예이다. 태호복희와 여와를 '뱀'이 아닌 '새'로 묘사했는데 이는 '새'와 '뱀'이 같은 이미지에서 비롯되었기 때문이다. 또

16) http://en.wikipedia.org/wiki/File:Funerary_siren_Louvre_Myr148.jpg

17) http://en.wikipedia.org/wiki/File:Sirena_de_Canosa_s._IV_adC_(M.A.N._Madrid)_01.jpg

18) http://homoveritas.net/blog/wp-content/uploads/2008/10/sumerian.jpg

19) http://www.exoticindiaart.com/product/ZM20/

20) http://www.pyramidofman.com/Concept.htm

21) http://en.wikipedia.org/wiki/File:Syrenka_warszawska0205.jpg

22) http://www.bibliotecapleyades.net/merovingians/blueapples/blueapples_07.htm

23) http://en.wikipedia.org/wiki/File:Matsya_painting.jpg

24) http://img.blog.yahoo.co.kr/ybi/1/e0/7e/bobjyeon/folder/19/img_19_83_3?1231436409.jpg

다른 예로 인도의 '나가신'을 보면 '뱀'으로도 묘사되기도 하고 '새'로도 묘사가 되는데 앞의 그림처럼 '뱀'과 '새'를 동시에 하나의 신에 묘사하는 경우도 볼 수 있다. 이집트에서도 호루스와 이시스신을 '뱀'으로도 묘사했다가 '새'로도 묘사했다가 하는 경우를 볼 수 있다. 또는 '뱀'과 '새'를 따로 각각 묘사하는 경우도 볼 수 있는데 투탕카멘의 가면에 있는 장식이 그 예라고 할 수 있다.

여하튼 '여와'를 포함한 동방에서 온 기술 종족의 지도자들의 이미지가 반드시 뱀과 새에 고정되어 있지는 않은데 그 이유는 역시 비늘갑옷에 있다. 비늘갑옷을 접한 주변 민족들은 그 당시 그 지역 사람들이 동원할 수 있는 지식을 총동원하여 이들을 묘사했기 때문에 이들이 가장 흔히 볼 수 있는 동물들에 비유해서 스키타이인들을 묘사했었던 것으로 보인다.

이 때문에 유라시아 지역에서는 뱀이나 새로 묘사를 했지만 해안 지역의 사람들은 이들을 물고기로도 묘사했다. 그 이유는 이들이 배를 타고 그 지역에 왔기 때문에 원주민의 눈에는 물고기 인간으로 묘사된 것이다. 스키타이족이 입었던 철갑옷은 그들의 관점에서 보았을 때 뱀의 비늘이나, 새의 깃털이나, 물고기의 비늘처럼 여려 겹으로 되어 있었기 때문이다. 그리고 이들이 주로 여성으로 묘사되는 이유는 고대에 부족을 이끌던 지도자는 남자가 아니라 여자였었기 때문이다.

그 당시 부족의 지도자는 종교적 지도자인 동시에 정치적 지도자였는데 주로 샤먼은 여자들이 많이 하였다. 이러한 이유 때문인지 한국의 신라의 황남대총고분에서도 여자의 무덤에서는 금관이 나온 반면 남성의 무덤에서는 은관이 나오는 것을 볼 수 있다.

결론적으로 이들은 모두 하나의 신 또는 고도의 선진기술을 가지고 있던 어떤 종족을 문명적으로 덜 발달되었던 주변 민족들이 자신들의 지식 범위 내에서 묘사한 것이라고 보아야 할 것이다. 새-뱀-물고기의 공통된 코드는 바로 앞에서도 말했듯이 비늘갑옷이다. 이들은 다른 부족들이 석기시대를 살고 있을 때 금속을 다룰 줄 알았던 선진기술 종족이었던 것이다. 이들이 발달된 금속도구를 가졌다는 증거는 이들의 유물들로도 발견할 수 있는데 이들은 금을 이용해서 각종 장신구를 만들고, 청동 제조 기술을 이용하여 각종 제례용 물품들을 만들고, 철을 이용해서 무기를 만들었다. 그러했기에 이 기술 종족들이 어느 지역으로 이동해 갔을 때, 이들과 우호적인 태도를 보였던 원주민은 이들의 기술을 받아 문명을 발전시킬 수 있는 혜택을 받았을 뿐만 아니라, 이들을 신으로 모시기까지 했다. 이집트 신화, 그리스 신화에 나오는 신들은 모두 각각 하나씩 전문 분야가 있는데 이는 이들이 어떤 과학 기술을 가진 집단이었다는 것을 반증하는 증거이다. 이것이 후일 사람들의 상상과 첨삭이 이루어지면서 원래의 그림에서 많이 벗어난 형태가 되기는 하였지만, 본래 이들은 '신들'이 아닌 '인간들'이었다는 것을 추측할 수 있다. 일본에는 아직도 신도(神道)라는 토속신앙이 있는데 이 신들을 보면 하나같이 인간이었음을 알 수 있다. 이들 신사에 가면 그들이 모신 '신'이 어디에서 온 사람이며 일본에서 무슨 일을 했는지를 상세히 설명해 놓았는데 이들은 모두 학문, 기술, 농업, 과학 등을 전파했던 사람들이었다.

반대로 이들에게 적대적이었던 부족에 대해서는 가차 없는 처벌과 정복을 통해서 식민지를 만들거나 원주민들을 그 지역에서 내쫓았다. 그러했기 때문에 이들과 대립했던 민족들은 이들에 대한 적개심으로 인하여 이들을 악마로 묘사하게 된 것이다.

대체로 아시아 지역에서 새-뱀-물고기 신에 대해서 신령스럽게 생각하는 이유는 삭(Сак)족의 다섯 개 인종 중에서 아시아 계열의 인구가 가장 많고 정권을 가지고 있었기 때문에 상대적으로 반란이나 저항이 적어서 이들을 신으로 모셨고, 유럽이나 이집트, 인도처럼 피부색깔이 삭족과 차이가 나는 부족들은 이들의 이질적인 생김새와 다른 문화 때문에 저항을 많이 했던 것으로 보인다. 그래도 같은 유색인종 계열인 이집트와 인도의 경우는 그래도 몇몇 신을 제외하고는 모두 신으로 받드는 경향이 있었지만, 유럽인들의 경우는 거의 모든 다른 신에 대해서 거부 반응을 보였었는데 이는 유럽인들이 원래부터 이들을 싫어했기 때문이라기보다는 기독교의 유일신 사상이 들어오면서 다른 신들의 형상이나 신전 이미지가 파괴되면서 생긴 현상으로 보인다. 왜냐하면 유럽에는 원래 스키타이계 켈트족이 거주하고 있었는데 이들도 샤머니즘을 가지고 있었고 한국과도 유사한 전통사상들을 많이 가지고 있었다. 그러나 아이러니하게도 오늘날의 서양인들은 이러한 역사적 배경은 잊고 자신들이 믿고 있는 신이 그 당시 비늘갑옷을 입고 종횡무진하던 여자 샤먼들이었다는 사실을 망각한 채, '야훼'의 본향인 중앙아시아와 전통 사상을 이단으로 규정하고 파괴하고 있으니 안타까운 일이 아닐 수 없다.

4. 중앙아시아에서 유럽으로 진출한 부족들

중앙아시아의 역사는 끊임없이 외부로부터 유목민족이 들어온 수동적인 역사가 아닌 외부로 활발히 진출한 역동적인 문화였다. B.C. 8~7세기 사이에 스키타이는 유럽의 역사에 막대한 영향을 끼쳤는데 이 때문에 많은 유럽인들이 스키타이계를 인도-유럽인으로 해석하고 있는 실정이다.

위에서 언급했던 스키타이계로 추정되는 페라스기아인, 도리아인, 에트루스칸인들도 유럽인들이 정확한 물증도 없으면서 전부 인도-유럽계의 언어를 썼다고 주장하는 이유는 이들이 알타이-투르크계 어족일 경우, 유럽사는 다시 써져야 하며, 유럽인들의 역사는 아시아인의 역사보다 훨씬 짧아질 뿐만 아니라, 아시아인에게서 문명을 배워 일어난 문명이라는 해석이 가능해지기 때문이다. 마치 중국과 일본이 한국의 역사를 축소, 왜곡해서 자신들의 역사를 위대하게 보이려 하는 현상과 상당히 유사함을 볼 수 있다.

심지어 알타이-투르크계의 국가인 헝가리나, 불가리아의 일부 사학자들은 자신들의 기원을 서양에 두고 오히려 서양에서 동양으로 갔다는 논리를 펼치고 있는데, 이들이 이런 식으로 주장하는 이유는 18세기 산업혁명 이후, 서양이 동양을 앞지르면서 자신들의 역사를 보다 화려하게 만들기 위해서 자신들의 역사에서 동방으로부터 왔다는 부정적(?)인 요소를 제거하기 위해서 역사를 스스로 조작하고 있다.

여하튼 서양인들이 서양사에서 스키타이를 인도-유럽인으로 정의하지 않으면 백인 중심의 유럽역사는 사라져 버리기 때문이다. 그러나 유럽인의 토속신앙이나 전설을 보면 유럽에 최초로 와서 거주했거나 문명을

전파해 준 사람들이 아시아계 민족이었음을 알 수 있는데, 다음 장에서
는 유럽인들이 사실이지만 숨기고 싶어 하는 불편한 진실들을 소개하고
자 한다.

몽골 테를지에 있는 멜히 촐로(Мэлхий чулуу)

'촐로'는 한국어의 '돌'이고 '멜히'는 '개구리'로 '개구리 돌'이라는 의미이다.
몽골어 '멜히'는 부족명인 '메르키트'족과 같은 어원을 가지는 것으로 보인다.
동부여의 왕 금와왕(金蛙王)에는 '황금 개구리'라는 의미가 있는데
그 이유는 '개구리'가 태양의 아들인 금성을 뜻하는 상징이기 때문이다.
우리나라 속담에 "떡 두꺼비 같은 아들과 토끼 같은 마누라"라는 말이 있는데
이 의미는 금성과 초승달을 뜻한다.

제11장

유럽에
남아 있는
조선의 흔적

1. 슬라브족의 토속신앙과 알타이-투르크민족 토속신앙의 유사점

〈그림 1〉의 조각상들은 유라시아 대륙에 공통적으로 퍼져 있는 장승신앙의 유사성을 보여 주기 위해서 비교 나열한 것들이다. 슬라브 토착신앙에 대한 자료는 현재 안타깝게도 제대로 남아 있는 것이 별로 없는

〈그림 1〉 슬라브족의 장승,[1] 아이누족,[2] 아메리카 인디언,[3] 한국[4]

1) http://www.ajdi.org/svarog.html

2) http://farm4.static.flickr.com/3540/3360573502_a9f459dced.jpg

3) http://picturesoftotempoles.com/

4) http://blog.ohmynews.com/baksoo/137498

데 그 이유는 A.D. 988년 세례를 받고 개종한 황제와 로마정교 선교사들에 의한 대대적인 파괴행위 때문이었다. 오늘날 서양학자들의 주장에 의하면 슬라브인들이 문자를 사용하기 시작한 시기는 대체적으로 그리스 정교의 수용과 함께 이루어졌다고 한다. 그 이전에는 이 지역의 현지인들이 문자가 없어서 슬라브족에 대한 문화와 언어에 대한 기록이 남아 있는 것이 없었다고 하는데, 이런 상황에서 선교사들이 선교의 목적으로 들여 온 문자로 성경의 내용을 가르치고 슬라브인들의 토속신앙을 사악한 이교도 신앙으로 규정하고 파괴하고 기록을 하지 않았기 때문이라고 한다. 선교사들은 선교목적으로 성서, 복음서 등의 출판에는 적극적이었으나, 자신들의 토속문화에 대해서는 소홀하였다. A.D. 1113년 수도승이었던 네스또르가 『지난 세월의 이야기』라는 책을 출판하여 그 당시 슬라브인들의 생활과 종교, 철학에 대한 소개를 하였으나, 선교사의 입장에서 바라본 이교도의 풍습이라는 관점에서 썼기 때문에 슬라브족의 문화를 제대로 이해하기에는 미흡한 감이 없지 않다. 그러나 이러한 서양인들의 주장은 서양의 문명이 동양으로부터 왔다는 것을 지우기 위한 변명에 불과하다.

　당시 동로마제국의 문화를 받아들인 로마화된 러시아의 황실과 귀족들은 자신들이 가지고 있던 고유의 문화를 스스로 저평가하고 기독교화하는 데 앞장서면서 마치 자신들이 아무 것도 없었던 불모지의 미개한 땅에 문명을 가져다주었다는 식으로 역사를 합리화하기 위해 만들어 낸 명분이다. 이와 똑같은 사건은 콜럼버스가 신대륙을 발견하고 유럽인이 대량으로 미국으로 이민하면서도 발생했는데, 오늘날의 미국인은 미국 대륙에 마치 아무도 살지 않았던 것처럼 역사를 왜곡하는가 하면, 미국 본토 인디언이 미개인이었는데, 자신들이 선교사들을 이끌고 가서 먹을 것을 주고 문자를 가르쳐 문명화시켰다고 자랑하고 다닌다. 실제로 미국 인디언들이 가지고 있었던 수준 높은 건축문화, 문자, 천문학 등등의 기술은 완전히 파괴한 채……

〈그림 2-1〉 러시아 토속신앙 사당에 있는 북방 유목민족의 탐가문자[5]

〈그림 2-1〉을 봐도, 러시아에는 이미 예전부터 전래되어 오던 고유의 문자가 존재했었다. 다만, 이를 서양의 기독교신자들이 파괴해서 남아 있지 않은 것뿐이다. 문자도 없었던 미개인에게 문자를 전해 주었다는 얘기는 사실이 아님을 알 수 있다. 이러한 서양 선교사들에 의한 문명 파괴 작업에도 불구하고 현재까지 전해 오는 민담이나 유물, 일부의 기록을

---

5) Православный Храм Веды Перуна(часть 1).

보면 이들의 풍습이 스키타이족과 비슷했을 것이라는 증거가 많이 남아 있다. 그 예로 A.D. 988년 세례를 받은 블라디미르가 자신의 지배 지역에 있었던 각종 신상들을 불태워버렸다는 내용을 기록하면서 남긴 슬라브 토속신앙에 대한 묘사인데, 이 기록에 의하면 고대 슬라브인들이 섬겼던 신인 페룬(Perun)은 생김새가 얼굴은 금으로 수염은 은으로 된 거대한 나무신상이었다고 한다. 금과 은을 사용하여 신상을 만드는 풍습은 알타이 지역에서 살았던 유목민족의 풍속으로 '김(金)' 씨 성을 한나라의 한무제로부터 하사받았던 김일제도 '김' 씨 성을 받게 된 이유가 이들이 전통적으로 황금으로 신상을 만들고 섬기던 풍습이 있었기 때문에 가지게 되었다고 한다. 따라서 중국 서부 지역-알타이-동유럽 일대에 황금으로 신상을 만들고 숭배하던 공동신앙이 있었던 것으로 추측을 할 수가 있다.

러시아 장승인 스바로그(영: Svarog)는 슬라브족 사이에 태양의 신, 불의 신 또는 대장장이의 신으로서 숭배되었었다. 가운데 그림을 보면 양쪽의 기둥에 불과 태양의 상징이 동시에 있는 것을 볼 수 있는데 이는 고대에 '불'과 '태양'의 이미지가 같은 것이었기 때문이다. 아마도 스바로그는 '태양신' 숭배사상을 가지고 있던 철기를 다룰 줄 알던 종족의 지도자였던 모양이다. 장승 왼쪽 가슴에 있는 바퀴는 태양을 상징하며

〈그림 2-2〉 스바로그

아래에는 불교의 상징인 '만(卍)'자가 그려 있는데 이 글자도 태양 또는 은하계를 상징한다.

'스바로그'라는 단어의 어원은 고대 인도어에서 온 것으로 추측되며 산

스크리스트(Sanskrit)어의 스바르(Svarga)의 변형된 발음으로 추측되며 그 의미도 같다. 슬라브 전설에 내려오는 스바로그에 대한 전설을 요약하면 다음과 같이 함축할 수 있는데 다음과 같다.

·스바로그는 즈메이(Zmey)라는 머리가 여러 개 달린 용과 싸웠는데 그 이유는 이 용이 무차별적으로 사람들을 죽였기 때문이다.
·싸움에 진 용은 쟁기를 생산하는 데 사용되었다.
·용은 입을 이용해 땅을 파서 삶(자브: Jav)과 죽음(나브: Nav)의 경계를 나누었다.
·용이 지역을 나누기 위해 판 땅은 후일 스모로디나강(Smorodina River)이 되었다.
·이 용은 후일 카리노브의 다리(Kalinov Bridge)를 지키는 수호자가 되었다.

이 신화를 통해서 알 수 있는 것은 이 스바로그라는 인물 또한 알타이-투르크민족과 무관하지 않다는 것을 알 수 있다. 산스크리스트어는 드라비다어의 조어로 두 언어는 알타이-투르크어와 문법적으로 유사한 형태를 가지고 있기 때문이다. 또한 스바로그가 싸웠다는 용은 스키타이계의 민족을 상징화한 것이 아닌가 생각된다. 용은 비늘갑옷의 상징으로서 전통적으로 알타이-투르크민족의 상징이었지 한족(漢族)의 상징이 아니었다.

마야인의 오우로보로스(Ouroboros), 홍산 문명의 곡옥유물, 바이킹의 조르문간드르(Jörmungandr), 스키타이 쿠르간에서 나온 곡옥과 유사한 유물, 춘추전국시대의 옥결을 보면 모두 같은 패턴과 디자인을 하고 있는 것으로 보아 이들은 모두 발달된 철기문화를 바탕으로 비늘갑옷을 입었던 기마민족집단인 삭족이라는 공통점이 있다.

슬라브의 신 스바로그에서처럼 고대에 철은 아무나 가질 수 있는 물품이 아니었다. 따라서 선택된 지도자들만 철로 만들어진 철제 무기와 갑옷을 입었었기 때문에 샤머니즘 세계에 살던 알타이-투르크민족들은 비늘갑옷을 입은 자신들의 지도자를 '용' 또는 '봉황'으로 묘사했던 것으로 보인다.

여하튼 스바로그와 싸운 용이 동방에서 온 스키타이계 기마민족일 것으로 추측되는 이유는 다음과 같다.

·첫째: 머리가 여러 개 달린 용이라는 것은 뱀 또는 용의 비늘을 연상케 하는 비늘갑옷을 입은 여러 스키타이 부족이 쳐들어와 이들을 죽였다는 것을 뜻한다고 볼 수 있다. 이와 비슷한 신화로 그리스 신화에 나오는 메두사가 있는데 메두사도 머리에 수많은 뱀을 가진 여인으로 묘사가 되고 있다. 이는 수많은 비늘갑옷 기마 무사를 거느린 여자 샤먼 지도자를 상징적으로 묘사한 그림일 가능성이 있다. 중원에 살던 구이족을 꼬리가 아홉 개 달린 구미호로 묘사했던 것도 이와 유사했던 비유로 보인다.

·둘째: 싸움에 진 용을 쟁기를 생산하는 데 사용했다는 것은 스키타이와의 전쟁에 승리한 다음 포획한 스키타이족 대장장이들을 이용하여 각종 철기도구를 만들었다는 이야기로 볼 수 있다. 즉, 비늘갑옷을 만들 수 있을 정도로 제철기술이 뛰어났었기 때문에 대장장이들을 죽이지 않고 활용했음을 알 수 있다.

·셋째: 용의 입을 이용해서 땅을 팠다고 하는데 이는 마찬가지로 철과 관련이 깊은 표현이다. 전통적으로 유럽의 전설에서 용은 입에서 불을 뿜는데 이 불은 철을 정련하고 제철하는데 필수이다. 즉, 용의 입에서 나온 불을 이용해 만든 각종 제철도구를 이용해서 스키타이족과 자신들 간의 경계를 구분하기 위해 땅을 팠다는 의미로 받아들일 수 있다. 삶과 죽음이라는 것은 철학적 의미도 포함하고 있지만, '삶'은 자신들의 땅, '죽음'은 스키타이족의 땅을 의미한다고도 볼 수 있다. 왜냐하면 스키타이족들의 땅에 들어갈 경우 죽음을 면치 못했을 것이기 때문이다. 반대로 스키타이 전설에도 스키타이족들이 살던 땅을 천

국으로 상대방 국가의 땅을 지옥으로 표현한 이야기들이 많이 있다.

·넷째: 스모로디나강이 되었다는 얘기는 이들이 경계를 지을 때 자연지물을 이용해서 국경을 시음과 동시에 일부 지역에서는 인공적으로 운하를 건설하였다는 것을 알 수 있다.

·다섯째: 카리노브 다리의 수호자가 되었다는 부분은 초반에는 대립하던 이들이 후일 군사적으로 동맹했다는 의미로 받아들일 수도 있고, 양 국경선을 연결하는 다리를 장악함으로서 무역을 독점했었다고 해석할 수도 있을 것이다.

2. 켈트족과 알타이-투르크민족 간의 유사성

켈트족이 우랄-알타이어족이라는 증거는 현재 없다. 왜냐하면 현재 켈트족의 후손들인 웨일즈, 스코틀랜드, 아일랜드인들은 오랫동안 앵글로-색슨족의 식민 지배를 받으면서 이들의 문화와 언어가 거의 사라져버렸기 때문이다. 물론 아직도 웨일즈어, 스코틀랜드어, 아일랜드어가 남아 있으나 원형의 언어로부터 상당히 멀어진 것으로 보인다. 특히 이 지역에 들어왔던 최초의 켈트족이었던 픽트(Picts)족이나 게일(Gaels)족에 대한 언어가 남아 있는 게 거의 없어서 이들의 원래 언어를 찾을 수는 없다. 그러나 이들이 남겨 놓은 유물과 유적, 문화를 중심으로 이들이 어떤 계열의 민족이었는지 찾아낼 수가 있는데 그 증거들은 다음과 같다.

1) 문신, 채색의 풍습

헤로도토스가 쓴 역사(The Histories)에 기록된 북방민족에 대한 풍속의 기록과 로마시대 켈트족에 대한 풍속의 기록을 보면 이들이 동일한 민족이었음을 알 수 있게 해 주는 내용이 많은데 네우리인들은 풍속이 스키타이인들과 똑같다. (…중략…) 그곳의 스키타이인과 그리이스인들은 한결같이 네우리인들이 해마다 한 번씩 늑대로 변했다가 며칠 후에 사람으로 되돌아온다고 말한다.[6]

— 역사 105절

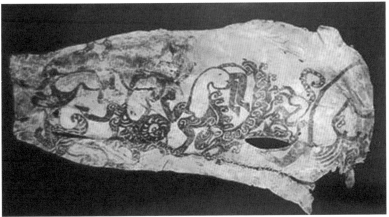

〈그림 3〉 영화 아더왕(King Arthur)에 나오는 기네비아 공주[7] & 파지리크 쿠르간의 미이라 피부[8]

6) 주학연, 『진시황은 몽골어를 하는 여진족이었다』, 우리역사연구재단, 2008, 80쪽.
7) http://www.smh.com.au/ffximage/2004/07/14/kingarthur_wideweb__430x287.jpg
8) http://yokeru.egloos.com/1859639

스키타이인들은 자신의 몸을 푸른색으로 칠했는데 픽트(Pictc)족들도 그러했다. B.C. 55년에 율리우스 케사르가 영국을 침공하였을 때 만난 켈트족의 특징을 묘사할 때도 이와 같은 내용을 담고 있었다.

— A comprehensive Study of the Celts, Picts & Scots And Their Interrelationships

위의 기록들을 보면 이들의 스키타이족과 네우리인, 픽트족이 같은 민족일 가능성이 높다는 것을 보여 준다. 이러한 기록을 바탕으로 이들이 어떠한 민족이었을까를 추측해 본다면 앞 장에서 언급했던 이집트의 신 오시리스와 인도의 힌두신들도 모두 푸른색을 칠한 것으로 보아, 이들은 모두 스키타이 계열의 민족이었을 것으로 보인다. 한 가지 차이점이 있다면 인도나 이집트같이 북방 기마민족이 점령했던 지역에서는 파란색을 칠한 종족의 사람들을 원주민들이 신으로 숭배했다는 점이다.

그러나 영국이나 유럽, 중앙아시아 지역에서 파란색 칠을 하고 살았던 스키타이족들은 자신들의 신을 파란색을 칠한 신으로 묘사하질 않는다. 이는 파란색을 칠한 사람들이 최소한 인도-유럽어족은 아님을 증명한다. 왜냐하면 이집트나, 인도의 경우는 신기한 문물을 가지고 온 파란색인간들이 자신들의 눈에는 신으로 비춰졌을 수 있으나, 같은 파란색을 칠한 스키타이인들끼리는 그저 인간일 뿐이기 때문이다. 그래서 이들이 섬기던 신은 파란색 채색이 된 신이 아니라, 바로 태양을 숭배하는 사상을 가지고 있었다.

2) 켈트족의 삼신사상과 알타이-투르크민족의 상징물의 유사성

고대에 켈트족이 가지고 있던 신앙은 태양숭배를 기초로 한 샤머니즘이었다. 즉, 만물에 영이 깃들어 있다고 생각하고 자연을 숭배하던 사상이다. 오늘날까지도 이러한 사상은 스코틀랜드 지방에 남아서 전해져 내려오고 있는데 이들의 종교관이나 신앙체계를 보면 기마민족과 유사함을 볼 수 있다.

〈그림 4〉 게일족 상징,[9] 불교 원이삼점,[10] 기독교 삼위일체,[11] 중국 사천성 지역 유물,[12] 일본 토모에몽(三巴紋)[13]

9) http://upload.wikimedia.org/wikipedia/commons/thumb/c/c2/Triple-Spiral- Symbol-filled.
   svg/641px-Triple-Spiral-Symbol-filled.svg.png
10) http://wonsim.net/wonsim/data/data_04_view.html?page=2&table=ML_BBS& idx=11&id=7
    009&limit=&keykind=&keyword=
11) http://blog.chosun.com/blog.log.view.screen?userId=5050clinic&logId=1329958
12) http://news.xinhuanet.com/english/2004-01/12/content_1272153.htm
13) http://blog.chosun.com/blog.log.view.screen?blogId=35501&logId=693377

〈그림 4〉의 상징물들을 보면 이들이 모두 그 기원이 같은 사상 또는 철학체계에서 나왔음을 보여 주는데 모두 숫자 '3'을 상징하고 있다. 이 숫자 '3'이 뜻하는 신은 일월성신(日月星神)으로 해, 달, 별을 신으로 섬겼던 고대의 종교의식에서 비롯되었다. 특히 카자흐스탄의 문양과 켈트족 계열인 게일족의 문양, 그리고 김수로왕의 부인 허황후가 살았던 중국 사천성 보주시 근처의 유물이 똑같은 점은 이들이 같은 민족이었을 가능성을 보여 준다. 즉, 진시황 사후 진나라가 무너진 다음에 흩어진 진나라의 유민들이 상기와 같은 상징체계를 가지고 전 세계로 흩어지면서 각 지역의 토속신앙에 영향을 준 것이 아닌가 생각된다.

한국의 사찰마크와 우즈베키스탄에 티무르제국을 건설했던 아무르 티무르의 문장이 같은 것도 이들이 같은 문화권에서 살았었다는 것을 보여 준다.

3) 켈트족의 샤먼들이 쓰던 장신구들

〈그림 5〉의 청동기제품들을 보면 한국과 마찬가지로 카자흐스탄과 켈트족들도 비슷한 형태의 청동거울을 가지고 있었던 것을 볼 수 있다. 가운데 있는 샤먼유물은 B.C. 2~1세기에 만들어진 것으로 대니쉬 보그 (Danish bog)에서 발견된 유물인데 오른손에 들고 있는 청동방울은 제례를 지낼 때 쓰였던 것으로 보이는데 한국에도 이와 동일한 유물이 있었다. 샤먼이 머리에 쓰고 있는 사슴뿔 모양의 관 또한 신라의 고분에서 발견되는 신라 왕관과 동일한 형태를 취하고 있음을 볼 수 있다. 즉, 결론적으로 켈트족의 샤먼은 신라왕가와 혈연적인 관계를 가지고 있었던 것으로 보이며 그 중간 매개자가 바로 스키타이족임을 알 수 있다. 이러한 이유로 인해서 경주 계림로 14호 묘에서 출토된 상감옥 금장단검이

켈트족적 요소를 가지고 있었던 것이 아닌가 생각된다.

〈그림 5〉 가야청동기,[14] 켈트족 샤먼,[15] 켈트족 청동기제품,[16] 카자흐스탄 청동거울[17]

---

14) http://blog.chosun.com/web_file/blog/274/13774/1/7%5B1%5D.jpg

15) http://macdonnellofleinster.org/page_7g__the_druids.htm

16) http://freepages.history.rootsweb.ancestry.com/~catshaman/08pairhood/08pair hood2.htm

17) А. Нысанбаев, *Древний Казахстан*, Аруна, 2009, p. 146.

〈표 1〉 A.D. 4~5세기경의 국제정세

시대(A.D.)	지역	내용
30·388	인도, 중앙아시아	스키타이족, 박트리아와 인도를 격파하고 쿠산왕조 설립.
316~439	동아시아	5호 16국이 동아시아 장악.
325	유럽	아일랜드의 121대 왕 콜라 우아이스(Colla Uais)가 영국에 감.
356~402	동아시아	신라에서 '김' 씨인 내물왕이 '석' 씨 '박' 씨를 누르고 세습을 시작.
374~453	유럽	훈족의 아틸라 유럽침공.
395	유럽	동·서 로마로 분열.
465	유럽	스코틀랜드의 성립.

즉, A.D. 4~6세기는 스키타이족의 최고 전성기시대로 이 시기에 이들은 동아시아에서부터 인도, 유럽에 이르는 광활한 지역을 석권하게 되었다. 켈트족을 유럽에서 전멸시켰던 공포의 대상이었던 로마제국도 동서로 분열이 되었을 뿐만 아니라 로마제국에 의해서 고립되었던 스코틀랜드, 아일랜드 지역의 켈트족들도 다시 유럽 대륙과 연결이 되어 자유로운 교류가 재개된 시기였던 것이다. 이들은 이러한 영토회복을 기념하는 의미해서 자신들을 괴롭혔던 로마제국과 페르시아제국을 압박하여 그 지역의 보물과 보석세공 기술자들을 이용하여 전리품을 확보, 제작하고 이 물품을 자신들이 최초에 이동하여 왔던 고향인 동북아시아에 보낸 것이 아닌가 생각된다.

4) 동일한 유물과 유적

켈트족의 석상과 중앙아시아 석상의 차이점은 이 켈트족의 석상은 얼굴이 두 개라는 점이다. 켈트족의 석상은 아더왕의 전설시대에는 모리건(Morrigan) 또는 모건 리 페이(Morgan le fey)라고도 불렸는데 종종

'악마들의 여왕(Queen of Demens)'으로 상징되며 말(Epone)로도 묘사가 되었다. 이러한 점으로 미루어 보아 이 석상은 중앙아시아에서 온 풍습이 틀림없는 것으로 보인다. 이들이 이 석상을 악마의 여왕이라고 부르면서 '말'로도 묘사를 한 것은 이 석상의 주인공들이 비늘갑옷을 입은 여자 샤먼이 지휘하는 기마민족부대들이었기 때문에 이러한 전설이 생긴 것으로 보인다. 이 석상은 또한 삼위일체(Trinitarian)를 상징하기도 했는데 각 얼굴은 '마차(Macha)'와 '보드(Bodh)'라고 불리며 탄생, 성장, 죽음을 관장했다고 믿었다. 양면의 얼굴이 상징하듯이 이 신은 마치 인도의 시바(Shiva)신처럼 풍요의 신임과 동시에 파괴의 신이기도 했다.

〈그림 6〉 돌하르방: 켈트족,[18] 카자흐스탄,[19] 한국

---

18) http://macdonnellofleinster.org/page_7g__the_druids.htm

19) http://www.azattyq.org/content/Kazakhstan_history_balbal/1862423.html

〈그림 7〉 신목: 켈트족,[20] 카자흐스탄

이외에도 이들에게는 많은 다른 신들이 있었는데 Bo Winda Banna (흰색 소), 아더왕의 전설에 나오는 엑스칼리버 검의 수호자 호수의 신 등 등이 있었다.

켈트족의 신목(An Daire: The Oak Tree & An Caorann: The Rowan Tree)들은 켈트족에게 아주 중요한 종교적 신앙의 대상이었다.

참나무 신목(An Daire)에는 각종 장식을 하였으며 이 나무가 있는 지역은 드루이드(Druids)들에게 신성한 장소로 여겨졌다. 이들은 이 신목 앞에서 매년 제사를 지내고, 소원을 빌고, 신탁을 하는 의식을 하였다.

로완 신목(An Caorann)은 켈트족에게 생명의 나무로 인식되었는데 매년 2월이면 '불의 축제(Fire Festival)'를 열어 새해가 빨리 와 만물이 되살아나게 하는 것을 비는 축제를 하였다. 또한 이들은 이 나무가 악령을 퇴치하는 데 도움이 된다고 믿었는데, 켈트족들은 전쟁을 하기 전에 이 로완신목의 나뭇가지를 태우면서 전투의지를 강하게 하고 승리를 기원하였으며, 치료재로도 사용하였다.

이러한 켈트족의 행사는 한국의 전통행사와 똑같은데 우리 민족도 매

---

20) http://macdonnellofleinster.org/page_7g__the_druids.htm

년 성황당에 있는 신목에 신년이 되면 제사를 지내며 한 해의 풍요를 기원했었다. 켈트족들이 2월에 제사를 지냈다는 것으로 보아 이들도 우리와 같이 음력을 사용했던 것으로 보인다. 서양력의 신년 1월 1일은 음력으로 2월에 있기 때문이다. 이러한 켈트족의 신목사상은 후일 기독교와 결합하여 '크리스마스트리(Christmas tree)'로 재탄생하게 된다.

율리우스 시저(Julius Caesar)의 기록에 의하면 켈트족들은 '아에스 다나(Aes Dana)'가 최초로 프리타닉 섬들(Pretannic Isles: 영국과 아일랜드)을 창조한 것으로 믿었으며, 여기서부터 그들의 예술과 학문이 대륙으로 퍼져 나갔다고 믿고 있었다. 영국 지역에 켈트족이 나타난 시기는 B.C. 500년경으로 보고 있으나, 최근에는 그 보다 더 오래되었을 것으로 보는 견해도 있는데 고고학적 증거물에 근거하여 이 지역에서 발견된 유적들과 고인돌을 조사한 결과 이 유물들은 B.C. 3500년경에 만들어진 것으로 보고 있다.

영국인들이 자신들의 문화에 대한 자부심으로 유럽문화가 영국에서부터 전 유럽으로 퍼졌다고 말한 것은 다소 과장이 있다고 보더라도 이들이 얘기하는 B.C. 3500년이라는 숫자는 상당히 의미 있는 숫자라고 본다. 자신들의 역사를 오래 보이기 위해 약간의 과장을 했다고 치더라도 B.C. 3500년이라는 숫자가 중요한 이유는 바로 이 시기에 수메르, 이집트, 인도, 황하 문명들이 발생하기 시작했기 때문이다. 『한단고기』에 의하면 배달국 제5대 태우의(太虞義) 환웅의 통치 시기가 기원전 3511~3420년 사이였는데 이 시기에 태우의 환웅의 막내아들 태호복희와 여동생 여와가 새로운 문명을 건설하기 위해 다른 곳으로 떠난 시기였기 때문이다. 따라서 한국의 돌하르방과 비슷한 '모리건(Morrigan)' 신앙이 이 시기에 시작된 것이 아닌가 생각된다. 그 이유는 서쪽으로 이동해 온 여와족이 이 지역 원주민의 입장에서 보면 새로운 문명과 문물을 전해 준 고마운 문명의 신임과 동시에 이들에게 반역할 경우 가차 없이 처단을 했던 파괴의 신과도 같은 존재였기 때문이다. 그래서 모리건을 기마민족의 상징인 '말'로도 상징하고 '악마들의 여왕', 즉 악마 같은 침략자 기마민족을 이끌고 온 지도자로도 묘사한 것이 아닌가 생각된다. '여와'를 묘사한 석상 또는 그림은 실크로드를 따라서 유럽 대륙까지 광범위하게 퍼져 있는데 아마도 여와는 B.C. 3500년경 유럽으로 이동해 온 것이 아닌가 생각이 된다.

〈그림 8〉 고인돌: 한국 강화도, 아일랜드,[21] 영국,[22] 프랑스[23]

21) http://en.wikipedia.org/wiki/File:Paulnabrone.jpg
22) http://www.goddesstours.de/html/leabai.html
23) http://en.wikipedia.org/wiki/File:Dolmennormandy.jpg

켈트족에게도 태양숭배 신앙이 있었는데 이들이 쌓았던 것으로 보이는 천제단은 홍산 문명의 유적지에서 발굴된 천제단과 만주족 청나라가 세운 천제단과 동일한 구조와 디자인으로 만들어진 것을 볼 수 있다. 따라서 이들은 동일한 민족일 가능성이 높다. 하지만 안타깝게도 로마제국의 침략과 기독교 선교사들에 의한 대대적인 이교도 숙청작업으로 인해서 이들이 어떠한 제례의식과 풍속을 가지고 있었는지에 대해서는 알려진 것이 없다. 그러나 상기 유적의 외형과 기타 다른 유물들의 공통점으로 미루어 보아 동아시아에서 행해졌던 제천행사와 동일한 일월성신(日月星神) 신앙이 있었을 것으로 추측이 된다. 왜냐하면 켈트족의 상징물 중에는 한국과 동일한 이태극(二太極), 삼태극(三太極) 문양이 있었던 점, 이들의 고인돌이나 석상에도 하늘의 천체를 조각해 놓은 점 등으로 미루어 동일한 신앙체계가 있었을 것으로 보인다.

B.C. 2000년경에 만들어진 것으로 보이는 켈트족들의 고분들은 한국의 고분들뿐만 아니라 스키타이족의 고분들과도 상당히 유사한 점이 많다. 이 고분들에서 한국의 청동거울과 각종 제기들과 비슷한 유물들도 발견되었는데 이러한 유물들로 미루어 보아 이 켈트족의 지배자들도 신라, 가야와 동일한 지배자였을 가능성이 있다.

특히 러시아에서 발견된 쿠르간의 경우는 고구려식 횡혈식 석실고분과 신라식 적석목곽분이 혼합된 양식인 것으로 보이는데 쿠르간의 주위에 고구려의 장군총과 같이 주변에 돌을 세워 놓은 것을 볼 수 있다. 사진을 통해서 완전히 확인을 할 수는 없으나 하늘의 천체와 관련이 있었던 이들의 신앙체계로 미루어 보아 고구려의 고분군과 러시아에 있는 스키타이의 쿠르간들 주변에 있는 돌들의 수는 12개일 가능성이 높다.

켈트족은 매장을 할 때 부여와 같이 순장의 풍습이 있었던 것으로 보인다. 왜냐하면 'Knapdale'에 있는 'Dunchraigaig'의 고분을 발굴한 결과, 그곳에서 불에 태워지거나 태워지지 않은 유골들이 함께 발굴이 되었다. 아마도 이들에게는 고대에 제례의식을 행할 때 사람을 제물로 바치는 풍습이 있었던 것으로 보인다. 이러한 풍습은 고대 문명에서는 흔히 볼 수 있는 일이었는데 죽은 자의 영혼이 외롭지 않게 함께 안내자의 역할을 하게 하거나, 새로운 태양을 탄생시키기 위해서 동짓날 적의 포로나 여인을 태웠던 것으로 보인다. 이와 같은 인신공양의 풍습은 여호와를 섬기던 이스라엘에서도 있었는데 여호와신이 인간에게 인신공양을 할 것을 명하는 내용이 있는데, 이는 이들이 모두 동일한 정복자들에게 지배를 받았었기 때문에 같은 풍습이 남아 있었던 것으로 보인다.

이스라엘 백성 가운데서 모태를 열고 나온 맏아들은 모두 나에게 바쳐라. 사람뿐 아니라 짐승의 맏배도 나의 것이다.

(출 13:2)

너희는 타작한 첫 곡식과 술틀에서 나온 포도즙은 미루지 말고 바쳐야 하며 너희 맏아들을 나에게 바쳐야 한다.

(출 22:8)

이스라엘의 장군 '입다'는 암몬인과의 싸움에 승리하기 위해 하나님에게 승리하게 해주면 그 대가로 제일 먼저 자기를 맞으러 오는 사람을 제물로 바치겠다고 약속한다. '입다'가 전쟁에 승리하고 개선할 때, 제일 먼저 맞이한 사람은 공교롭게도 그의 딸이었는데 '입다'는 하나님과의 약속을 지키기 위해 2

개월의 시간을 딸과 함께한 후, 약속한 대로 제물로 바친다.[24]

켈트족도 다른 유라시아 대륙의 기마민족과 동일하게 두 마리의 말이 뱀처럼 올라가는 형상의 조형물을 만들었는데 이들은 가축의 번성을 기원하는 의미에서 매년 여름의 첫 번째 날인 5월 1일의 전야(前夜) 해가 뜨기 직전에 로완나무로 만든 모닥불 사이로 이 가축들을 지나가게 해서 정화의식을 했었다. 이들은 영국 지역뿐만 아니라 유럽의 많은 지역에 신전기둥과 굴을 파고 자신들의 신에게 제사를 지내는 풍속을 가지고 있었다. 이들은 로완나무가 악마의 눈으로부터 자신들을 보호해 준다고 믿었다.

이들은 굉장히 잔인한 풍속도 가지고 있었는데 인간의 영혼이 심장보다는 머리에 있다고 믿었다. 그래서 전쟁에서 포획한 포로들의 머리를 베어서 기름에 절인 다음 말에 달고 다니면서 그들의 친구에게 보여 주곤 하였다. 또한 크리스마스트리에 붙이는 '마블'의 기원도 원래는 전쟁 포로로 잡았던 사람들의 머리를 베어 나무에 장식하고 있다가 겨울 동지 때 불태우던 풍습에서 유래된 것이다. 이처럼 머리를 중요시하는 풍습은 현대 카자흐스탄에도 남아 있다. 예를 들어 카자흐 가정에 손님으로 초대를 받아 가거나 큰 행사에 가게 되면 집주인 또는 주최자는 손님 또는 어른들에게 양의 머리를 주어서 먹게 하는 풍습이 있고, 한국에서도 고사를 지낼 때 돼지머리를 사용하는 것을 보면 고대시대처럼 사람의 머리를 잘라 주고받는 야만적인 풍습은 문명의 발달과 함께 사라졌지만 머리에 영험한 기운이 있다는 믿음 자체는 계속 전승되고 있는 것으로 보인다.

---

24) http://www.antichrist.or.kr/bbs/board.php?bo_table=free_talk&wr_id=18088

5) 아더왕의 전설

현재 나이가 30대 이상인 사람들은 원탁의 기사라는 일본만화를 대부분 보고 자랐을 것이다. 그 만화영화를 보면 아더왕은 중세 유럽풍의 의상을 입고 기네비아 공주도 멋있게 드레스를 입고 있는 것으로 묘사가 되는데, 우리가 동화 속에서만 보고 알고 있었던 아더왕의 모습과 실질적으로 실존했던 아더왕의 모습은 많이 다르다. 먼저 아더왕은 중세 유럽식 철갑옷을 입지 않았었다. 아더왕은 A.D. 800년경 서로마제국이 게르만민족에게 밀려 패퇴하는 과정에서 게르만족의 일파인 앵글로-색슨족의 침략으로부터 영국을 지켜낸 켈트족의 영웅적인 인물이다. 아더왕이 실존인물이었는가 아니었는가에 대한 논의는 지금까지도 계속되고 있는데 현재까지 영국의 역사학자들 사이에 합의가 된 내용은 첫째, 아더왕은 실존인물일 가능성이 높다는 점, 둘째, 아더왕은 영국 토착민이 아닌 외부로부터 들어온 인물이라는 점이다. 영국인들은 아더왕을 인도-유럽어족의 인물로 묘사하고 있는데 아더왕의 전설을 보면 이 사람이 인도-유럽인이 아님을 금방 알 수가 있다. 아더왕일 것으로 추측되는 역사적 인물들을 소개하면 다음과 같다.

·웨일즈의 수도사 넨니우스가 쓴 『브리튼인의 역사』라는 책에서 영국(Great Briton)을 침범한 색슨족을 물리친 로마의 장군에 대해서 기록을 하였는데 그의 이름이 아서(Arthur)라고 기록하였다.

·'웨일즈 연대기(Welsh Annals)'에 의하면 로마계의 군사지도자 루치우스 아르토리우스 카스투스(Lucius Artorius Castus)를 아서로 보는 시각도 있다.[25]

---

25) http://en.wikipedia.org/wiki/King_Arthur

·C. Scott Littleton과 Ann C. Thomas의 이론에 의하면 아더왕은 아란족 이나 사르마티아인이었을 가능성이 크다고 주장하고 있다.[26]

필자는 이 세 가지 이론 중에 아더왕이 스키타이족(아란족, 사르마티아인)이었다는 이론에 더 무게를 두고 싶다. 그 이유로는 다음과 같다.

·첫째: 아더(Arthur)라는 이름의 의미는 웨일즈어로 해석하면 곰 인간(Bear man)인데, 웨일즈어로 곰은 '아르트(Arth)'로서 결국 '아더왕'이란 '곰의 탈을 쓴 지도자', 즉 곰 토템족의 부족장 또는 무사인 것이다. 실질적으로 이태리, 로마에서 매년 4월 21일에 열리는 로마축제를 보면 영국에서 온 로마병사의 복장을 한 영국인이 곰 가죽을 뒤집어 쓴 것을 참고하기 바란다. 따라서 아더왕은 곰 토템 신앙을 가진 중앙아시아인이었을 가능성이 높다.[27]

·둘째: A.D. 166~180년 사이에 로마제국은 현재의 독일 지역을 대대적으로 정복하게 되는데 이 전쟁을 마르코마닉 전쟁(Marcomannic War) 또는 게르마니아 진출(Expedition Germanica)이라고 부른다. 이 전쟁에서 패한 사르마티아 원주민 8,000명이 로마병으로 강제징집당했는데 그중에 5,500명은 영국으로 보내졌다. 아더왕은 이 기마병들의 후손일 가능성이 있다(할리우드 영화 '글래디에이터'의 시작부분에 나왔던 전쟁이 바로 이 전쟁이다).

·셋째: 아더왕 전설에서 묘사되는 많은 풍습이 사르마티아인의 것과 굉장히 비슷한데 예를 들어 기마궁술, 칼을 신성시하던 풍습(엑스칼리버), 원탁회의(중앙아시아인의 쿠릴타이와 같음), 왕실의 상징으로 용을 사용, 샤머니즘적 문화(마법사 머린) 등등으로 보아 아

26) http://en.wikipedia.org/wiki/Historical_basis_for_King_Arthur
27) Koch, 1996, p. 253. See further Malone 1925 and Green 2007b, p. 255 on how Artorius would regular take the form Arthur when borrowed into Welsh.

더왕은 중앙아시아에서 온 기마민족이었을 것이다.

 따라서 아더왕은 중앙아시아에서 온 기마민족이 틀림없다고 본다. 다만, 중세시대 기독교가 퍼지면서 많은 다신교 신앙이 이단으로 몰려 샤먼들과 타 종교지도자들이 대규모 숙청을 당하던 시절에 켈트족들은 자신들의 민족의 영웅인 아더왕 전설을 지키기 위해 샤머니즘적 요소 속에 기독교적 이야기(성배 이야기 등등)를 가미하고 섞어 버림으로써 아더왕 전설을 잃어버리지 않고 지금까지 전해 오고 있다.
 종교적 학살로 문화가 말살된 지역은 비단 영국만이 아니었다. 켈트족이 원래 거주하던 전 유럽 전토에서 이러한 말살작업이 이루어졌는데, 가장 피해를 심하게 당한 지역은 역시 섬나라였던 영국보다는 대륙 유럽이었다. 유럽에서도 변방에 속했던 북유럽과 동유럽 지역도 이러한 문명 파괴로부터 자유롭지 못했다.

3. 바이킹에게 문명을 전파한 투르크계의 신들

1) 바이킹의 신목신앙과 동유럽 한국의 비교

 고구려의 깃털장식과 비슷한 장식을 하고 삼족오의 상징인 까마귀와 투르크의 상징인 늑대에 둘러싸인 오딘의 모습은 그가 아시아계 기마민족에서 왔다는 것을 보여 준다. 특히 오딘의 아버지의 이름은 치우와 비슷한 토르(Thor)이며, 할아버지의 이름은 부루와 비슷한 부리(Buri)였으며, 아스가르드(Asgard)는 아시(Asi)신으로부터 온 무리들이 건설했다고 하니 오딘은 고조선왕조로부터 갈라져 나온 왕족의 후손임을 알 수 있다.

(필자 주)

바이킹의 신앙과 신화를 보면 한국의 것과 유사한 것들을 많이 찾을 수 있는데 그중 하나가 바로 신목신앙이다. 북유럽 국가들에 가면 생명수(生命樹)라고 불리던 이그드라실(Yggdrasil)이라는 나무 그림들을 종종 볼 수 있는데 이 생명수의 기본 가지는 9개로 크게 천상계, 인간계, 지하계가 각각 3개씩 가진다. 이는 투르크 신화와 불교 신화, 도교 신화에 나오는 33개의 세계, 33개 대천세계(大千世界), 33개의 도솔천 천상계와 그 맥락을 같이한다. 투르크 신화에서는 세상을 구분하는 데 있어서 스칸티나비아의 세계관처럼 천상계, 인간계, 지하계로 나누고 각 세계에 33개의 세계가 존재해서 도합 99개의 세계가 존재한다고 말한다. 이처럼 이 세상을 3개로 나누어 바라보는 시각은 전 세계의 모든 종교에서 공통적으로 발견되는 현상이다. 여기서 주목할 점은 3, 5, 7, 9로 나누어지는 생명수의 가지의 숫자이다. 신라의 황금관을 보면 가지가 3, 5, 7, 9로 나누어짐을 알 수 있다. 가지가 가장 많은 '9'는 그 지도자가 혈통적으로 굉장히 고귀한 신분임을 나타낸다. 그래서 신라의 왕관을 보면 그 왕릉의 매장자의 신분을 알 수 있다. 이처럼 고대에는 지도자를 상징하는 상징물로서 나무를 사용하기도 했다. 나무를 사용한 이유는 모계사회 때부터 내려온 신목사상에 의한 것인데 부계사회로 사회가 전환한 이후에도 이러한 전통은 계속 이어져 내려와 왕관에 전통으로 자리 잡게 되었다. 그런데 이러한 신목을 왕권으로 상징하는 의미는 한국에만 존재하는 것이 아니라, 바이킹이 살던 북부유럽, 유태인의 카발라 신앙, 헝가리의 고대왕조 건설 신화인 마고르 후노르의 전설에서도 공통적으로 나타난다. 폴란드의 황실에서도 나뭇가지를 황실의 상징으로 쓴 이유는 이들이 신목신앙을 중심으로 한 집단이었기 때문이다. 폴란드의 황실은 스키타이족 계열인 사르마트계에서 나왔기 때문에 폴란드황실은 자기 민족의 상징인 신목을 가문의 장식으로 사용하기 시작한 것이다. 따라서 북유럽에서부터 극동아시아까지 전 지역에서 신목신앙을 상징하는 황실문양, 왕관을 어렵지 않게 발견할 수 있다. 이는 지배집단이 같았음을 암시한다. 철학적 유사함에 대해서는 제2권에서 다룰 것이므로 제1권에서는 이들의 사상이 근본적으로 같다는 것만 언급하도록 하겠다.

2) 바이킹의 정신적 고향 아스가르드(Asgard)

아스가르드는 생명수의 나무에 존재하는 9개의 세계 중 하나로 북방신들의 나라였다. 아스가르드는 12개의 나라로 나뉘었는데 이 나라의 수장이 바로 바이킹 전설에 나오는 최고의 신 오딘(Odin)이다.

아스가르드(Asgard)라는 말의 어원을 보면, 아스가르드는 아스가고 그(Ásgarðr)에서 온 단어로 "아에시르(Æsir)의 세계"라는 의미이다.[28] 아에시르(Æsir)는 아스(As)와 그 어원을 같이하며 아시아(Asia)라는 의미를 가진다. 그리고 스키타이의 다른 명칭은 아세르(Aser)로 현재도 이란이나 아프가니스탄에 사는 투르크계 민족을 아제리(Azeri)라고 부른다. 따라서 아스가르드라는 말은 "아시아신들의 세계"이다. 아시아에서 왔다는 신들은 사실 신들이 아니라 인간들로서 아시아에서 유럽으로 온 무장집단들로 북유럽인들과 결혼을 하면서 민족과 신화가 탄

---

28) John Lindow, Norse Mythology: A Guide to the Gods, Heroes, Rituals, and Beliefs, Oxford University Press, 2001.

〈표 2〉 고조선과 북유럽 신화의 유사성 비교

	한국	스칸디나비아
지배자 종족	아시아계 단군족	아시아에서 온 신족(神族)
신들의 도시	아사달	아스가르드
분국의 숫자	12환국	12개의 국가
부족 & 국가	구이족(九夷族)	9개의 세계
지도자명	치우	토르(Thor)
지도자명	부루(扶累)	부리

생하게 되었다.

 스노리(Snorri)라는 역사학자의 주장에 의하면 아스가르드는 고대 그리스의 도시국가 중 하나였던 트로이(Troy)라고 한다. 아스가르드의 왕자였던 무논(Munon)이 프리암(Priam)의 딸 트로안(Troan)과 결혼을 했는데, 이들 사이에 태어난 아들의 이름이 트로르(Tror)로서 고대 북부유럽 신화에 나오는 토르(Thor)신이라는 것이다. 그는 어려서부터 스키타이인들의 손에 의해 길러졌는데 12세가 되면서 흰색 피부와 금발의 머리를 가지게 되었고 엄청난 힘을 지닌 장사로 성장했다고 한다. 그는 성년이 되고 나서는 세계 각지를 여행하게 되었는데 그의 아들 오딘(Odin)이 후일 다시 북유럽으로 무리를 이끌고 들어와 아스가르드(Asgard)를 건설하고 자신의 국가를 만들었다고 한다. 오딘의 아들 중 한 명인 운그비(Yngvi)가 후일 운그린가르(Ynglingar)를 건설하는데 이 왕조가 스웨덴 최초의 왕가가 된다. 즉, 북부유럽 신화에서도 볼 수 있듯이 이들이 신이라고 부르던 무리들은 백인이 아닌 아시아계 민족이었음을 알 수 있다. 오딘은 양 민족의 혼혈로 탄생한 단군과 같은 일종의 연합정권의 지도자이지만, 그의 조상을 보면 이들이 아시아계라는 것은 의심의 여지가 없다. 오딘에 대한 묘사를 하면서 금발에 흰색 피부라고 말한 것은 그 당시 아스가르드에 거주하던 사람들이 금발에 흰색 피부를 가지고 있지 않았기 때문이다. 특히 오딘의 할아버지의 이름이 부리(Buri)인데, 바로 부여를 말하는 또 다른 국명인 불여(不與), 부루(符婁)와 비슷한 음가를 가지기 때문이다. 따라서 오딘의 조상은 아시아계 중 부여, 즉 조선과 관련이 깊다는 것을 알 수 있다.

이 문명을 가지고 들어온 아시아계 민족들이 현지의 금발 유럽인들과 혼혈을 하면서 바이킹 민족의 시원이 되었고 이들에게 문명을 전파해 주었으며 스웨덴 최초의 왕가를 열었던 것이다. 또한 이들은 고대 그리스와도 연계가 되어 있음을 알 수 있는데 양 민족을 연결시켜준 끈은 바로 아시아계 기마민족이었던 스키타이(色族)였던 것이다. 왜 그리스가 아시아계 기마민족과 긴밀한 관련성을 가지는지는 고대 그리스 문명의 건설 편에서 다루기로 하겠다.

3) 고대 북부유럽에서 투르크어가 사용된 흔적

고대 북부유럽에서 알타이계 언어가 사용되었다는 것은 스칸디나비아반도에서 발견되는 비석을 통해서도 입증되고 있다. 북부유럽에서 발견된 탐가문자는 길게는 5,000년 전에 작성된 것부터 중세초기까지 작성되었으며 투르크민족이 사용하던 탐가문자와 거의 대동소이함을 알 수 있다. 또한 비석에 새겨진 문장도 투르크계 문법에 맞춰서 작성되었다. 이러한 투르크어식 탐가 비석이 남겨진 곳은 스칸디나비아반도뿐만 아니라 독일북부, 폴란드, 러시아 지역 일대에 광활하게 펼쳐져 있는데 이는 이 지역을 지배하던 지배자 종족들이 알타이-투르크계 언어를 사용했다는 반증이다. 여기서도 알 수 있듯이 서양인들이 말하는 기독교 전파 이전에 문자가 없었다는 주장은 성립될 수 없다는 것을 알 수 있다.

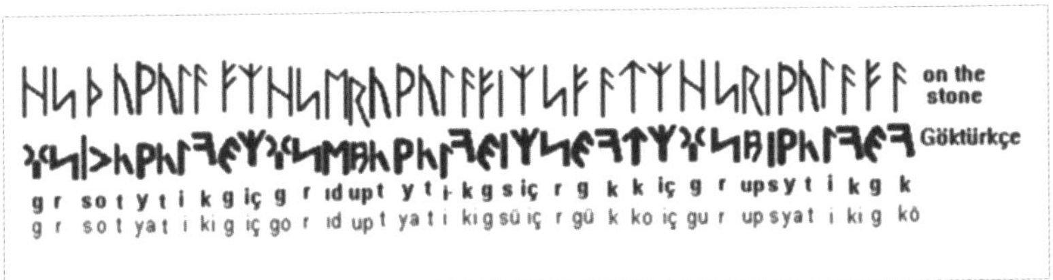

HNᚦ ᚪᛒᛈᚾᚫ ᚠᛏᚾᛚᛗᚱᚪᛈᚾᚠ ᚠᚠᛁᛏ ᛚᚠ ᚠᛏᚤᚾᛚᚱᛁᛈᚾ ᚠ ᚠ **on the stone**

ᛪᚤᛁ᛭ᚺᚲᛈᚾ ᚱᛆᚤᛪᛗᚦᚺ ᛈᚺᚱᚱᛆᛆᚤᚤᛪᛆᛏᚤᛁᚤᛚᚱᛈᚺᚱᛆᛆᚱ **Göktürkçe**

g r   s o t y t i   k g i ç   g r   i d u p t   y t ı k g s i ç   r g   k k i ç   g r   u p s y t i   k g   k
g r   s o t yat i   kı g ı ç go r   id up t yat ı   kı g sü ı ç   r gü   k ko ı ç   gu r   up syat ı   kı g   kô

〈그림 9〉 스웨덴 바이킹 비석에 새겨져 있는 문자의 해석[29]

비석에 기록된 내용의 의미를 해석하면 현대 터키어와 비교해도 그 발음이 상당히 유사함을 알 수 있다. 내용은 다음과 같다.

ök gikit yaspurgu içok güriç sü gikit yatpudır goiç gikit yatsorg

ök	he, his own self
gikit	brave
yaspurgu	lived
içok	much, many
güriç	forte; force(ful); hard(ship)
sü	army, soldiers
yatpudır	committed not
goiç	flight; migration
yatsorg	lies (herein)

"그는(무덤의 주인) 용감하게 살았으며, 많은 군대를 헌신적으로 돌보았으며, 이 땅을 굳세게 지키다 여기에 잠들다."

알타이-투르크계의 어순에 맞춰 비석을 새겼음을 알 수 있다. 즉, 유럽에서 문자를 쓰고 읽을 줄 알던 지배자와 인텔리 계층은 유럽계가 아닌 아시아계였으며 유럽계 민족은 아시아로부터 이주해 온 이 기술 종

---

29) http://www.antalyaonline.net/futhark/FUTHP5E.HTM

족을 신으로 섬겼던 것을 알 수 있다. 이러한 사실이 스웨덴에서는 알려져 있음에도 다른 유럽에 알려지지 않은 이유는 유럽 문명의 아시아 도래를 부인하고 싶은 서양인들의 마음 때문인 것으로 보인다. 보다 자세한 내용을 알고 싶은 독자는 『Runes in Sweden』(Sven B. F Jansson, Peter Foote 역, Royal Academy of Letters, 1987)을 참조하기 바란다.

바이킹들이 섬기던 신들을 탱그리, 즉 단군이라고 불렀다는 것을 알 수 있는 증거들이 비석에서도 많이 발견되는데 아래의 그림은 스웨덴에서 발견된 탐가문자에서 나온 튼리(tnri), 즉 탱그리라는 단어다. 따라서 바이킹에 문명을 전파하고 왕조를 건설한 무리들은 아시아에서 온 기마민족이라는 것을 다시 한 번 확인할 수 있다. 그리고 토르(Thor)는 두 마리의 검은 염소가 끄는 마차를 타고 다녔는데 이 염소들의 이름이 탕그리스니르(Tanngr isnir)와 탕그뇨스트(Tanngnjostr)라고 불렀던 것으로 보아 이들은 탱그리 신앙을 가졌던 것으로 보인다.

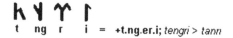

〈그림 10〉 북유럽에 새겨진 '단군'이라는 탐가문자[30]

---

30) http://www.antalyaonline.net/futhark/FUTHP2E.HTM

4. 고대 그리스-로마 문명은 유럽인의 것인가?

고대 그리스인들은 유럽인이기보다는 투르크 계통의 민족에 더 가까웠을 가능성은 앞에서 이미 많이 다루었다. 이번 장에서는 이 부분에 대한 내용을 보다 심화 있게 다루어 유럽사에 대한 새로운 시각을 제기하고자 한다. 먼저 이들이 어떠한 형상을 하고 있었는지를 알 필요가 있는데, 이들은 지금 우리가 유럽에서 보는 금발에 푸른 눈을 가진 종족은 아니었다는 것을 고대 유물을 보면 알 수가 있다. 그리고 현재도 금발의 유럽인보다는 검은 눈에 검은 머리를 가진 유럽인이 월등히 많다. 〈그림 11〉를 보면 고대유럽 문명의 발상지였던 그리스, 이탈리아, 고대 트로이 문명이 있었던 소아시아, 페니키아인들이 있었던 요르단 지방 등등은 우리가 일반적으로 알고 있는 금발에 푸른 눈을 가진 사람들이 살지 않았던 지방임을 알 수 있다. 아래의 DNA 지도도 게르만민족의 이동, 산업혁명이 후 대거 혼혈이 된 이후의 지도임에도 불구하고 여전히 남부 유럽의 유전인자가 북부와 다른 것은 이들 원주민들이 북부와 달랐다는 증거이다.

〈그림 11〉 푸른 눈의 분포, 금발의 분포, Y-염색체의 분포[31]

---

31) http://www.stormfront.org/forum/showthread.php?t=612962

즉, 고대 그리스, 로마 문명뿐만 아니라 많은 유럽의 고대 문명을 일으켰던 주역들은 금발에 푸른 눈을 가진 현재의 유럽인들과는 거리가 멀다는 것을 알 수 있다. 따라서 현재의 금발에 푸른 눈의 유럽인들은 고대 유럽 문명의 주역이라고 할 수 없다.

고대 그리스 문명이 시작된 시기는 현재 미노아 문명이 최초인 것으로 추정되며 그리스 남부의 크레타 섬에서 B.C. 2700~1450년까지 존속된 것으로 추정한다. 그리고 그리스 본토에서는 헬라스 문화(Helladic culture)가 B.C. 2800~2100년까지 존속했다. 그러나 현재까지도 그들이 어느 인종에 속하는지는 아무도 모른다. 다만 현재 유럽인들이 그 지역에 살고 있으므로 인도-유럽어족이라고 추정할 뿐 정설은 아니다. 이후 미노아 문명은 B.C. 1400년경 미케네인의 침략과 화산 폭발로 인해 멸망당하고 만다. 이 미케네인들이 건설한 문화가 바로 앞에서 언급한 헬라스 문명이었다. 이들의 특성은 금과 은으로 많은 장신구와 액세서리를 만들었고 이때부터가 우리가 아는 고대 그리스 역사의 시작이다.

그 이후 B.C. 1100~800년까지를 암흑기라고 하는데 이 시기부터 도리아인들이 침입해 들어와 도시국가를 건설하기 시작한다. 역사책에 나오는 많은 그리스의 도시국가는 이 도리아인들이 건설한 것이었다. 이 당시 지중해 지역의 상황을 보면 고대 이집트와 히타이트도 외부로부터 온 세력에 의해 쇠퇴하기 시작하는데 두 왕국 다 아시리아라는 나라에 의해 멸망당했다. 아시리아인은 발달된 철기 문화를 가지고 있었으며 뛰어난 기병 전술을 가지고 있었다. 그래서 이집트와 히타이트도 이들을 막지 못하고 망한 것이다.

B.C. 2000~1500년 사이에 중동 지방에서는 중대한 사건이 발생하는데 바로 수메르 문명의 멸망이었다. 비옥했던 메소포타미아 지방의 토

지가 산성화되면서 농사를 짓기에 적합하지 않게 되자 수메르 문명은 서서히 쇠퇴하기 시작했다. 이 시기에 많은 수메르인들이 살 곳을 찾아 다른 곳으로 이동한 것으로 보이는데 많은 수메르인들이 이집트로 간 것 같다. 구약성경에도 아브라함이 수메르의 고대 도시 우르에서 가나안으로 간 다음, 가나안에서 가뭄으로 농사가 안 되자 다시 이집트로 들어가 살았다는 기록이 나온다.

그러나 이러한 난민적 성격을 띠고 있던 민족의 이동은 B.C. 1650년이 되면 상황이 완전히 바뀌어 게르만민족의 이동을 방불케 하는 대민족의 이동이 있었던 것으로 추측된다. 왜냐하면 그나마 명맥을 유지하던 수메르 왕국이 B.C. 1700년 멸망을 했기 때문이다. 이에 따라 수메르 지역에 살던 수메르인들이 살 곳을 찾아 대규모의 민족 이동을 한 것으로 보인다.

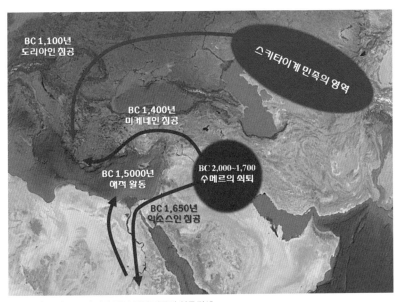

〈그림 12〉 수메르 문명 멸망 당시 주변 민족의 이동정세

수메르 문명은 앞 장에서도 언급했듯이 스키타이인과 언어적 유사성을 많이 가지고 있다. 수메르인은 페르시아인처럼 인도-유럽어족이 아닌 알타이-투르크계의 언어를 사용한 민족이었다. 따라서 지리적 근접성이나 언어적 유사성을 보면 이들이 서로 교류하면서 스키타이인들로부터 철기 문명과 기마술을 배웠을 가능성이 높다. 물론 현 고고학계에서는 수메르 문명은 발달되어 있었고 중앙아시아에는 야만족이 살았다는 식의 논리가 있지만 이들은 티베트 지역과 위구르 지역에 있던 고대 문명을 인식하고 있지 못했기 때문에 그러한 오류를 범한 것으로 보인다.

그리스 문명이 시작된 시기는 현재 역사가들의 주장에 의하면 B.C. 1100~750년으로 암흑기(Greek Dark Age)라고 불리던 시기이다. 그리스에 최초로 거주한 이 고대인들에 대한 기록은 존재하지 않으나 이들이 거주한 지역에서 출토된 유물과 유적을 살펴보면 이 문명이 히타이트, 아시리아, 페니키아, 이집트 등등의 동방 문명에 강한 영향을 받았다는 것을 알 수 있다. 하지만 서양의 역사학자들은 이 시기를 고대 그리스 문명의 암흑기라고 짤막한 언급만 할 뿐 자세한 설명은 하질 않는다. 더구나 암흑기라는 부정적인 단어를 사용하는 것을 볼 수 있는데, 이는 서양 문명의 기원이 동양에서 왔다는 것에 대한 거부감 때문인 것으로 보인다. 당시 선진국이었던 이집트, 히타히트, 아시리아로부터 문물을 받아들인 시대는 이전의 시대와는 다른 새로운 문명이 탄생하게 되는 기초를 마련한 문명의 여명기이지 암흑기일 수 없기 때문이다.

〈그림 13〉을 보면 전체적인 구도가 비슷함을 알 수 있는데 왼쪽의 벽화는 이집트의 왕 나르메르(Narmer)로 B.C. 3150년경 독수리를 상징으로 하던 '상 이집트'와 뱀을 상징으로 하던 '하 이집트'를 통일한 왕이다. 그런데 이 나르메르 왕의 벽화와 유사한 그림이 고구려에서도 나오는

것을 어떻게 설명해야 할까? 시기적으로는 이집트가 바르므로 이집트에서 고구려로 이 신화가 넘어왔다고 해야 이치에 맞는 것 같은데 어떻게 된 일일까? 아니면 중앙아시아에 있던 환국 간의 통일전쟁에 대한 신화를 이집트와 고구려가 기록하고 있는 것일까?

이집트 왕이 남북통일 전쟁을 했던 것으로 보아 이들은 동일한 민족 간의 전쟁이었을 가능성이 있다. 그리고 고구려의 벽화를 보면 처형당하는 포로도 같은 형태의 비늘갑옷을 입고 있으므로 이들도 이집트와 동일하게 같은 종족 간의 전쟁에서 이긴 종족이 진 종족의 왕 또는 왕족의 머리를 베는 것으로 보인다. 특히 베는 사람은 붉은 색의 옷을 입었고 포로는 흰색의 옷을 입은 것으로 보아, 스키타이의 흰색계급(3계급)이 적색계급(2계급)에 대항해 역성혁명을 도모하다가 처형당하는 장면이 아닌가 추측된다. 즉, 고대 이집트와 고대 한국 간의 어떤 연결고리가 있었음을 알 수 있게 해 주는 유물이라고 할 수 있다.

〈그림 13〉 이집트 나르메르 왕의 그림[32] & 고구려 벽화의 그림

---

32) http://www.destiner.com/destiner_topics_africa.htm

뿐만 아니라 태호복희와 여와의 이미지도 고대 이집트의 신인 호루스와 닮아 있다. 복희와 여와는 새의 이미지뿐만 아니라 뱀의 이미지도 있는데 이집트의 곱트교에 보면 예수와 성모 마리아를 뱀으로 묘사한 그림이 있어 역시 연관성이 있음을 알 수 있다. 이집트의 상-하 이집트가 각각 새와 뱀을 상징화한 것은 한국에서 복희와 여와가 새와 뱀으로 묘사되는 것과 같은 이미지이므로 한국과 고대 이집트의 이러한 신앙은 어떤 고대 문명으로부터 전수받은 문화가 아닐까?

동아시아와 유럽을 연결시켜 주는 또 하나의 사건은 B.C. 1500년경 이집트에서 발생한 힉소스인의 이집트 침략인데, 이들은 이집트를 점령한 다음에 약 108년 동안 이집트를 지배하며 제15왕조의 시대를 열었었다. 그 후 카모세(Kamose)라는 인물이 힉소스인에 반기를 들고 본격적인 독립운동을 전개해 나가서 이집트 토착 민족의 제18왕조를 여는 데 기여를 하나 전쟁 때 입은 부상으로 사망하고 만다. 하지만 카모세와 싸웠던 힉소스의 왕 아워세라 아포피스(Awoserra Apophis)는 생존해 있었으며 그의 아들은 짧게나마 마지막 힉소스의 지배 시기를 이끌어 갔다.

〈그림 14〉 태호복희와 여와[33] & 이집트의 호루스와 이시스[34]

---

33) http://pluskorea.net/sub_read.html?uid=13045&section=section78
34) http://www.pyramidofman.com/Concept.htm

이집트 제17~18왕조에 의해 정권을 빼앗긴 힉소스인들의 일부는 이집트에 동화되어 이집트인이 되고 나머지 사람들은 다른 지역으로 이동했을 가능성이 높은데 일부는 군사적 동맹관계에 있던 이집트 남부에 있던 쿠쉬(Kush) 왕국이나 시나이 반도를 지나 팔레스타인 지방에 정착하였을 가능성이 높다. 그런 다음 해상로를 따라 그리스 동부와 남부 지중해 지역으로 진출했을 가능성이 큰데 그 이유는 힉소스인들이 이집트에서 축출된 이후, 이집트 북부 지중해 지역은 갑자기 등장한 해적의 출몰로 골머리를 앓았을 뿐만 아니라 그리스 남부에 있는 크레타 섬에서 크레타 문명이 나타나고 그리스 남-동부 해안을 중심으로 고대 그리스 문명도 나타나기 시작했기 때문이다. 따라서 고대 그리스를 건국한 민족은 금발의 유럽인과는 전혀 상관없는 검은 머리에 검은 눈을 가진 아시아계 민족이었을 가능성이 높음을 알 수 있다.

5. 고대 그리스-로마 문명과 북방 유목민족 문화의 유사성

앞에서 우리는 고대 그리스의 암흑기(B.C. 1100~750년)시대가 몽골계 동양인 혹은 서구적 외모를 가진 투르크계 민족에 의해 건설되고 형성되었음을 알 수 있었다. 그렇다면 우리가 일반적으로 말하는 고대 그리스 문명과 북방 유목민족은 어떠한 관계를 가질까? 세계사 교과서에 나오는 고대 그리스의 역사는 도시국가의 역사이다. 대부분의 사람들은 아테네, 스파르타, 코린트 등등의 도시국가에 대해서 들어 본 적이 있을 것이다. 서양 영화를 보면 고대 그리스인들이 백인인 양 묘사되는 경우가 많은데 아까도 언급했듯이 금발에 푸른 눈을 가진 사람들은 소수에 지나지 않았으며 대부분의 사람들은 검은 머리에 검은 눈을 가진 사람들이었다.

〈그림 15〉는 그리스 유물에 묘사된 그리스 신화와 그리스인들의 모습인데 어디를 봐도 이들은 오늘날 서양인들이 말하는 유럽인의 외모를 하고 있지 않다. 그렇다면 이들은 과연 누구일까? 그리고 어디서 온 민족일까? 그림에서 볼 수 있듯이 이들이 금발의 종족이었다면 얼마든지 노란색이나 다른 색깔을 이용해서 표현할 수 있었다. 하지만 이들은 검은 색으로 묘사를 했다. 따라서 이들은 검은 머리에 검은 눈을 가진 종족이었음을 유물을 통해서도 확인할 수 있다.

〈그림 15〉 그리스 신화에 나오는 신들의 모습들과 그리스인들의 외모[35]

---

35) History Channel, 〈그리스 신화의 세계〉 제1~2회.

1) 그리스의 기원과 민족의 형성

오늘날 우리가 얘기하는 그리스 민족은 도리안족의 침입으로부터 형성되는데 그리스인들은 도리아인들도 이전에 그리스에 살고 있던 그리스인들과 같은 계열의 그리스 민족이라고 주장하고 있다. 그리스 신화를 보아도 이들이 같은 민족 계열이었을 가능성이 높다. 그래서 서양의 역사학자들도 도리아인의 그리스 반도로의 유입을 놓고 '도리아인의 침입'으로 규정해야 할지 '도리아인의 이민'으로 해석해야 할지를 놓고 많은 고민을 하고 있는 것을 알 수 있다.[36) 따라서 암흑기시대의 그리스인과 고대 그리스인은 같은 민족이었음을 서양 역사학자들도 인정하고 있다. 하지만 본 필자와 서양 역사학자의 차이점이 있다면 서양학자들은 이들을 유럽인으로 규정하는 데 반해 본인은 이들이 투르크 계열의 민족일 것으로 추측한다는 점이다. 본 필자가 이들을 투르크 계열의 민족으로 분류하는 이유는 다음과 같다.

·**첫째**: 도리아인과 카자흐인의 혈연적 연관성

헤로도토스의 '역사 제4권 멜포메니에(Melpomene) 편'에 보면 카자흐민족의 전신이라고 할 수 있는 스키타이족의 탄생 설화가 있는데 자세한 내용은 앞 장의 '헤라클레스와 여와'를 참조하기 바란다. 도리안인들도 자신들의 조상이 헤라클레스라고 주장을 했는데 도리아인이 그리스로 침략(이민)을 하던 당시에 쉽게 고대 그리스를 제압할 수 있었던 이유는 그리스인들이 그들 최고의 신인 제우스신의 아들인 헤라클레스의 후

---

36) Blegen, Carl, W., "The Mycenaean Age", *The Trojan War, the Dorian Invasion and Other Problems*, University of Cincinnati, 1962, p. 30.

	도리아인	스키타이인
시조	헤라클레스	헤라클레스(타르그타이)
거주지	그리스 북동쪽	그리스 북동쪽(흑해 연안)
출현 시기	B.C. 750년	B.C. 700년경

손이 그리스 영토를 지배할 권리가 있다고 하는 도리아인들의 주장을 순순히 받아들였기 때문이다. 그렇기 때문에 오늘날 서양의 역사학자들이 도리아인의 그리스 반도로의 유입을 침략인지 이민인지 규정하는 데 고민을 겪는 이유이기도 하다. 도리아인은 고대 그리스 반도에 있던 토착민과 그들을 지배했던 올림푸스산에 살았던 신족 사이의 혼혈아였던 헤라클레스라는 인물과 동방으로부터 온 기마민족의 여성 지도자와의 결혼으로 탄생한 민족이라고 한다.[37]

〈표 3〉을 보면 동유럽 지역에 출현한 시기, 신화, 거주 지역이 일치하고 있어 도리아인과 스키타이인은 같은 민족일 가능성이 상당히 높음을 알 수 있다.

또 한 가지 흥미로운 점은 도리아인을 뜻하는 단어가 영국에도 있는데 켈트족의 후손인 스코틀랜드인들 중 남 스코틀랜드(Lowlands of Scotland)의 방언으로 도릭(Doric)이라는 단어가 있는데 의미는 '시골'이라는 뜻으로 사용되어 당시 고대 그리스인들이 도리아인들을 '변방의 민족'이라고 부르던 의미와 같다. 또한 도릭(Doric)은 러시아(Russia)라는 단어의 어원인 러스틱(Rustic: 시골의)과도 그 의미가 같은 것을 알 수 있는데, 러시아인이 투르크계 민족과 혼용으로 그 개념이 사용되는

---

37) http://classics.mit.edu//Herodotus/history.html

이유는 러시아인들 또한 스키타이족의 후손이지만 이들은 오래전에 슬라브화된 투르크계 민족이기 때문이다. 그래서 오늘날에도 우크라이나인들 그리고 나치시대 히틀러는 러시아인을 "백인의 탈을 쓴 아시아의 타타르족"이라고 부르며 경멸했었다.

여하튼 스키타이와 수메르, 이집트, 유럽, 영국이 공동의 문명권에 있었을 가능성이 여러 증거를 통해서 보이는데 첫째, 티베트, 수메르, 이집트 문명에 있던 키쉬(Kish)라는 단어가 켈트족의 후손인 아일랜드의 항구도시로 남아 있는 점, 둘째, 스코트랜드의 수도 에딘버러(Edinbrugh)의 별칭이 북방의 아테네(Athens of the North)로 불리는 점, 셋째, 도리아인을 뜻하는 단어 역시 켈트족의 후손인 스코틀랜드인에게서 나타나는 점, 넷째, 아더왕이 스키타이 계열의 사르마트족의 사람이었던 점, 다섯째, 고대 그리스 도시국가 중에 이집트 도시 이름인 테베(Tebe)가 있는 점. 이런 여러 가지 증거들로 보아 고대 이집트에 제15~16왕조를 건설한 힉소스인이 이후 바다를 통해 그리스 남부로 가서 고대 도시를 세우고, 다시 그리스 동북방에 있던 같은 계열의 아시아계 기마민족인 도리아인이 북부로부터 내려와 그리스 문명을 형성한 것으로 보아, 힉소스, 그리스인, 켈트족 또한 아시아계 민족으로 영국의 고대사는 수메르, 이집트, 그리스 문명과 불가분의 관계였음을 추측하게 해 준다. 유럽의 고대사는 동-서 유럽 전체가 모두 알타이-투르크계 민족의 역사였던 것이다.

·둘째: 헤라클레스의 스팀팔로스 새의 퇴치와 예의 열 개의 태양 전설

그리스 신화의 많은 내용과 종교철학이 동양의 종교철학과 유사한 부분이 상당히 많다. 그중 대표적인 것을 보면 〈그림 16〉과 같다.

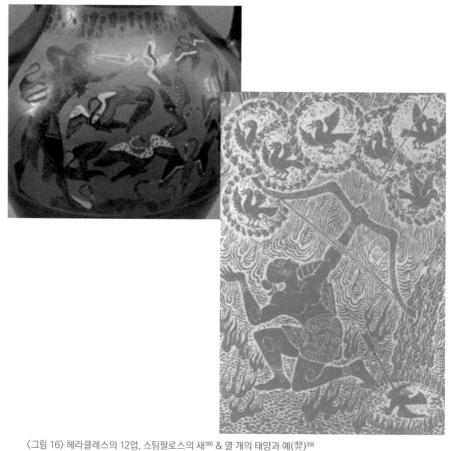

〈그림 16〉 헤라클레스의 12업, 스팀팔로스의 새[38] & 열 개의 태양과 예(羿)[39]

---

38) http://ko.wikipedia.org/wiki/%ED%97%A4%EB%9D%BC%ED%81%B4%EB%A0%88%EC%8A%A4

39) 박시인, 『알타이신화』, 청노루, 1994, 74쪽.

천체 제준과 열 개의 태양 전설은 이미 앞에서 설명했으므로 생략하겠다. 중국 산해경의 책에 나온 이야기와 헤라클레스 이야기의 공통점은 이들이 모두 새를 잡았는데 그 이유가 혼란에서 비롯된 것이었다. 헤라클레스가 제압한 스팀팔로스의 새들은 실제로 새가 아니라 새를 토템으로 하던 북방 기마민족들을 제압한 내용이 아닌가 추측이 되는데 그리스 신화에 묘사된 스팀팔로스의 새는 청동으로 된 부리와 발톱, 수많은 날개를 가진 식인조였다. 이들은 아르카디아 동북쪽의 숲에 살았으며 때때로 무리를 지어 다니며 청동깃털을 떨어뜨려 사람을 죽이거나 독성을 가진 배설물로 농사를 망쳤다고 한다. 이에 에우리스테우스는 헤라클레스에게 준 12개의 임무 중, 여섯 번째 임무로 스팀팔로스의 새를 아테나 여신이 준 청동 징을 울려 놀라게 해 하늘에 날게 한 다음에 흑해의 아레스 섬으로 도망가는 새들을 활로 쏘아 죽였다고 한다.[40]

여기서 새를 청동갑옷으로 입은 것으로 묘사한 것은 중국인들이 치우를 보고 구리 얼굴을 한 괴물이라고 묘사한 것, 고대 그리스인들이 북방 기마민족을 켄타우로스로 묘사한 점과 비슷한 것으로 이들은 새가 아니라 머리에 깃털 장식을 하고 비늘갑옷을 입고 싸우던 북방 기마민족을 보고 그렇게 묘사했다고 추측된다. 또한 섬으로 도망쳤다고 한 부분은 그리스 신화에 나오는 시렌과도 유사하다. 즉, 스팀팔로스의 새, 시렌, 펠라스기안(Pelasgians)은 공통적으로 새로 묘사된다는 점과 섬, 즉 바다에 살고 있다는 것이다.

---

40) http://ko.wikipedia.org/wiki/스팀팔로스의_새

스키타이 기마 무사들은 머리에는 새의 깃털로 장식된 구리 투구를 쓰고, 발에는 구리로 된 신발을 신고, 새 털 모양의 갑옷(비늘갑옷)을 입고 구리화살 촉과 깃털이 달린 화살을 쏘며 새처럼 빠르게 움직였다. 또한 이들은 새 토템을 가지고 있었을 뿐만 아니라, 전쟁에서 잔인하게 적들을 죽였다. 따라서 그리스인들의 입장에서는 이들이 식인을 하는 새라고 묘사했던 것으로 보인다.

(필자 주)

스팀팔로스의 새는 유목민족들로 농사에 대한 지식이 별로 없었거나 아니면 약탈의 목적으로 그리스인이 거주하던 지역에 들어가 농사를 짓던 그리스인의 경작지를 파괴하고 양 떼를 몰고 와서, 밀의 새싹을 풀로 먹게 하여 농사를 망치게 하는 등, 그리스인들과 충돌이 잦았던 모양이다. 청동깃털로 사람을 죽였다는 것은 이들이 청동화살촉과 깃털로 만들어진 화살을 쏘았기 때문에 위의 글처럼 묘사한 것이 아닌가 생각된다.

그렇다고 해서 그리스인과 스키타이를 별도의 민족으로 구별할 수는 없다. 헤로도토스도 이미 언급했지만 스키타이족에는 농경 스키타이와 유목 스키타이가 동시에 존재했었다. 따라서 헤라클레스가 행했던 12업(Labours of Heracles)은 동물을 퇴치했다기보다는 그 당시 농경 스키타이계 도시국가들이 동물 토템을 가지고 있던 12개의 유목 스키타이계 국가들로부터의 압박으로부터 벗어나기 위한 전쟁이 아니었나 생각된다.

·셋째: 헤라클레스의 12업과 동방에서 온 사자의 전설

고대 환국과 고조선(솔롱고스)은 주변 민족의 분쟁을 해결하는 중재자의 역할을 했던 것으로 보인다. 이들은 분쟁 지역의 주민을 자국으로 피난시켜 삶의 안식처를 제공하기도 했는데 위만처럼 은혜를 배반으로 갚는 사람들도 있었다.

(필자 주)

카자흐스탄의 전설을 보면 그리스 신화에서 나오는 이야기와 유사하면서도 그리스 신화에서 언급하지 않은 뒷이야기를 하는 듯한 내용들이 상당히 많은데 그중 하나가 "서쪽의 악마를 퇴치하러 간 예르사인(카: Ер Сайын)의 모험"이다.

예르사인은 최초의 탱그리가 둘로 나뉘어 형성된 남자 탱그리와 여자 탱그리(우마이 탱그리: Ұмай Тәңір)의 사이에 태어난 세 명의 탱그리 중, 막내이다. 그에게는 아내가 있었는데 결혼을 하고 5년이 지나도 아이가 없자, 부모 탱그리가 걱정하며 하느님에게 아들을 점지해 달라고 기도해 보라고 하여, 예르사인은 제단을 쌓고 그곳에서 다섯 색깔의 천을 흔들며 하느님에게 아들을 점지해 달라고 기도했다. 그때 하늘에서 지옥에 잡혀간 사람들을 구해 오면 아들을 주겠다는 음성을 듣고 곧장 서쪽에 있던 악마 예르클륵(Еркілік)을 퇴치하기 위해 떠날 차비를 했다. 이때 부모 탱그리가 서쪽 땅으로 가는데 88년이나 걸리니 가지 말라고 하자, 그는 "나에게는 한길(카: Хангил)이라는 천리마가 있으니 8년이면 도착할 수 있습니다"라고 말하며 천리마와 함께 길을 떠났다.

그는 서쪽으로 끝없이 간 다음, 남쪽으로 내려가 악마 예르클륵이 지배하는 나라에 들어가게 되었다. 그는 예르클륵의 궁전에 들어가자마자

"나는 하느님 탱그리의 명을 받고 동쪽에서 온 예르사인이다. 당신의 지옥에 갇혀있는 사람들을 해방시키고자 왔으니 사람을 풀어줘라"라고 외쳤다. 이에 예르클륵은 고대의 지혜가 담겨 있는 책에 후일 예르사인이라는 자가 와서 자신을 죽일 것이라는 예언을 기억하고 어떻게 하면 이 문제를 원활하게 해결할 수 있는지 그에게 묻자, 예르사인이 자신에게는 자식이 없는데 이곳의 지옥에 갇혀 있는 사람들을 해방시켜 주면 자식을 가질 수 있게 해준다고 해서 왔다고 하였다. 예르클륵은 바로 자신의 아들 아르슬란 타르그타이(카: Арыслан Тарғытай)에게 명해 그와 함께 지옥으로 가 사람들을 풀어주라고 명했다.

이에 예르사인은 타르그타이와 함께 지옥에 가서 사람들을 해방시켜 주었는데 한 포로는 그 상처가 너무 심해 데리고 나올 수가 없었다. 그래도 예르사인은 그를 데리고 나가려고 하자 타르그타이가 그는 사람을 마구잡이로 죽인 살인마라 그 죄값을 치를 때까지 이곳에 오래 있어야 한다고 했다. 그러자 예르사인이 "난 하느님 탱그리로부터 명을 받고 왔기 때문에 모든 사람을 해방시켜야 한다"라고 주장해서 타르그타이는 그의 상처가 심하니 치료가 되면 데려가라고 해서, 예르사인은 기다렸다가 상처가 치료되자 그를 데리고 나와 무지개를 만들어 지옥에 잡혀 있던 사람들을 모두 하늘나라에 올려 보냈다. 그리고 나서 고향으로 돌아갔는데 타르그타이가 예르사인을 배웅하러 동쪽으로 함께 동행하면서 서로 마음이 통해 의형제를 맺기로 한다. 예르사인이 동쪽에 있는 자신의 고향에 무사히 도착하자 그곳에는 금발의 어린아이를 안고 있는 아내가 서 있는 것을 보았는데 그때 그 아이는 이미 1살이 되었었다고 한다.[41]

---

41) Жанайдаров. О., *Ежелгі Қазақстан мифтері*, аруна, 2009, pp. 58~63.

〈그림 17〉 사자 가죽을 쓴 헤라클레스[42)43)]

이 전설이 그리스와 연계되어 있다고 보는 이유는 먼저 이 신화에 나오는 등장인물인 '아르슬란 타르그타이'인데 이미 앞 장에서 '헤라클레스와 여와'의 장에서 '헤라클레스'가 '타르그타이'라고 언급을 했었다. 그런데 여기서 등장한 '아르슬란 타르그타이'도 앞 장에서 언급한 타르그타이와 동일 인물인 것으로 추측이 되는데, 그 이유는 카자흐어로 아르슬란(카: Арыслан)이란 '사자가죽을 뒤집어 쓴'이라는 의미이기 때문이다. 즉, '아르슬란 타르그타이'란 '사자가죽을 뒤집어 쓴 타르그타이', '사자가죽을 뒤집어 쓴 헤라클레스'의 의미가 된다. 실제로 그리스 신화를 보면 헤라클레스는 사자 가죽을 뒤집어쓰고 다녔었다.

따라서 카자흐 신화에 나오는 '아르슬란 타르그타이'는 헤라클레스일 가능성이 높다. 그러나 그리스 신화를 보면 헤라클레스의 아버지는 제우스인데 여기서는 '예르클룩'으로 나와 있으니 어찌 된 것일까?

카자흐스탄 신화를 보면 인간의 창조를 방해하고 죄에 빠뜨리게 하는

---

42) http://www.river-styx.net/greek-gods-hades.htm

43) http://cultureofsoccer.com/2008/01/29/some-team-names-are-all-greek-to-me/

〈그림 18〉 예르사인의 모험 신화를 근거로 그린 지도와 스키타이족의 거주지

인물로 예르클록이 자주 등장하는데 '예르클록'이란 '악마' 또는 '방해자' 등의 의미로 쓰이는 일반명사이기 때문에 스키타이인의 반대 세력 또는 반대파일 경우에는 '예르클릭'으로 불릴 수 있다. 비슷한 경우로 그리스 신화에서는 기마민족으로 보이는 켄타우르스를 켄토스 같은 지적인 인물이 있었음에도 불구하고 전반적으로 질 나쁜 종족으로 묘사하고 있으며, 카자흐 전설에서는 그리스인들을 악마로 묘사한 것으로 보아 고대 그리스인과 스키타이인은 상호협력도 했지만 경쟁관계에 있었던 것으로 보인다. 따라서 서로가 서로의 지도자를 '악마', '포악한 주정뱅이' 등으로 비하한 것이 아닌가 생각된다. 이는 슬라브 신화에서도 '스바로그'가 용과 싸운 신화에서 자신의 영역과 악마의 영역으로 영토를 갈랐다는 내용과 비슷하다.

이 신화에서 한 가지 궁금한 점은 이야기 속에 등장하는 하느님 탱그리라는 존재인데 스키타이족인 예르사인이 살던 지역은 그리스에서 동쪽으로 한참을 간 지역으로 산 옆에 위치했다고 카자흐 전설에 전해지고 있다. 또한 하느님 탱그리로부터 산에서 계시를 받은 것으로 보아 이들이 말하는 산은 티베트에 있는 어느 산일 것으로 추정된다.

스키타이인들이 최초 거주했던 지역은 카자흐스탄 동남쪽 지형으로 이들의 고대 문명은 모두 알라타우, 카라타우, 천산 등등 산의 아래 지역에 위치하고 있었다.

·예르사인은 서쪽으로 한참 가서 남쪽으로 갔다고 했기 때문에 스키타이 지역에서 서쪽으로 간 다음, 남쪽으로 내려가면 헤라클레스가 등장하는 그리스에 갔을 가능성이 높다.

·귀국 당시 예르사인은 많은 사람들이 길거리에 쓰러져 있고 다쳐 있는 모습을 보았는데 갈 때는 보지 못했던 장면들이었다. 따라서 예르사인이 모국으로 귀국하던 당시, 동일한 경로로 귀국하지 않고 다른 길을 선택했기 때문에 전쟁으로 황폐해진 지역을 보게 된 것으로 보인다.

·당시 그리스 남동 지역은 전쟁이 있었던 것으로 보이는데 일리아드의 오디세이를 보면 고대 그리스는 아나톨리아 지방의 트로이와 싸우고 있었다. 그러므로 예르사인이 그리스를 방문했던 당시에도 그리스 남부도시와 아나톨리아 지방 간에 계속 분쟁이 있었을 가능성이 있다.

·따라서 타르그타이(헤라클레스)가 예르사인에게 설명했던 전쟁은 아나톨리아 지역에 있었던 동물 토템을 가지고 있던 12개의 국가가 에우리스테우스로부터 부탁을 받은 헤라클레스와 대립하여 싸웠던 전쟁(헤라클레스의 12업)에 대한 묘사가 아닌가 생각된다.

·그래서 이 전쟁의 중재를 하고자 동방의 하느님 탱그리가 개입을 하게 되었고 12국에서 잡혀간 포로들을 석방하는 것으로 평화조약이 맺어졌던 것이 아닌가 생각된다.

·그리고 타르그타이가 풀어주지 않으려고 한 사람은 그리스와의 전쟁에서 그리스에 막대한 피해를 주었던 적국의 장수였기 때문에 석방을 거절했지만, 예르사인의 강력한 요청으

로 석방이 된 것으로 보인다.

2) 분쟁을 중재했던 탱그리의 정체는?

그렇다면 헤라클레스도 꼼짝할 수 없었던 하느님 탱그리란 누구일까? 왜 12개국을 격파할 정도로 막강한 군사력을 가졌던 그리스가 하느님 탱그리라는 사람의 명을 거역하지 못하고 이들을 풀어준 것일까?

하느님 탱그리는 악마로 묘사된 예르클릭과는 멀리 떨어진 동쪽에 있었던 것으로 보이는데 스키타이가 거주하던 지역과는 가까웠던 것으로 보인다. 그랬기 때문에 예르사인이 아들을 점지해 달라고 요청할 수 있었던 것 같다. 실제로 스키타이족이 위치했던 동쪽을 보면 거대한 천산산맥이 있는데 아마도 하느님 탱그리는 그 지역에 거주했던 것으로 보인다. 천산은 지금도 탱그리 산으로 불리고 있다.

우연의 일치인지는 몰라도 헤로도토스의 '역사'를 보면 이 하느님 탱그리의 존재를 확인할 수 있는 힌트가 있는데 역사 4권 23장을 보면 다음과 같은 내용이 나온다.

카스피해 근처에는 농경 스키타이가 살고 그 동쪽에는 유목 스키타이족이 살고 있는데 이들을 지나 더 동쪽으로 가면 험준한 산 정상에 남녀 모두 대머리인 종족이 살고 있는데 이들의 복장은 스키타이와 같고, 그들 자신만의 고유의 언어를 가지고 있다고 한다. 이들은 유목 스키타이처럼 고기도 먹었지만 나무 과일을 먹으며 주로 채식생활을 했다. 이들은 무기를 가지고 있지 않은 평화로운 종족이었는데 주변의 스키타이인들은 이들을 해하지도 침략하지도 않았으며, 이들은 이 대머리 종족의 사람들을 존경했으며 주변 종족 간의 분쟁이 발생했을 때에는 이 대머리 종족이 분쟁을 해결해 주었다고 한다. 이 종

족의 이름을 헤로도토스는 아르기파이안(Argippaeans)이라고 불렀다.[44]

아르기파이아인은 비록 무장을 하지는 않았지만 주변 스키타이인들의 정신적인 지주였던 것으로 보인다. 지정학적인 위치상 이들이 하느님 탱그리라 불리던 종족일 것으로 추측이 되는데 이들의 영향은 동아시아, 중앙아시아뿐만 아니라 멀리 유럽까지 미친 것으로 보인다. 그래서 고대 그리스의 지배자들도 이들이 제안하는 평화협상을 거절하지 못하고 받아들인 것이 아닌가 생각된다. 그리스인들이 티베트에서 내려온 수메르인이 다시 힉소스인이 되어서 이집트를 점령했다가 그리스로 간 페라스기아인이라고 가정하면 그리스인이 티베트에 살던 하느님 탱그리 부족의 말을 왜 순순히 따랐는지 이해할 수가 있다. 이런 아르기파이아인들이 살았던 위치와 신선의 국가 환국이 있었을 것으로 추정되는 티베트가 일치하는 것은 우연의 일치일까?

고대 그리스와 로마를 건설한 에트루스칸, 가야 무사의 갑옷을 보면 디자인이 상당히 비슷함을 알 수 있는데, 이들의 갑옷이 비슷한 이유는 고대 그리스인, 고대 로마인, 고대 가야인이 모두 스키타이족에서 파생되어 나간 민족이기 때문이다. 그렇기 때문에 이들의 갑옷 양식이 비슷하다고 추측할 수 있다. 가야의 갑옷은 고구려와 달라서 이들은 판형갑옷을 만들어 입었다.

같은 알타이-투르크 계열의 민족이면서 고구려는 비늘갑옷의 형태를 가야는 판형갑옷의 형태로 각자 다른 양식을 가지게 된 이유는 아마도 북방민족의 중앙아시아 지역의 분포와 관련이 있을 것으로 보이는데 고

---

44) http://en.wikipedia.org/wiki/Argippaeans

대에 유라시아 대륙은 투르크 계열의 스키타이족과 몽골 계열의 부여족, 퉁그스족이 초원을 지배했는데 부여족은 천산산맥을 기점으로 동쪽을, 스키타이족은 서쪽을 주로 지배했던 것으로 보이며 퉁그스족은 중국 내륙과 만주, 동 시베리아 지역에 거주했던 것으로 보인다. 이들은 제국의 확장에 따라 각자의 영역을 넘나들기도 했지만, 전통적으로 자치권을 계속 인정받아 와서 천산산맥, 알타이산맥을 기점으로 크게 동-서로 양분되었던 것으로 보인다. 돌궐제국도 천산산맥과 알타이산맥을 기점으로 동-서 돌궐제국으로 나뉘었으며, 부여계 징기스칸의 제국도 원과 4한국을 이 두 산맥을 중심으로 나누었다. 이는 지리적 차단성에서 기인한 것도 있지만, 지리적 차단성으로 인해 천산산맥의 동쪽과 서쪽의 기마민족이 그 기원은 같지만 각자 독자적인 문화를 가지게 되었기 때문인 것으로 보인다.

중앙아시아의 스키타이계 민족이 서양에 막대한 영향을 끼치던 당시에 동아시아에도 막대한 영향을 끼치는데 중앙아시아와 위구르 지역에서 판형갑옷을 만들어 입던 가야-신라인들은 중국의 춘추전국시대 때까지만 해도 진(秦)나라를 건국하여 전국칠웅(戰國七雄)의 한 국가로 존재하다가 진시황 통치시절인 B.C. 221년, 짧은 기간 동안 중원의 패자가 되지만 진시황 사후 B.C. 206년 전국시대 국가들의 반란으로 국가가 멸망하면서 일부가 한반도로 넘어와 A.D. 1세기경, 한반도 남부 지역에 가야연맹과 사로국을 건설한 것이 아닌가 생각된다. 그렇기 때문에 김수로왕은 자신의 아내를 현지 부인으로 얻지 않고 골품제도(아크 수이예크)의 풍습에 따라 자신과 같은 부족의 왕족 출신을 찾아 당시 진나라의 멸망 이후, 한-초(漢-楚) 내전을 피해 중국 사천성의 보주(普州)로 피신해 간 자신의 일족에게 신붓감을 청한 것이 아닌가 생각된다.

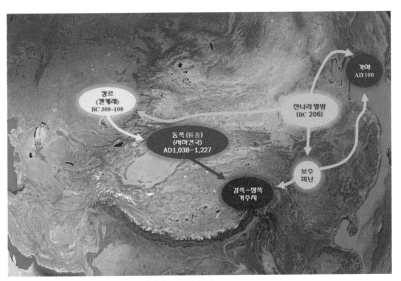

〈그림 19〉 춘추전국시대 이후 신라-가야계 민족의 이동

그리고 춘추전국시대를 통일한 진(秦, Qín)나라는 아골타가 세운 금(金, Jīn)나라와 같은 발음인 '진(중국 발음: Qín & Jīn)'을 가지는데 그 이유는 진나라와 금나라가 모두 황금을 뜻하는 '알튼(카: Алтын)'이라는 음가를 가지고 있기 때문이다. 앞 장에서 소개했던 지명을 다시 참조하기 바란다.

즉, 한족은 '황금'을 뜻하는 '알타이' 또는 '알튼'을 표기하기 위해 '하얼', '아얼', '아리' 등으로 표기하고 있음을 알 수 있다. 뒤에 붙은 '진(秦)', 또는 '금(金)'은 앞의 발음이 '황금'을 뜻한다는 훈독 글자이다. 한국에 있는 단어 중에 '깡통'이라는 단어가 있는데 이 단어는 합성명사로 '그릇'을 뜻하는 영어의 '캔(can)'에 한국어 '통'을 붙여서 만든 단어이다. 즉, 외래어를 사용하면서 그 순수 한국어로 그 뜻을 설명하고 있는 것이다.

지명	음가	최종발음
하얼타이산(哈爾泰山)	Ha-Er-Tai-Shan	알타이산(AltaiShan)
아얼진산(阿爾金山)	A-Er-Jin-Shan	알타이산(AltaiShan)
아리예진(阿勒泰)	A-Le-Jin	알타이(Altai)

일본에서의 신(카미)은 번개신의 개념이다. 번개는 고대에 태양, 불과 같은 개념으로 사용되었었다.

(필자 주)

고대에 한자를 사용하던 투르크계 민족들도 이러한 원리를 이용해서 이름이나 지명을 표기했던 것으로 보인다. 고대의 한자 사용원리를 현재까지 가지고 있는 일본의 한자 표기방식을 보면 이해가 더 쉬운데 '천둥(雷)'을 뜻하는 '카미나리(일: 雷, かみなり)'는 '신(神)'을 뜻하는 '카미(일: 神, かみ)'와 '울다'라는 '나루(일: 鳴る, なる)'를 합쳐서 만들어진 단어이다. 고대 일본인들은 천둥이 신의 음성이라는 생각을 가지고 있어 이러한 단어가 만들어진 것으로 보인다. 그러나 표기할 때는 '카미나리(일: 神鳴り, かみなり)'라고 쓰지 않고 짧게 기상현상으로서의 '천둥'을 뜻하는 '雷'로 표기한다. 그러나 훈독발음을 보면 고대 일본인들의 기상현상에 대한 생각을 읽을 수 있다.

즉, 중앙아시아에서도 고대 한자는 자국의 언어만으로 표기하면 자신들이 통치하던 광활한 지역의 다른 민족들이 알아 볼 수 없었기 때문에 옆에다 한자로 다시 그 의미를 표기하는 방식으로 사용되었던 것이다.

따라서 진나라와 금나라(청나라 포함)는 모두 스키타이계의 가문이 건설한 왕국임을 알 수 있다.

춘추전국시대 말기의 혼란기에 진나라 백성들 중 일부분은 전쟁을 피해 자신의 고향 중앙아시아 지역으로 돌아갔을 가능성이 많은데, 전국시대(B.C. 403~221) 시기에 동쪽으로부터 캉글, 위슨 같은 유목민족들이 카자흐스탄에 들어와 유목국가를 형성하였기 때문이다. 이들은 모두 스키타이 계열의 민족으로 최초 티베트 위구르 지역에서 동쪽으로 이동하면서 부여계 북방민족(고조선, 부여, 흉노)과 퉁그스계 민족 전국시대 6개국(한, 진, 조, 초, 연, 제)과의 충돌을 피해 전쟁이 없는 천산산맥 서쪽으로 이동해 간 것이 아닌가 추측된다. 이들이 모두 같은 민족일 가능성은 아래의 유물로 추측할 수 있다.

〈그림 20〉 사슴관: 켈트족,[45] 신라,[46] 미국 인디언[47]

45) http://macdonnellofleinster.org/page_7g__the_druids.htm
46) http://en.wikipedia.org/wiki/File:SillaCrownGuimet.jpg
47) http://www.okmainregion.net/index.php?menu=education&sub=secwepemc&
   page=education/secwepemc/section01.inc

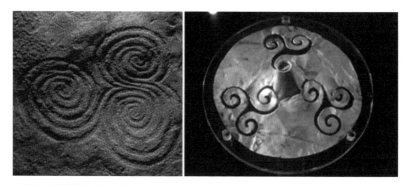

〈그림 21〉 삼위일체: 켈트족[48] & 중국 충칭(A.D. 25~220)[49]

　따라서 켈트족, 스키타이족, 투르크족, 진나라인, 가야인, 신라인은 모두 같은 계열의 민족이었을 가능성이 높다. 그러했기 때문에 A.D. 4세기경의 것으로 추측되는 신라 황남대총에서 발견된 황금보검에서 켈트족 양식의 디자인에 로마, 페르시아산 가공법과 보석이 박힌 유물이 신라에서 나올 수 있었던 것이다. 또한 허황후가 인도가 아닌 중국 사천성 보주에서 왔음에도 불구하고 인도 지명인 아유타국이라는 이름을 쓴 이유는 A.D. 1세기경 한반도와 일본 큐슈에서 가야가 형성되고 있을 때, 인도 북부를 점령한 스키타이 계열의 월지족이 쿠샨왕조를 건설하고 인도 북동부의 아유타 지역까지 세력권에 두고 있었기 때문인 것으로 추측된다. 인도 북부에 진출했던 스키타이인들(아유타국 사람들)은 장건이 한무제에게 말했던 것처럼 인도 북부에서 미얀마를 통해 중국 운남성으로 통하는 육로를 통해 중국 사천성 보주시 근처까지 이동해서 자신들이 인도에서 가지고 온 종교와 문화를 그대로 유지했던 것으로 보인다. 그리고

48) http://www.juleswatson.com/images/triplespiral.jpg

49) http://news.xinhuanet.com/english/2004-01/12/content_1272153.htm

이들은 바다로도 진출한 것으로 보이는데 그 증거는 북방식 고인돌과 비슷한 남방식 고인돌이 인도서부터 동남아시아, 일본, 한반도에 펼쳐져 있는 것으로 보아 가야와 신라를 건국한 민족의 영역이 인도 북부부터 동남아시아 해안 일대, 한반도, 일본에 걸친 대제국이었음을 알 수 있다.

그래서 삼국사기를 보면 이해가 안 가는 메뚜기 떼의 습격에 대한 기록이 나타난다거나, 일본의 정창원에 출처를 알 수 없는 열대기후 동물이 신라로부터 수입되었다는 기록이 나오는 것이다. 한마디로 스키타이족의 역사는 유라시아 대륙뿐만 아니라 인도서부터 동남아시아, 한국, 일본을 넘나드는 민족이었다. 이들은 비록 기마민족이었지만 샤머니즘을 통해 발달된 천문학적 지식을 보유하고 있었으므로 쉽게 바다도 정복했던 것으로 보인다. 이집트에서 쫓겨난 힉소스인들도 B.C. 1500년경 지중해의 해상권을 장악했던 것처럼 기마민족은 단순한 야만민족이 아닌 발달된 철기 문명과 천문학을 보유한 문명 민족이었을 가능성이 높다.

〈그림 22〉 댕기머리 그리스,[50] 에트루스칸,[51] 위구르[52]

---

50) http://www.livelygrey.com/2008/03/the_greek_national_museum.html
51) http://www.youtube.com/watch?v=UfyNShX-8vI
52) http://www.stormfront.org/forum/showthread.php?p=7672890

이미 역사적으로 투르크인의 조상인 스키타이족과 그리스인의 조상인 도리아인이 같다는 것은 설명했다. 이들은 조상이 서로 같았기 때문에 이들이 가지고 있던 문화도 같았던 것으로 보인다. 중앙아시아의 위구르 여인뿐만 아니라 한국을 포함한 많은 알타이-투르크계 민족들은 전통적으로 댕기머리를 했었다. 우리나라도 조선시대까지는 이 풍습이 유지되었으나 지금은 사라졌다. 그런데 이 댕기머리의 풍습은 투르크민족과 그리스 민족뿐만 아니라 최초로 로마제국을 건국했던 에트루스칸인에게서도 발견되는데 그 이유는 이들이 서양인이 아닌 투르크 계열의 민족이었기 때문이다. 댕기머리는 단순한 헤어스타일이 아니다. 댕기머리는 샤머니즘적 의미가 포함된 것으로 태양의 햇살을 상징한다. 그러나 지면 관계상, 자세한 설명은 제2권 『모든 종교의 기원 단군사상』에서 언급하기로 하겠다.

3) 로마의 기원과 민족의 형성

미국의 스탠포드 대학에서는 최초 이탈리아 반도의 정착민이었던 에트루스칸의 유전자와 현대 이탈리아인의 유전자를 비교 분석한 결과, 고대 로마인은 현대 이탈리아인들 보다는 유전적으로 현대 그리스 남동부, 소아시아 반도 지역의 그리스인과 터키인에 더 가깝다는 보고서를 발표해 이탈리아를 발칵 뒤집었던 적이 있다.[53]

---

53) http://news.stanford.edu/pr/2006/pr-mountain-051706.html

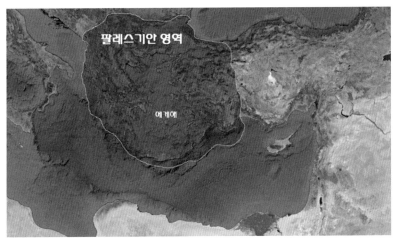

〈그림 23〉 에게해와 팔레스기안의 영역

　유전적인 증거뿐만 아니라 역사적 기록을 보아도 에트루스칸인은 그리
스 남동부 해안, 소아시아 지역의 주민들과 유전인자가 같을 수밖에 없는
데 에트루스칸인은 고대 그리스 지역에 살았던 에게해인(Aegean)의 한
갈래로 현대 그리스인이 살기 이전부터 그리스에 살았던 토착민이었다.

　에게해인들을 펠라스기안인(Pelasgian)이라고도 불렀는데 고대 그
리스인들의 기록에 의하면 이들이 순수 그리스인이라고 기록하고 있으
며 심지어 어떤 그리스 학자는 자신을 포함한 펠라스기안인이야말로 정
통 그리스인이며 오늘날 우리가 말하는 고대 그리스인을 그리스인이 아
니라고 부정하는 학자까지 있었다. 왜냐하면 이들은 그리스 문명의 최초
건설자인 크레타 문명을 건설한 민족이자 그리스 본토에 그리스 암흑기
이전부터 국가를 건설하고 살아왔던 토착민이었기 때문이다. 이들은 그
리스 남부 지역뿐만 아니라 지중해 전 해상권을 장악하였던 민족으로
거주 지역은 우리가 세계사에서 보는 그리스와 그리스 식민지 영토 지역
과 일치하는 것으로 보아 이들이 같은 민족임을 알 수 있다. 또한 묘하게

이들의 출현 시기가 이집트에서 힉소스인이 밀려난 시기와 일치하니 힉소스인과 고대 그리스인이 같은 민족일 가능성이 있다.

즉, 수메르 문명이 환경재앙으로 인해 점차 약화되어 B.C. 1730년 함무라비 왕의 바빌론제국에 의해서 망하자, 수메르인들은 자신들이 가지고 있던 막강한 군사력을 바탕으로 B.C. 1650년경 이집트를 점령하고 그 지역에 거주하다 이집트인 출신 아흐모세 1세의 독립전쟁에 패하여, B.C. 1555년경 팔레스타인 지방으로 이동, B.C. 1500년경부터 바이킹처럼 해적질을 하다가 점차 약탈 지역을 자국의 영토로 삼은 것이 아닌가 생각된다. 따라서 이집트-그리스-로마 문명은 하나의 끈으로 연결되어 있음을 알 수 있다.

4) 로물루스 레물루스 형제의 늑대 전설과 웅녀 전설

로마를 최초로 건설한 로물루스 레물루스 형제의 전설은 투르크민족

〈그림 24〉 로물루스 레물루스 형제의 늑대[54] & 아쉬나 전설[55]

---

54) http://en.wikipedia.org/wiki/File:She-wolf_suckles_Romulus_and_Remus.jpg

55) Мұхтар Құл Мұхаммед 외, Көркемсуретті Қазақстан Тарихы 1нші том, Қазақ

의 시조인 아쉬나 전설과 매우 흡사해 이들이 동일 민족일 확률은 매우 크다.

에트루스칸인과 카자흐인 사이에 건국 신화만 비슷한 것이 아니다. 로마제국의 기틀을 잡았던 유명한 인물 율리우스 시이저(Julius Caesar)는 '줄리우스 케사르'라고도 불렸는데 서유럽에서 'ㅈ(J)' 발음이 동유럽에서는 'ㅇ(J)'로 변환되어 '줄리우스'를 '율리우스'라고 '조셉(Joseph)'을 '요셉'으로 발음한다. 또한 '시이저' 발음도 'C'가 'ㅅ'과 'ㅋ'으로 발음되는 현상을 보인다. 따라서 '줄리우스 케사르'와 '율리우스 시이저'는 동일 인물을 다르게 발음한 것이다. 에트루스칸인이 중앙아시아 투르크민족과 같다는 증거는 '케사르'라는 이름이 중앙아시아에도 존재하기 때문이다. 탱그리의 세 아들 중 막내의 이름이 '카이사르(게세르)'였고, 당나라를 격파하고 북방민족을 재통합했던 '게세르 한' 또한 '케사르'와 그 이름의 어원이 같으며 카자흐스탄의 '카이사르', 한국의 '거서간(게세르 한)'과 그 어원을 같이하는 단어라고 볼 수 있다.

또한 로마는 한국의 단군 신화와 비교할 수 있는 웅녀 신화를 가지고 있는데 내용을 소개하면 다음과 같다.

옛날 이탈리아의 어느 왕국에 아름다운 왕비가 살았는데 병을 얻어 죽게 되었다. 이에 왕비는 왕에게 만약 재혼을 하게 될 경우 자기만큼 아름다운 여인이 아니면 결혼하지 말아달라고 부탁했다. 왜냐하면 그녀에게는 외동딸밖에 없었기 때문에 왕이 재혼을 하고 딸을 소홀히 대할까 봐 두려워 이러한 다짐을 받았다. 그러나 재혼을 하기로 결심한 왕은 왕비의 뜻과는 전혀 다른 방향으로 결정을 하는데 왕비만큼 아름다운 여인을 찾던 왕

энциклопедиясы, 2006, p. 162.

은 죽은 왕비에 버금가는 아름다움을 지닌 여인은 자신의 외동딸밖에 없음을 알게 되고 자신의 친딸 프레지오사(Preziosa)와 결혼을 하고자 한다. 그리하여 왕은 공주를 가두고 언제 결혼을 하면 좋은지 신하들과 상의하게 된다. 이를 불쌍히 여긴 한 노파가 공주에게 가서 나무 조각을 주면서 이것을 입에 물면 곰으로 변신할 것이니 왕이 오거든 이것을 입에 물어 곰으로 변신하라고 말해줬다. 공주는 노파의 말에 따라 왕이 방에 들어오자 곰으로 변신해 왕이 놀란 틈을 타 숲으로 도망쳤다. 공주는 숲에서 한 왕자를 만나는데 왕자는 말을 할 줄 아는 곰의 지적 수준과 인격에 감탄하여 자신의 궁전으로 데리고 갔다.

어느 날 왕자는 우연히 머리를 빗고자 나무 조각을 빼내고 머리를 빗던 공주의 아름다움에 한눈에 반해 상사병에 걸리고 만다. 그때부터 왕자가 정신병자처럼 혼자 중얼거리고 다니고 곰과 이야기하는 것을 본 왕자의 엄마, 왕비는 곰이 왕자에게 해를 끼친다고 생각해 시종을 시켜 죽이라고 명령한다. 그러나 그 시종은 곰을 끌고 나가 죽이지 않고 숲에 놓아줬다.

다음 날 곰이 없어진 것을 안 왕자는 말을 타고 달려가 다시 곰을 데리고 오지만 곰은 다시는 사람으로 변신하지 않았다. 이에 왕자의 상사병이 깊어만 가자, 이를 걱정한 왕비가 어떻게 하면 병을 고칠 수 있냐고 묻자, 곰을 자신의 방으로 데려와 시중을 들게 해달라고 부탁을 했다. 그래서 곰이 왕자의 방에서 왕의 병이 나을 때까지 시중을 들게 되었는데 인간으로 변하지 않는 곰을 보며 왕자는 마음 아파했다. 그러던 어느 날 왕자는 곰에게 키스 한번만 할 수 있게 해달라며 애걸해서 키스를 하게 된다. 이때 곰은 입에 물고 있던 나무 조각이 떨어져 인간으로 변신하자, 왕자는 그 기회를 놓치지 않고 겁탈하려고 했다. 이에 공주는 자신의 명예를 지켜달라고 부탁해 왕자는 공주와 결혼하여 행복하게 살았다고 한다.

〈표 5〉 단군 신화와 이탈리아 에트루스칸 신화의 유사성

	단군 신화	이탈리아 웅녀 신화
여인의 출신	왕족	왕족
남성의 출신	왕족	왕족
토템 동물	곰	곰
동물에서 인간으로 변환시키는 매개체	파, 양파, 마늘	나무 조각
이야기의 결말	결혼	결혼

이 신화를 보면 단군 신화와 비슷한 공통점을 가지고 있는데 정리하면 〈표 5〉와 같다.

이들은 모두 여인을 곰으로 묘사하는 공통점을 보일 뿐만 아니라, 이 이탈리아 웅녀는 곰에서 인간으로 변신하자, 환웅처럼 결혼을 한다. 이 야기의 전반적인 흐름이 단군 신화와 유사함을 느낄 수 있다. 에트루스 칸인이 곰 토템과 관련이 있는 신화를 가진 점은 한국의 단군 신화뿐만 아니라 카자흐민족의 조상인 사르마트족, 영국 켈트족의 기원이 된 사르 마트족 출신 아더왕의 곰 토템과도 일맥상통해 이들은 모두 동일 문명권 의 사람이었음을 암시한다.

6. 파지리크 쿠르간의 여인은 여와인가?

이야기를 다시 카자흐 신화인 "예르사인의 모험"으로 돌아가도록 하 자. 예르사인과 아르슬란 타르그타이(헤라클레스)가 언제 존재했던 인 물인지 그리스 신화나 카자흐 신화에는 기록되어 있지 않다. 하지만 『한 단고기』를 보면 판단할 수 있는 근거가 있는데 B.C. 3512~3418년에 아

사달을 통치했던 태우의 환웅의 치세 기간 이후일 것으로 보인다. 헤라클레스가 만났다는 뱀여인은 태우의 환웅의 딸 여와와 여러모로 비슷한 외모를 가지고 있다.

　헤라클레스가 만난 뱀여인이 여와라고 가정한다면 헤라클레스와 예르사인이 전쟁평화조약을 맺은 시기는 약 B.C. 3500~3000년 사이 정도가 될 것이다. 그렇다면 헤라클레스는 어떻게 여와를 만났을까? 앞에서 예르사인이 고향으로 돌아갈 때, 헤라클레스(아르스란 타르그타이)가 배웅하기 위해 동쪽으로 함께 갔었다는 이야기를 했다. 아마도 헤라클레스는 스키타이 땅 안으로 깊숙이 들어왔던 것으로 보인다. 물론 그 이유는 배웅의 목적도 있었겠지만, 스키타이 내부를 염탐하기 위해서의 목적도 있었을 것으로 보인다. 카자흐 전설 "예르사인의 모험"에는 헤라클레스가 예르사인을 배웅해 주고 갔다고만 전하고 더 이상의 자세한 언급은 없으나, '스키타이민족의 형성'에 대한 또 다른 카자흐 전설을 보면 헤라클레스가 잠을 자다가 자신의 전차(Chariot)를 잃어버려 동쪽 땅으로 갔다는 내용이 나온다. 이로 미루어 추측할 수 있는 것은 헤라클레스가 예르사인을 배웅해주고 그리스로 돌아가다 잠시 쉰 사이, 헤라클레스의 마차를 누군가 의도적으로 훔쳐 뱀여인이 살던 지역에 갖다 준 것으로 보인다. 그래서 헤라클레스는 고향에 돌아가기 위해 마차를 찾아 헤매던 중, 뱀여인을 만난 것으로 보인다. 따라서 파지리크 쿠르간에 그려져 있던 몽골인 형상의 대머리 여인은 유목 스키타이보다 더 동쪽에 있었다던 신성한 민족 아르기파이아(Argippaeans)인이고 서양식 외모를 가진 남자는 헤라클레스를 묘사한 것이 아닐까?

〈그림 25〉 뱀여인을 만난 타르그타이,[56] 태호복희와 여와,[57] 파지리크 벽화[58]

그리고 헤라클레스가 했다는 12업과 "예르사인의 모험"에 나오는 12
국가의 전쟁은 왜 일어났을까? 세계사를 보면 B.C. 3300년에 중대한 변
화가 생기는데 신석기가 끝나고 청동기 문화가 시작된 시기가 약 B.C.
3300년경부터이다. 따라서 이 당시 획기적으로 무기가 발달하면서 그리
스 지방에서부터 메소포타미아 지방 일대는 패권을 놓고 대혼란이 일어
났었고 이 전쟁에서 그리스가 승리했던 것으로 보인다. 그러나 동방의 하
느님 탱그리의 나라에서 그리스가 일으킨 전쟁을 정의롭지 못하다고 판
단, 사신을 파견해 전쟁을 중재하고 포로들을 석방하게 했던 것이 아닌
가 생각된다.

그리고 헤라클레스가 동침했다는 뱀여인은 태우의 환웅의 딸 여와로,
당시 아시아 지역을 다스리던 환웅국의 백성을 주변 스키타이인들이 아
르기파이아인으로 부른 것이 아닌가 생각된다. 더구나 이 뱀여인(여와)

56) Мухтар Құл Мухаммед 외, 앞의 책, p. 55.
57) http://kr.blog.yahoo.com/naamgyoo/1309.html?p=1&t=2
58) http://www.turkotek.com/misc_00048/zahirpour.htm

은 한국의 '구지가(龜旨歌)'에 나오는 것처럼 여성이 직접 남성을 간택해서 혼사까지 치른 것으로 보아, 고대에 여성 지도자의 힘이 남성보다 강했던 것으로 보인다. 그래서 파지리크 쿠르간의 남자가 여자보다 작게 그려진 것으로 보인다.

7. 동유럽 민족의 형성

동유럽 민족의 형성은 매우 복잡해서 하나로 규정하기가 상당히 어렵다. 왜냐하면 동유럽 지역은 금발에 푸른 눈을 가진 북유럽의 백인이 오기 전에 이미 투르크계 스키타이인과 페르시아인이 거주하고 있었던 것으로 보인다. 그러나 로마제국의 쇠락과 동방에서 훈족이 침략하면서 대

〈그림 26〉 다양한 인종의 모습이 보이는 위구르인

규모적인 민족의 이동이 일어나는 바람에 이 과정에서 이 지역의 민족은 서로 얽히고설켜 한 국가의 민족을 인종적으로나 언어적으로 분류하기 어려운 상황이 되어 버렸다.

따라서 민족의 기원은 이들이 각 지역에 보유하고 있는 문화와 역사로서 구별하는 것이 보다 더 유럽의 각 민족들의 기원에 대해서 정확하게 정의할 수 있지 않을까 생각된다.

이처럼 인종적인 외형을 기준으로 이들의 기원을 찾으려고 하면 굉장히 복잡해짐을 알 수 있다. 따라서 이들의 기원을 찾기 위해서 이들의 고대사를 중심으로 이들 민족의 개념 정의를 하는 것이 비교적 용이한 편인데 이들의 고대사의 시작은 스키타이와 수메르 문명에서부터 시작하고 있다고 동유럽의 많은 사학자들이 공통적으로 말하고 있다.

A.D. 1488년 헝가리력 5248년 출판된 헝가리 연대기(Chronica Hungarorum)에 의하면 책을 저술한 4명의 각기 다른 역사학자들이 헝가리민족의 기원에 대해서 여러 가지 학설과 이견이 있었음에도 불구하고 이들이 내린 공통적인 결론은 헝가리인의 조상이 훈족에서 왔다고 기록하고 있다.

헝가리 건국 신화에 의하면 최초로 트란실베니아 지방에 들어와 국가의 시원을 연 사람은 바빌로니아의 위대한 왕 니므롯(Nimrod)과 그의 아내 에넷(Eneh) 사이에서 태어난 훈노르와 마고르(Hunor & Magor)에 의해서였다고 한다.

케자이(Kezai)의 훈노르와 마고르의 전설에 의하면 니므롯에게는 훈노르(헝가리, 훈)와 마고르(마자르, 말갈)라는 아들이 있었다. 이들은 스키타이의 땅에서 태어나서 살았다. 하루는 두 형제가 아버지처럼 사냥을 나갔다가 우아한 자태를 하고 있는 흰 사슴을 발견하고는 추적하기 시작해 아조프(Azov) 해까지 가게 되었다. 거기서 그들은 흰 사슴이 살고 있는 신천지를 발견하게 됐으며, 그 지역을 지배하던 아란족(Alan)의 왕 두라(Dula)의 두 딸과 각각 결혼하여 정착하게 되었다. 이들의 자손들이 후일 훈족의 위대한 왕 아틸라와 마자르족의 위대한 왕 알모스(Almos)가 이끄는 제국의 후손들이 되었다.

이 전설을 보면 고대 수메르 문명에서 퍼져 사람들이 헝가리와 불가리아를 건설한 사람들임을 알 수 있다. 즉, 수메르 문명이 B.C. 1700년경 붕괴된 이후 수메르인들이 주변 국가로 퍼져나갔을 것이라는 본 필자의 가설이 맞을 가능성이 높다는 것을 증명해주는 예라고 볼 수 있다. 또한 니므롯은 그리스에서도 상위 계열의 신으로서 숭배의 대상이 되었는데 그 이유는 그리스인들이 수메르에서 온 사람들이었기 때문이라고 추측된다. 그렇지 않다면 왜 적국인 아리안족 계통인 페르시아제국의 영토가 된 지역의 신을 최상위 서열에 놓고 숭배했을까?

그리고 헝가리 건국 신화에서도 알 수 있듯이 수메르와 스키타이는 불가분의 관계임을 알 수 있다. 그런데 의문점은 니므롯은 바빌론제국의 왕이었는데 어떻게 니므롯의 아들들이 스키타이의 땅에서 살았다고 헝가리의 전설은 말하고 있을까? 아마도 그 이유는 B.C. 1700년경, 수메르제국의 국토가 염분으로 뒤덮이면서 농사에 치명타를 입고 약화되었던 시기, 카스피해 쪽으로 일부 수메르인들이 이동하면서 생긴 전설이 아닌가 생각된다. 그리고 헝가리인들이 자신들을 니므롯의 후손이라고 주장하는 것은 마치 한국인이 바이칼 지역에서 왔고 현재는 한반도에 거주하고 있지만 단군의 자손이라고 말하는 것과 같은 원리라고 생각한다. 즉, 강력한 바빌론제국을 건설했던 왕의 후손이라는 자부심을 가지기 위해 사는 지역이 바뀌었음에도 불구하고 계속 수메르 지역을 자신들의 정신적 고향으로 여기고 있는 것이다.

그런데 일부 헝가리, 불가리아 학자는 후노르와 마고르 전설을 근거로 하여 자신들의 조상이 아시아계가 아니라는 것을 증명하는 도구로 사용하고 있다. 이들은 훈족의 조상인 후노르와 마자르족의 조상인 마고르가 모두 수메르에서 왔으므로 헝가리인의 조상은 몽골인의 외모를 한 아시아계 민족이 아니라고 주장하는 것이다. 동유럽 사학자들이 이렇게 주장하는 것은 서유럽에 대한 콤플렉스로 보이는데 백보 양보해서 그럼 중동에는 과연 몽골계 아시아인이 없었을까?

8. 알타이-투르크계 언어가 중동 지방에 존재했을 가능성

그러나 수메르 멸망 이후, 약 50년 뒤 이집트에 갑자기 출현한 아시아계 기마민족인 힉소스인의 존재를 생각하면 동유럽의 서양 지향적인 사학자들에게는 불행한 소식이 되겠다. 힉소스인의 존재는 고대에 이미 중동 지방에는 몽골 계통의 아시아계 민족이 거주하고 있었다는 명백한 증거이다. 그리고 이들이 동방에서 왔기 때문에 수메르인의 언어, 풍습, 문화, 종교 등 모든 부분이 동아시아의 문화와 유사했던 것이다.

그랬기 때문에 서양의 역사학자들은 수메르 문명을 발굴했던 초기에 이들을 아무런 근거도 없이 인도-유럽어족이라고 규정하고 이들을 서양인 취급을 했으나, 수메르인들이 자신들을 '웅상기가(검은 머리의 사람들)'라고 불렀다는 증거를 찾으면서 한걸음 물러나 기원을 알 수 없는 고립된 언어를 가진 신비한 민족이라고 설명을 하고 있다.

〈표 6〉 수메르어, 고대 헝가리어, 현대 헝가리어, 영어의 비교[59]

수메르어	Garasdua lupugu: Wuutu peeggiis lugalla turan muhunhi nu subadduaha gihu gehinnahabulu.
고대 헝가리어	Garazdua lufuu: Wutu – peccis lughala toran munhi ni zobathaya heu gebnahabul.
현대 헝가리어	Garázda lófőt: Wathát, fourát királynak törvénye mennyek ne szabadítsa meg, tüzes gyehennától.
영어	The evil boss: Watha, royal warchief, should not be delivered from the fiery hell, by the law of heavens.

수메르어는 주변 민족과 연관성을 찾을 수 없는 고립된 언어였다. 수메르어는 셈족 계통의 아카디아어로 교체되어 갔지만, 문학용, 과학용 언어로 사용되어 오다가 오늘날에는 사라져 버렸다.[60]

그러나 동유럽의 역사학자들 중에는 서양학자들의 이러한 의견에 반대하는 학자들이 많은데 헝가리 역사학자에 의하면 스키타이와 훈족은 같은 민족으로 이들의 문화와 언어가 같았다고 주장하고 있다. '스키타이'란 고대에 주변 민족이 '훈족'을 부르던 명칭일 뿐 같은 민족이라는 주장이다.[61]

〈표 6〉을 보면 고대 헝가리어가 수메르어와 닮아 있음을 알 수 있으며 현대 헝가리어에서도 수메르어의 원형을 찾을 수 있을 만큼 유사함을 알 수 있다. 그런데 서양학자들이 정의하는 수메르어는 고립어로 현존하지 않는다는 말은 어디서 나온 것인가?

---

59) https://www.forumbiodiversity.com/showthread.php?p=146876
60) http://en.wikipedia.org/wiki/Sumerian_language
61) https://www.forumbiodiversity.com/showthread.php?p=146876

언어	의미
훈	Hezer vitesi jüve urmuk elejbe, is oz beleul tumen lesznikh.
헝가리	Ezer vitéz jö urunk elébe, és azokból tömény less.
한국어	수천 명의 용사가 우리 영주에게 왔다. 그리고 그들은 병사가 될 것이다.
영어	A thousand warriors come to our warlod, and they will make a legion.

〈표 8〉 헝가리어, 게일어, 영어, 한국어의 비교[63]

헝가리어	게일어	영어	뜻
Atya	Athair	Father	아빠
Viz	Uisce	Water	물
Talaj	Talamh	Soil & Ground	토양 & 땅
Tüz	Tine	Fire	불
Fü	Féar	Grass	풀
Forrás	Fuarán	Spring	봄
Bánat	Brónach	Sorrow	분함

〈표 7〉은 훈족과 헝가리, 한국어, 영어를 비교해 놓은 것이다. 현대 한국어가 훈족의 언어와 헝가리와 많이 다르지만 문법적으로는 같다는 것을 볼 수 있다. 현대 한국어가 헝가리어와 달라진 점은 아마도 한자어를 많이 사용하게 되면서 달라지게 된 것으로 보인다.

〈표 8〉도 헝가리어와 영국의 원주민 게일어를 비교한 것인데, 헝가리어나 게일어가 지리적으로 가까운 영어보다 오히려 한국어와 비슷한 단어가 더 많다. 게일어의 문법 또한 헝가리어나 한국어처럼 알타이-투르크어 계통인데 왜 서양학자들은 인도-유럽어족이라고 말할까?

---

62) http://www.youtube.com/watch?v=6vq3wOgDb2s
63) http://www.youtube.com/watch?v=6vq3wOgDb2s

〈그림 27〉 고대 중동의 민족들 왼쪽부터 리비아인, 누비아인, 시리아인, 샤수인(Shasu), 베드원족, 히타히트인

〈그림 27〉을 보면 고대 이집트 주변에 있었던 민족의 모습을 볼 수 있는데 화려한 의상으로 보아 이들은 일반 사람이 아닌 귀족이었던 것으로 보인다. 그런데 이들의 모습을 모면 흑인인 누비아인을 제외한 나머지 사람들의 모습이 전부 아시아계 모습을 하고 있는 것을 볼 수 있다. 특히 히타히트족의 얼굴은 다른 민족보다도 몽골계 민족의 외모를 강하게 풍기고 있음에도 불구하고 서양의 사학자들은 애써 숨기려고 하는 의도가 보인다. 증거자료로 아래에 원문을 실었다.

Foreign prisoners of Ramesses III Libyan, Nubian, Syrian, Shasu Bedouin, and Hittite(The Hittites were an Indo-European people from Turkey)[64]

---

64) http://www.catchpenny.org/race.html

람세스 3세에 의해 잡힌 외국인 포로들, 리비아인, 누비아인, 시리아인, 샤수인, 베드윈족, 히타히트(히타히트는 인도-유럽어족으로 터키에서 왔음).

서양 역사학자들이 쓴 고대 그리스-로마, 중동 지역의 역사책을 보면 종종 이러한 문구를 발견할 수 있는데 이들은 무슨 콤플렉스라도 있는 것처럼 이들이 인도-유럽어족이라고 강조하는 경우가 많다. 켈트족에 대해서도 영국의 원주민이던 픽트(Picts)족, 로마제국의 건설자 에트루스칸인, 고대 그리스를 건국한 도리아인과 암흑시대에 존재했던 원주민에 대해서 묘사할 때도 항상 인도-유럽어족 또는 신비의 부족이라는 식으로 묘사하는데 이들의 외모를 보면 동아시아인의 특징인 약간 노란 피부색과 가는 눈을 가지고 있어 이들이 몽골계 아시아 기마민족임을 보여주고 있다.

이집트 서쪽에 있던 리비아인, 동북쪽에 있던 시리아인, 베드윈족, 히타히트 등이 모두 아시아계 민족의 특징을 가지고 있는 점으로 보아 이들의 원 조상은 몽골 계통의 인종이었거나 아니면 그 지역의 다른 민족과 혼혈을 이룬 민족일 것으로 보인다.

리비아인의 모습 또한 아시아인의 특징을 가지고 있는 것은 힉소스인들이 이집트의 지배를 상실하고 물러나면서 팔레스타인으로만 간 것이 아니라 이집트 서쪽인 리비아로도 망명하여 정권을 세운 것으로 보인다.

동유럽 국가 중 하나인 크로아티아인들은 이러한 다양한 혼혈에 대해서 솔직히 말하고 있는데 이들의 역사를 보면 크로아티아인들의 원 조상은 스키타이족 계열의 사르마트족, 마사게트족의 후손들이나 혼혈이 많이 되었다고 인정하고 있다. 이들은 투르크계의 스키타이뿐만 아니라 몽골계의 훈족, 후리안인(Hurrian), 미타니인(Mitanni)과도 혼혈이 되었다고 기록하고 있다. 그러나 전반적으로 이들은 이란계의 민족이 주류를 이루었다고 말하고 있다.

이러한 크로아티아인의 민족 분석은 옳은 것으로 생각된다. 현재 동유럽과 독일 남부 지방의 단어를 보면 이란어와 비슷한 단어를 많이 가지고 있는데 그 이유는 이들이 과거 페르시아인들과 연계가 되어 있기 때문인 것으로 보인다. 이를 근거로 히틀러는 2차 세계대전 전에 아리아 민족이라는 개념을 만들었는데, 본 필자의 생각에는 원래 아리아인과 히틀러가 말한 아리아인에는 많은 차이가 있다. 자세한 설명은 '아리아인은 백인인가?'의 장에서 논하기로 하겠다.

헝가리-불가리아 전설에 나오는 훈노르와 마고르의 전설에서도 볼 수 있듯이 이들이 동유럽에 오기 전에 이미 동유럽 지역에는 다른 원주민이 살고 있었다. 따라서 동유럽 인종의 형성은 아리안족이 거주하던 지역에 검은 머리, 검은 눈을 가진 몽골계 기마민족이 이 지역을 정복하여, 지배자계급을 형성하고 있다가 후일 슬라브족과의 혼혈로 현재의 인종이 분포하게 된 것이 아닌가 생각된다. 이들의 역사가 수메르, 스키타이에서 시작되었다고 쓰여 있는 이유는 동유럽 지역의 아리아인들을 최초로 정복하고 들어온 지배민족이 기록을 남겼기 때문이며, 지배민족이 가지고 있던 언어가 사라지고 이란계의 언어흔적이 강한 이유는 대다수의 피지배민족이 지배를 받던 기간 중에도, 자신들의 언어를 유지하고 있었기 때문이 아닌가 생각된다.

이와 같은 현상은 만주족인 청나라가 명나라를 정복하고 중원을 통일했을 때도 나타났는데, 청나라는 무력으로 명나라를 점령하고 지배자가 되는 데는 성공했지만, 후일 대다수의 인구를 점유하고 있던 한족에 동화되어 결국 제국 말기에는 자신의 언어와 문화를 완전히 잃어버리고 한족화되어 버렸다. 그러나 그들이 남긴 만주원류고에는 그들이 만주에서 온 기마민족임을 기록에 남겼다.

카자흐스탄 아스타나 평화 피라미드에 전시된 19민족 중 9민족의 전통의상.
왼쪽 위부터 카자흐, 한국, 유태인, 폴란드, 우크라인, 러시아, 조지아, 불가리아, 그리스

제12장

파괴된
역사

1. 서양인들의 아시아 흔적 지우기

〈그림 1〉은 동유럽 각국의 건국 신화를 종합하여 정리한 것인데, 이들 신화에 나오는 민족의 기원을 보여준다. 〈그림 1〉의 민족들은 모두 수메르, 스키타이, 투르크민족과 관련이 있으며 이 지도에 표기는 하지 않았지만, 훈족과 징기스칸 이후의 몽골족도 동유럽 민족의 형성에 크게 영

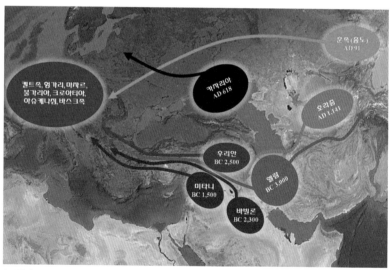

〈그림 1〉 동유럽 민족을 형성한 민족들의 이동

향을 끼쳤다. 이 그림에서 알 수 있는 것은 동유럽인들이 주장하는 자기들 민족의 기원을 보면 이들은 모두 인도-유럽어 계통의 언어를 사용하지 않은 알타이-투르크계 민족임을 알 수 있다. 수메르 국가들 중 가장 동쪽에 위치했던 엘람(Elam)이라는 국가 또한 인도-유럽어족이 아닌 수메르와 같은 언어적 성격을 가진 종족이었는데 서양 역사학자들이 쓴 기록을 보면 이들이 이러한 사실을 숨기고자 하는 것을 알 수 있다.

The Elamite language has no established affinities with any other, and seems to be a language isolate such as Sumerian. Some researchers have posited the existence of a larger group known as Elamo-Dravidian. Linguists such as Václav Blažek and Georgiy Starostin have criticized the Elamo-Dravidian Hypothesis and concluded that the Elamite language was related to Afroasiatic languages. These theories have been heavily criticized.[1]

엘람인의 언어는 다른 종족의 언어와 공통점을 찾을 수 없는 수메르어처럼 고립된 언어였던 것으로 보인다. 몇몇 학자들은 이 지역에 엘라모-드라비다어군(Elamo-Dravidian group)이 존재했었을 것이라고도 말하고 있다. 특히 바크라프 브라제크(Vaclav Blazek)와 게오르기 스타로스틴(Georgiy Starostin)과 같은 언어학자들은 엘라모-드라비다어설을 주장하며 이들이 아프리카-아시아 언어와도 관련이 있다고 주장했으나 이 이론은 다른 학자들로부터 격렬한 비판을 받고 있다.

---

1) http://en.wikipedia.org/wiki/Elam

상기의 내용으로 보아 수메르인의 한 종족이었던 엘람인은 후일 페르시아제국의 영토가 되는 안쪽에 위치했던 국가임에도 불구하고 민족과 언어가 달랐음을 알 수 있다. 더구나 일부 서양 역사학자들이 이들의 언어가 드라비다어와 비슷한 점을 지적한 것은 수메르 문명의 사람들과 인더스 문명을 건설한 드라비다족이 같은 민족이었을 가능성을 시사해 주는 것이라 할 수 있다. 그러나 역시나 그렇듯 대부분의 서양학자들은 엘람어가 알타이-투르크계와 비슷한 문법구조를 가진 드라비다어와의 연계성을 무시하고 있다.

현재 드라비다어족은 대부분 인도의 남부 지방에 위치하고 있지만 고대에는 인도 전체가 드라비다어족으로 구성되어 있었다. 현재도 드라비다어족은 전 인도 지역, 파키스탄, 심지어 아프리카에서까지 발견되고 있다. 아프리카에서도 드라비다어가 발견되고 있는 것은 아마도 힉소스인들이 이집트를 침략하여 지배하던 당시, 이집트 독립운동을 전개하던 카모세(Kamose)왕에 대응하기 위해 군사적 동맹을 맺었던 이집트 남부 지역에 있던 누비아국과의 동맹에서도 알 수 있듯이 당시 이미 고대에 알타이-투르크인들은 아프리카까지 진출해서 그 지역 원주민과 혼혈을 이루면서 고대국가를 건설했던 것으로 보인다.

『한단고기』에서 말한 색족(色族)에 대한 언급에서도 나왔듯이, 색족은 단일민족이 아닌 다민족 국가였음을 암시하는 내용이 이미 기록되어 있다. 적부인과 황부인은 몽골계 인종이었지만, 백부인은 코카서스인의 외모를, 남부인은 흑인의 외모를 가지고 있었다고 이미 언급하고 있어 고대 환국의 영토가 유라시아 대륙을 포함한 아프리카 북부 지역에까지 미치고 있었음을 알 수 있다. 그리고 이들은 파미르 고원에서 살던 당시 서로 결혼을 해서 혼혈이 이루어졌던 관계로 다양한 혼혈인종이 출현했던

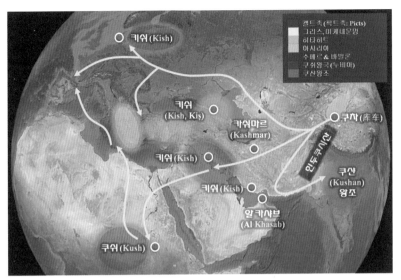

〈그림 2〉 키쉬 지명의 분포를 바탕으로 본 알타이-투르크민족의 이동경로

것으로 보인다. 그러나 이들이 사용했던 공동 표준어는 알타이-투르크
계통의 언어였던 것으로 추측된다. 이는 마치 청나라를 지배했던 계급
은 만주어를 쓰고 피지배계층은 중국어를 했던 것처럼 지배계급과 피지
배계급 간에 사용한 언어가 달랐다. 그래서 오늘날까지도 타타르, 불가
리아, 헝가리, 크로아티아 등등의 동유럽 국가들은 백인의 외모를 하고
있지만 그들의 언어는 투르크계의 언어에 가까운 요소를 가지고 있는 것
이 아닌가 생각된다.

2. 드라비다어족을 고립시키는 이유

드라비다어가 알타이-투르크 계열의 언어와 유사한 면을 가지고 있다고 주장한 학자들은 인도학자보다는 영국이나 서양의 학자들 사이에서 더 많이 제기되었었다. 19세기에 이미 드라비다어와 알타이-투르크어의 유사성에 대해서 많은 연구가 이루어졌지만, 이 연구를 무시하고 사장시킨 것은 다름 아닌 대영제국이었다. 1925년 영국 옥스포드 대학에 차일드라는 사람은 「유럽문명의 여명(The Dawn of European Civilization)」이라는 논문을 제출했으나 부결되었다. 왜냐하면 그의 논문에는 인도인과 유럽 민족의 주류를 이룬 아리안족이 조상이 같으며 B.C. 17세기경 인도로 이동하였다고 썼기 때문이다.[2] 이러한 논문은 그 당시 전 세계를 휩쓸고 다니던 서양인들의 기분을 불쾌하게 하는 내용이

〈표 1〉 한국어와 드라비다어의 비교[3]

한국어	드라비다어	발음
쌀	살	Sal
벼	비야	Biya
밥	밥	Bab
풀	풀	Pul
씨	프시	Pci
알	아리	Ari
가래(농사기구)	카라이	Kalai

---

2) 김병모, 『김병모의 고고학 여행』 제1권, 고래실, 2006, 34쪽.
3) 위의 책, 51쪽.

었다. 어떻게 자신들과 같은 선진 문명인이 피지배 야만족(인도인)들과 동급으로 취급될 수 있는가하는 특권의식 때문이었다. 이러한 일이 발생했던 이유는 서양인들의 백호주의(白濠主義)의 영향도 있었지만 식민통치를 용이하게 하고자 하는 의도도 있었다. 일본이 한국을 식민지로 한 다음 한국의 고대사를 파괴하고 축소하였듯이, 영국인도 인도의 찬란한 고대문화를 그대로 두었다가는 민족적 자부심을 회복한 인도인들이 반항하여 통치가 어려울 것으로 판단, 위와 같은 학자의 의견을 묵살시켰던 것이다. 즉, 자기 조상의 역사를 왜곡해가면서까지 인도를 지배하고 싶었던 것이다. 마치 오늘날의 중국이 한족과는 상관없는 삼황오제를 자신들의 민족신인 양 하는 것과 같다고 할 수 있다. 상황이 이러다 보니 아리안인 이전의 토착민이던 드라비다족에 대한 연구가 제대로 될 리가 없었다. 영국인들은 인도인의 정신문화를 파괴하기 위해 드라비다어족을 고립어로 규정했다.

그 이유는 고대 인더스 문명의 건설자가 드라비다어족이었을 뿐만 아니라 오늘날 고대 인도문학의 정수라고 할 수 있는 많은 기록물들이 산스크리스트어로 쓰여 있는데 산스크리스트어에 가장 가까운 언어가 드라비다어이기 때문이다. 그래서 서양학자들이 드라비다어와 알타이-투르크계의 언어의 친연성을 인정하게 되면 고대 인더스 문명을 건설했던 민족과 나머지 3개 고대 문명(황하, 수메르, 이집트)을 건설한 민족이 하나의 동일 문화권을 가졌던 민족에 의해 건설되었다는 결론이 나기 때문이었다. 만약에 이들이 아리안계 또는 금발에 푸른 눈을 한 유럽인의 역사였다면 이들이 자랑스럽게 공개하고 퍼뜨렸을 텐데, 아쉽게도 대부분의 유라시아 초원의 지배자들은 검은 머리에 검은 눈을 가지고 있었던 투르크-몽골계 인물들이거나 서양의 백인 여자를 아내로 맞아 태어난 혼혈아들의 자손들이었다. 백인 여자와 결혼을 한 이유는 샤머니즘(탱그리 사상)에서 기인한 풍습인데, 자세한 건 제2권에서 다루기로 하겠다. 따라서 이들은 4대 고대 문명을 언급하면서 각자 독자적으로 탄생한 다른 문명인 것처럼 묘사함과 동시에 이들 4대 문명을 건설했던 북방에 있었던 초고대 문명의 실체에 대해서는 함구하고 있는 것이다. 유전학적으로도 백인의 기원은 핀란드 남부 지역일 가능성이 가장 높음에도 불구하고 서양인들이 자신의 언어를 분류할 때 인도-유럽어족이라고 주장하는 이유는 그렇게 언어적으로 이들이 인도와 연관이 있다고 해야 자신들의 역사가 위대해지기 때문이다. 그러기 위해서는 고대 인도 문명의 원 주인인 드라비다어족을 격하시키고 현재 인도를 점령하고 있는 아리안 계통의 힌두족들이 고대 인도 문명의 주인이라는 식으로 기록을 해야 고대에 찬란한 문명을 건설한 주역이 바로 백인 자신이 된다는 공식이 성립되기 때문이다. 이러한 자신들의 논리를 실현시키고자 서양의 언어학자들은 현 유럽어족과 같은 단어를 많이 포함하고 있거나 비슷하기만 해도 인도-유럽어족이라고 해서 광범위하게 어족을 표기하면서도 알타이-투르크계의 언어에 대해서는 엄격한 잣대를 대며 약간의 차이점만 있어도 다른 어족, 독립된 어족, 혹은 고립된 어족으로 분류하여 마치 다른 언어인 것처럼 묘사하고 있다.

이러한 현상은 오늘날 중국에서도 일어나고 있는데 한족들은 북경 사람들이 알아들을 수도 없는 방언들을 문법적 구조가 같다고 하여 한족 어군으로 크게 분류하면서도 정작 알타이-투르크계의 어족에 대해서는 엄격한 잣대를 적용해서 소수의 언어군으로 잘게 자르는 경향이 있다. 이는 자신이 점령한 지역의 주민에 대한 식민통치를 용이하게 하기 위한 정치적인 목적으로 조작했다고밖에 볼 수 없다.

3. 백인 콤플렉스

　다시 동유럽 민족의 형성에 대한 얘기로 돌아가서 살펴보도록 하자. 오늘날의 크로아티아인은 유전적으로 고대 크로아티아인들과 많이 다르다고 크로아티아 역사학자들은 말한다. 이들의 혈통은 슬라브계가 아닌 쿠르드족과 아르메니아인에 더 가깝다고 하는데 이들의 조상은 고대 후리안(Hurrian)을 자신들의 조상으로 상정하고 있는데 이들은 자신들을 후르우흐(Hurrwuh: 후리안 사람)라고 불렀으며 후일 흐브바트(Hrvat)로 명칭이 변경된다.

　페르시아의 아베스타의 기록에 의하면 미타니인들의 제국이 페르시아제국의 동쪽에 있었다고 하는데 대략 아프가니스탄과 파키스탄 일대라고 기록하고 있는데 그 당시에는 그 지역을 하라우바투아(Harauvatya)라고 불렀다. '하라우바투아'는 크로아티아를 부르는 다른 명칭인 '흐르바트스카(Hrvatska)'와 유사한 발음을 가지고 있다.

　그런데 역사상 미타니제국은 수메르제국의 일부로 메소포타미아 북부에 있었다. 즉, 페르시아제국 서쪽에 있었던 왕국인데 아베스타의 기록에 의하면 페르시아 동쪽에 있었다고 하니, 수메르제국을 건설한 민족은 대홍수 이후, 티베트에서 내려온 민족이 아프가니스탄에 거주하다가 다시 서쪽으로 이주했다는 것을 문헌적으로 증명해 주는 자료라고 할 수 있다. 즉, 카자흐어에서 '사람'을 뜻한 크스(Kici)와 어원이 같은 쿠쉬(Kush) 또는 키쉬(Kish) 지명의 분포와 일치하고 있어 고대 인도 문명, 수메르 문명, 이집트 문명, 그리스, 로마 문명을 건설한 주역이 하나의 뿌리를 가지고 있음을 알 수 있다.

〈그림 3〉 세케이 훈족의 얼굴[4]

　그럼에도 불구하고 동유럽 학자들은 최종적으로 이들을 아리아인이
라고 규정해 버리는 이상한 행동을 한다. 미타니제국은 수메르제국의
일부였을 뿐만 아니라, 호라즘, 카자르제국은 투르크 계열의 국가, 마자
르와 세케이 훈족은 몽골계 알타이어족의 민족인데 아리아인이라고? 도
무지 이해가 되질 않는다. 이미 언어학적으로 수메르어가 알타이-투르
크어와 유사함은 이미 살펴보았고, 마자르인들은 물론 동북아시아의 말
갈족과도 관련이 있고 수메르인과 혈연관계가 있다고 헝가리-불가리아
의 역사를 통해서 이미 확인했다. 또한 호라즘과 카자르제국은 중세시
대에 존재했던 국가로 이들은 투르크계 민족의 국가였었다. 그럼 세케이
훈족은 어떠한 얼굴일까?
　〈그림 3〉을 보면 이들의 얼굴은 몽골인의 형상을 하고 있음을 알 수 있
다. 특히 고대로 갈수록 이들의 얼굴은 몽골인의 얼굴에 가깝지만 현대

---

4) http://en.wikipedia.org/wiki/File:Szekelyek_big.jpg

/ 단군의 나라, 카자흐스탄

시대로 올수록 서구화되고 있음을 볼 수 있다. 그 이유는 이들이 유럽의 백인종과 혼혈이 이루어지면서 몽골인의 외모가 서구화되었기 때문이다. 크로아티아인이나 동유럽인들이 자신들의 조상을 서양인으로 분류하고 싶은 이유는 현재 세계경제가 서양인들에 의해서 좌지우지되고 있을 뿐만 아니라, 자신들의 외모가 이미 서양인으로 변모되었고, 서유럽 문화에 대한 동경 때문에 이러한 현상이 나타난 것이 아닌가 생각된다. 한국에서도 한 학자가 한국어에 인도-유럽어족과 기원이 같은 단어들이 있다고 하면서 한민족의 원 조상이 백인이라고 주장한 적이 있는데 이러한 생각은 모두 서양인에 대한 콤플렉스에서 비롯된 것이지 사실과는 무관한 것으로 보인다.

4. 아리아인은 백인인가?

오늘날 우리가 아리안족이라고 말할 때, 이는 서양 사람을 뜻하는데 그렇다면 그들은 금발에 푸른 눈을 가진 종족이었을까? 기록에 나타난 이들의 얼굴과 그림을 종합하여 볼 때, 이들은 금발에 푸른 눈을 가진 사람들이 아니라, 검은 눈에 검은 머리를 가진 종족이었음을 알 수 있어, 우리가 알고 있는 서양인의 이미지와는 확연히 다른 것을 알 수 있다.

아리아인이 건설했던 고대 페르시아제국의 벽화나 조각상들을 보면 이들의 얼굴이 현대 이란인의 얼굴과 별 차이가 없음을 볼 수 있다. 이는 순수 아리아인이 금발이 아니라 검은 머리에 검은 눈을 가졌을 가능성을 말해 준다. 페르시아뿐만 아니라 인도나 아프가니스탄 등 다른 수많은 지역의 고대 벽화나 그림을 봐도 그곳에서 금발의 아리아인이 나오는 비중은 전체적으로 많지 않다. 따라서 서양인들이 아리아인이라고 말할 때 보통 금발에 푸른 눈을 가진 종족이라고 묘사하는데 이는 사실이 아님을 알 수 있다. 현재 지구상에 아리아인이라고 주장하는 사람들의 대부분은 금발보다는 검은 머리가 더 많다. 물론 이들의 외모는 몽골계 동양인의 모습을 하고 있지는 않다. 이들의 외모는 오히려 투르크계 민족의 외모에 더 가깝다. 오늘날 남부-중부-동부 유럽 사람들, 터키인, 이란인, 인도인의 외모만을 보면 그가 어느 나라사람인지 분간하기 어려운 경우가 많은데, 그 이유는 이들이 고대에는 같은 민족이었으나 각종 외부로부터의 침략, 내분 등을 겪으며 각자 독립국가로 갈라져 나가 정치적으로나 언어적으로는 분리가 되었으나 인종적으로는 여전히 하나의 인종을 유지하고 있기 때문이다.

〈그림 4〉 나치 독일의 아리아인 포스터,[5] 히틀러,[6] 인도의 아리아인[7]

---

5) http://www.ushmm.org/propaganda/archive/aryan-family-neues-volk/

6) http://www.aspartamekills.com/

7) http://picasaweb.google.com/lh/photo/iyHxmzLykUop9lbLzYn5-Q

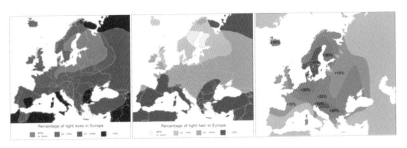

〈그림 5〉 푸른 눈의 분포, 금발의 분포, Y-염색체의 분포[8]

　인종주의의 대가였던 히틀러가 주장한 아리아인의 이미지는 인도에 사는 아리아인의 외모를 봐도 그가 주장한 아리아인의 이미지와 실제 아리아인의 이미지가 확연히 다름을 알 수 있다. 히틀러 자신의 모습 또한 인도의 아리아인과 비슷한 모습을 하고 있는데 그 이유는 히틀러가 남부 독일 출신, 정확히 말하면 오스트리아 출신이기 때문이다.

　〈그림 5〉을 보면 금발에 푸른 눈을 한 백인이 어디에서 기원했는가를 알 수 있는데 대체로 북유럽에서 왔음을 알 수 있다. 따라서 유럽인이 얘기하는 백인의 아리아인이란 북유럽의 빈약한 역사를 채우기 위해 인도인의 역사를 가로채기 위한 유럽식 동북공정의 발상이라고밖에 볼 수 없다.

　결론적으로 오늘날 우리가 말하는 유럽인이라는 개념은 중국인들이 자신이 점령한 영토를 합리화하기 위해서 창조한 중화 민족이라는 통합적 개념과 비슷하다. 물론 이들이 문화적으로나 인종적, 언어적으로 공통분모를 가지고 있다면 가능한 일이지만, 이들은 정치적 목적을 위해서 이러한 개념을 창조한 것에 지나지 않는다. 우리가 얘기하는 금발에

8) http://www.stormfront.org/forum/showthread.php?t=612962

푸른 눈을 가진 민족은 유전적으로도 핀란드 지방에서 기원한 사람들이다. 즉, 이들은 고대 그리스, 로마제국 심지어 중세 유럽의 역사에서도 한 번도 주역으로 등장하지 않았던 민족이었다. 다만 산업혁명이 성공하면서 금발에 푸른 눈의 인구를 비교적 풍부하게 가지고 있던 국가인 앵글로-색슨 계열의 영국, 독일, 러시아제국이 성장하면서 빈곤한 자신들의 역사를 포장하기 위해 만들어 낸 일종의 프로파간다라고밖에 볼 수 없다. 아리아인의 원형이라고 그들이 주장하는 지역의 고대 아리아인의 국가와 지역에는 고대로부터 검은 머리에 검은 눈을 가진 사람들이 살고 있었지, 금발에 푸른 눈을 가진 사람들의 비율은 높지 않았다.

즉, 투르크계 민족과 아리아인은 언어적으로는 다를지 몰라도 인종적으로는 같을 가능성이 있다. 중앙아시아에서 금발을 한 미라가 종종 발견되기도 하지만 절대 다수가 검은 머리를 하고 있고, 지금 중앙아시아에서도 금발을 한 카자흐인들을 종종 볼 수 있다. 이들이 금발을 가지고 있는 이유는 유럽인이 중앙아시아에 있었기 때문이 아니라, 유목민이었던 투르크 기마민족이 북유럽으로도 진출했었기 때문에 그때 혼혈되어 온 사람들이 중앙아시아에 퍼졌다고 보는 게 더 사실에 가까울 것이다. 투르크인들이 북유럽으로 진출했었던 흔적은 현재 핀란드와 북유럽에 사는 라프족이 그 예이며 그 외에 슬라브족과 바이킹 신화가 알타이-투르크 신화와 유사한 것을 보면 짐작할 수 있다.

히틀러가 창조한 아리아인이라는 개념은 역사적으로 동쪽으로부터 유입되어 들어오던 아시아계 기마민족에 대한 반감과 두려움에서 창조된 민족의 개념일 뿐이다. 고대로부터 중세시대까지 오랜 기간 유럽을 지배해 온 기마민족에 대한 반감으로 다른 자신들만의 무엇인가를 찾기 위해서는 아무래도 아시아인과는 외형상 다른 자신들만의 고유한 민족이 필요했는데 이때 금발에 푸른 눈의 백인이 이러한 자신들의 프로파간다에 가장 적합했기 때문에 이러한 현상이 나타났다고 볼 수 있다. 그러나 아이러니하게도 독일의 역사를 주도했던 인물들과 국가들조차도 독일 북부 지방에 거주했던 백인 계열의 게르만족이기 보다는 독일 남부에 살았던 검은 머리, 검은 눈을 가졌던 남부 독일인들이었다. 심지어 히틀러 조차도 남게르만인에 속하지 않았던가?

5. 유럽에 금발의 백인이 살게 된 시기

그렇다면 유럽에 금발의 백인이 퍼지게 된 시기는 언제일까? 아틸라와 함께 들어온 아리아인(게르만족)은 여러 가지 정황으로 볼 때, 금발의 백인이 아닌 검은 머리에 검은 눈을 가진 이란인의 외모를 한 인종이었을 가능성이 크다고 여러 번 언급했다. 그렇기 때문에 지금도 과거 아틸라제국과 헝가리제국의 영토였던 지역에서는 검은 머리에 검은 눈을 가진 유럽인들이 많이 살고 있다. 게르만민족을 이끌고 들어온 훈족은 몽골계 아시아인이었지만, 서쪽으로 이동하는 과정에서 이민족과 혼혈 또는 동맹을 통해 세력을 확장시키면서 서진을 했던 관계로 유럽에 도착했을 무렵에는, 몽골계 훈족의 숫자보다는 이란계 아리아인의 숫자가 훨씬 더 많았던 것으로 보인다. 그래서 동유럽의 많은 민족들이 검은 머리에 검은 눈을 가지고 있으면서도 이란계 언어를 사용하는 민족의 수가 헝가리처럼 우랄-알타이어계 언어를 쓰는 숫자보다 더 많은 것이라고 생각된다.

이러한 현상은 징기스칸이 유럽을 정복할 때도 일어났는데, 중앙아시

〈그림 6〉 바이킹의 유럽 원정

아를 정복한 몽골인이 유럽을 원정 갔을 때, 몽골기병보다 투르크기병의 숫자가 더 많았다고 한다. 그래서 징기스칸의 동유럽 정복 이후, 오늘날까지 동유럽 지방에는 몽골어의 영향은 거의 안 보이고 투르크어의 영향이 더 강하게 남아 있다.

　A.D. 11세기 무렵부터 시작된 바이킹족의 활동 영역과 현재 유럽의 금발-푸른눈-Y염색체를 가진 백인의 분포가 비슷하게 일치하고 있음을 볼 수 있다. 지금도 가장 금발의 백인이 많이 거주하는 지역은 노르웨이, 덴마크, 스웨덴 등 바이킹의 후손이 사는 지역이고 북유럽으로부터 멀어지면 멀어질수록 금발의 백인 비율은 감소하고 있음을 볼 수 있

　단군의 나라, 카자흐스탄

다. 오늘날의 유럽이 이렇게 급격히 금발에 푸른 눈을 가진 유럽인들에 의해 점유된 이유는 중세시대 때부터 유럽은 마녀사냥과 십자군 원정 등으로 끊임없는 전쟁과 기아로 국력이 소진되어 약해졌기 때문이다. 특히 4차 십자군 원정 이후 나타난 징기스칸의 몽골군대가 헝가리제국의 5만 명의 정예 후사르 기병대를 전멸시키면서 유럽에는 군대가 거의 남아 있지 않은 공백의 상태가 몇 백 년 동안 지속되었다. 이로 인해 소수의 바이킹족이 유럽을 마음대로 유린을 해도 이에 대항할 군대가 없어 유럽의 많은 도시는 바이킹의 지배에 들어가게 됐으며 이로 인해 백인의 비율이 남부 지방과 동부 지방으로 확산된 것이 아닌가 보인다. 러시아에 백인이 많은 이유도 현재의 러시아를 건설했던 주역이 바이킹이었기 때문으로 모스크바는 원래 바이킹족이 건설한 도시로 이들은 이 지역에 루스 연방체를 건설했었던 것이 오늘날의 러시아라는 국명으로 남게 되었다.

6. 왜 고대 라틴어는 현대 라틴어와 문법이 다른가?

고대 라틴어의 문법을 보면 현재 유럽에서 사용되는 언어와 문법 구조가 다른 것을 볼 수 있는데 서양 책을 보면 고대 라틴어가 또 다른 형태의 인도-유럽어라고 표현하고 있다. 그럼 고대 라틴어가 인도-유럽어에 가까운지 알타이-투르크어에 가까운지 〈표 2〉의 비교표를 보고 판단하도록 하자.

〈표 2〉 고대 라틴어 문법[9]

시제	라틴어	번역(영문/한국어)
현재시제	Servus vinum ad villam portat.	The slave carries(is carrying) the wine home.
		노예는 포도주를 집으로 나른다(나르고 있다).
불완전 시제	Servus vinum ad villam portabat.	The slave used to carry(was carrying) the wine home.
		노예는 포도주를 집으로 나르곤 했다(나르고 있었다).
미래시제	Servus vinum ad villam portabit.	The slave will carry the wine home.
		노예는 포도주를 집으로 나를 것이다.
과거시제 현재완료	Servus vinum ad villam portavit.	The slave carried(has carried) the wine home.
		노예는 포도주를 집에 날랐다.
과거완료	Survus vinum ad villam portaverat.	The slave had carried the wine home.
		노예는 포도주를 집에 날랐었다.
미래완료	Servus vinum ad villam portaverit.	The slave will have carried the wine jar home.
		노예는 포도주를 집에 날라 놓을 것이다.
능동태	Servus vinum ad villam portavit.	The slave carried the wine jar home.
		노예가 포도주를 집에 나른다.
수동태	Vinum ad villam a servo portatum est.	The wine jar was carried home by the slave.
		포도주를 집으로 노예한테 나르게 했다.

고대 그리스-로마 문명을 최초로 일으켰던 유럽인들이 썼다던 고대 라틴어의 문법은 현대 라틴어의 문법과는 다른데 〈표 2〉로 알타이어계의 한국어와 영어를 동시에 비교해 보면 고대 라틴어의 문법이 어느 쪽에 더 가까운지 금방 알 수 있다. 왜 그들은 알타이-투르크 계통의 문법과 비슷한 문장구조를 가지고 있었을까? 더구나 동사의 어미가 시제에 따라 변하는 것 또한 전형적인 알타이-투르크 계통의 언어의 특징이 아닌가? 어떻게 문법이 근본적으로 다른데 서양인들은 고대 라틴어를 현재의 인

---

9) http://en.wikipedia.org/wiki/Latin_grammar

도-유럽어족으로 분류를 했을까?

서양인들은 드라비다어와 투르크계 언어의 미묘한 차이, 한국어와, 투르크계 언어의 사소한 차이를 예를 들어 고립어라는 둥, 기원을 알 수 없는 언어라는 둥 설명하면서 고대 라틴어가 다른 것은 어떻게 설명할 것인가? 라틴어의 단어가 현재 유럽의 언어에 많이 포함되어 있다고 해서 이들이 같다고 하는 것은 어불성설이다. 한국과 일본에는 중국 한자로부터 수용한 많은 한자 단어가 있지만 우리는 알타이계 언어의 문법을 따르며 중국은 중국어족의 문법을 따르고 있다. 비슷한 단어를 공유한다는 것은 문화교류로 인한 현상이지 서로 같은 민족이었다고 볼 수는 없다.

그렇게 말한다면 천 년 후 한국인 후손들은 한국어에 영어가 많이 섞여 있는 것을 발견하고 한국인은 앵글로-색슨족이 아시아에 세운 나라라고 말하는 것과 같은 웃긴 일이 될 것이다. 이미 로마제국을 건설했던 에트루스칸인들이 현대 이태리인들보다는 그리스 남동부 지역 사람들과 유전인자가 비슷하다고 한 점과 고대 라틴어가 현대 이태리어를 포함한 유럽의 어족과 문법이 근본적으로 다른 점은 이들이 금발의 백인도 검은 머리의 아리아인도 아닌 알타이-투르크계 민족이었다는 증거라고 할 수 있다. 따라서 서양인들이 주장하는 세계사의 대부분은 식민지시대에 백호주의자들이 만들어 낸 허구의 역사임을 알 수 있다.

　지면 관계상 일본어와의 연관성과 기타 다른 음운변화의 규칙에 대해서 전부 설명하지는 못했지만, 한국의 재야사학가들이 주장하고 있는 내용들이 오늘날 전 세계 민족의 언어, 역사, 문화를 비교 연구하고, 조사해 보면 결코 과장된 주장은 아니라는 것을 알 수 있다. 고대 환국은 티베트와 위구르 자치주 지역을 중심으로 동서로 뻗었던 대제국이었음을 알 수 있다.

　언어학적으로 고대 환국이 구대륙을 거의 아우르는 대제국이었다는 증거를 뒷받침할 수 있는 이론이 있는데 바로 보리안 이론(Borean Theory)이다.

　보리안 이론은 조셉 그린버그(Joseph Greenberg)에 의해 주창된 이론으로 그는 전 세계 대부분의 언어가 하나의 뿌리를 두고 있다는 주장을 하는데 그 언어의 영역을 보면 〈표 1〉과 같다.

<표 1> 보리안어의 구분[1]

구분	주요 어족(語族)
Nostratic	인도-유럽어, 우랄어, 알타이어, 카르트베리안어(Kartvelian), 에스키모-에레우트어, 드라비다어, 아프로-아시아어
Dene-Caucasian	시노-티베트어, 북코카서스어, 바스크어, 나-데네어 (Na-Dene), 부루샤스키어(Burushaski)
Austric	남중국어, 동남 아시아어

특히 고대 이집트 왕국의 남쪽에 있던 누비아제국의 쿠쉬(Kush)는 힉소스인들이 이집트에 들어온 이후 줄곧 상호 우호적인 관계를 가졌던 영향으로 아프리카의 언어에서도 알타이-투르크계의 언어가 존재하고 있는 것은 환국이 유라시아 대륙을 포함해 아프리카까지 그 영토가 확장되어 있었음을 알 수 있게 한다.

비록 서양에 의해 근세 이후, 세계질서가 형성되면서 많은 역사가 서양 중심의 역사관으로 바뀌어 왜곡된 부분이 있지만 그렇다고 유럽의 학자들이 완전히 틀렸다고는 볼 수 없다. 대홍수 이후, 고대 파미르에 생존한 인류가 살았던 당시의 인류는 하나의 인류가 아닌 네 종족의 인류가 살고 있었으므로 당연히 이들의 생김새와 언어는 달랐다. 따라서 본 필자도 티베트-파미르에 살았던 인류가 모두 아시아계 인종이라고 말할 수 없다. 다만, 당시의 정치적 주도세력이 아시아계였기 때문에 백인의 모습을 하건, 흑인의 모습을 하건 파미르에 살던 당시에는 만국 공통어로 알타이-투르크 계통의 언어를 공용어로 썼다고 주장할 뿐이다. 더구나 이들은 타인종과의 결혼도 빈번했으므로 많은 혼혈인종이 존재했었다. 따라서 고대 환국의 역사는 서양인의 역사도 아시아인의 역사도 아닌 인류

---

1) http://en.wikipedia.org/wiki/Borean_languages

공동의 역사라고 해야 더 어울릴 것 같다. 그러나 파미르에 살았던 인류가 동서남북으로 흩어져 나가서 18세기 이후, 서양이 세계패권의 주도권을 잡으면서 고대 유라시아 대륙에 있었던 국가를 인도-유럽어족만의 국가로 보는 것은 너무나 국수주의적인 역사관이라고 생각된다. 왜냐하면 현재까지도 고대 스키타이의 전통과 풍습을 유지하는 대부분의 민족들은 알타이-투르크계 민족들이기 때문이다. 유라시아제국의 역사는 직접적으로든 간접적으로든 전 세계 모든 인류와 연관이 되어 있으니 앞으로 이 역사를 연구하는 전 세계의 학자들은 민족주의적인 시각이 아닌 세계주의적인 시각에서 이 문제에 접근을 해야 보다 더 객관적이고 정확한 고대사회를 그려낼 수 있을 것이다.

21세기는 전 세계가 하나로 연결되어 사는 세계화의 시대이다. 고대 12환국이 멸망한 이후, 인류는 뿔뿔이 흩어져 각자의 터전에서 살면서 서로를 남이라고 생각하며 살았으나, 오늘날은 발전된 과학기술 덕택에 마침내 만 년이라는 세월이 흘러 또다시 하나로 만나 살 수 있는 기회를 얻었다. 우리 인류는 모처럼 찾아온 이 기회를 살려 모두가 화합하고 공생할 수 있는 길을 열어야 할 것이며, 이를 위해서 우리는 국사가 아닌 세계사라는 개념으로 전 세계 인류를 지구촌의 한 가족으로 보는 역사관의 확립이 필요할 것이다. 이를 위해 최소한 각 지역은 각 지역을 중심으로 한 범지역주의 역사관이 먼저 생겨야 할 것이며 이 일환으로 본 필자는 한국을 중심으로 한 국사가 아닌 유라시아 알타이-투크르 계통의 언어를 쓰는 모든 민족을 포함한 범알타이적 역사관을 가진 공동역사서가 하루 빨리 나오기를 고대하며 제1권을 마치고자 한다.

김병모, 『고고학 여행』 2, 고래실, 2006.

──────, 『허황옥 루트: 인도에서 가야까지』, 역사의 아침, 2008.

David Hatcher Childress, 윤치원 옮김, 『신들의 고향』, 대원출판, 2002.

앤드류 콜린스, 오정학 옮김, 『금지된 신의 문명』 1, 사람과 사람, 2000.

──────────────, 『금지된 신의 문명』 2, 사람과 사람, 2000.

앤소니 크리스티, 김영범 옮김, 김선자 감수, 『중국신화』, 범우사, 2011.

이병주 감수, 남주성 역주, 『흠정만주원류고』 상권, 글모아, 2010.

──────────────, 『흠정만주원류고』 하권, 글모아, 2010.

임승국, 『한단고기』, 정신세계사, 2009.

엘리스 데이비슨, 심재훈 옮김, 『스칸디나비아 신화』, 범우사, 2004.

박석재, 『하늘에 길을 묻다』, 상생출판, 2013.

박시인, 『알타이신화』, 청노루, 1994.

박제상, 김은수 번역, 『부도지』, 한문화, 2002.

박창범, 『하늘에 새긴 우리역사』, 김영사, 2002.

베로니카 이온스, 임웅 옮김, 『인도신화』, 범우사, 2004.

주학연, 문성재 옮김, 『진시황은 몽골어를 하는 여진족이었다』, 우리역사연구재단,
          2009.

정재승, 『바이칼 한민족의 시원을 찾아서』, 정신세계사, 2003.

정형진, 『실크로드를 달려 온 신라왕족』, 일빛, 2005.

정태민, 『별자리에 숨겨진 우리역사』, 한문화, 2007.

제카리아 시친, 이근영 옮김, 『수메르 혹은 신들의 고향』, AK, 2009.

Асан Бахти, *Шумерлер Скифтер Кқр*, Көбаспасы, 2003.

ҚазақРу–Тайпаларының тарихы I–Том, Табын, Алаш, 2006.

ҚазақРу–Тайпаларының тарихы II–Том, Табын, Алаш, 2006.

ҚазақРу–Тайпаларының тарихы I–Том, Арғын, Алаш, 2007.

ҚазақРу–Тайпаларының тарихы II–Том, Арғын, Алаш, 2007.

ҚазақРу–Тайпаларының тарихы III–Том, Арғын, Алаш, 2007.

ҚазақРу–Тайпаларының тарихы I–Том, Найман, Алаш, 2008.

ҚазақРу–Тайпаларының тарихы II–Том, Найман, Алаш, 2008.

ҚазақРу–Тайпаларының тарихы III–Том, Найман, Алаш, 2008.

ҚазақРу–Тайпаларының тарихы IV–Том, Керейт, Алаш, 2008.

ҚазақРу–Тайпаларының тарихы XV–Том, Керейт, Алаш, 2014.

ҚазақРу–Тайпаларының тарихы VI–Том, Телеу, Алаш, 2006.

ҚазақРу–Тайпаларының тарихы XII–Том, Қаңлы, Алаш, 2008.

Мурад Аджи, *Европа Тюрки Великая степь*, Астрель, 2011.

Мурад Аджи, *Полынь Половецкого поля*, Астрель, 2011.

Олжас Сүлейменов, Атамзаманғы, *Түркілер: Ежелгі Түкі тілдері мен
    жазуының пайда болуы хақында*, Мауленова, 2011.

О. Жанайдаров, *Ежелгі Қазақстан мифтері*, аруна, 2009.

Самашев З., Базылхан Н., Самашев С., *Древнетюркские тамги көне түрік
    таңбалары*, abdi, 2010.

Халидуллин О. Х., *Қазақтың біртұтас шежіресі: Керей*, Алматы, 2005.

몽골문헌

Jack Weatherford, *The secret history of the Mongol queens: How the daughters of Genghis Khan rescued his empire*, 2012.

Purev Otgony, *Purvee Gurbadaryn, Mongolian Shamanism*, Ulaanbaatar, 2010.

Ш. Сүхбат, *Монгол бөөба ардын урлаг*, Улаанбаатар, 2013.

С. Дулам, *Жангар Туулийн түүхэн сурвалж*, Улаанбаатар, 2014.

일본문헌

久慈力, 『シルクロード渡来人が建国した日本: 秦氏, 蘇我氏, 藤原氏は西域から来た』, 現代書館, 2005.

Rabbi Marvin Takayer, 久保有政, 聖書に隠された日本－ユダヤ封印の古代史, 徳間書店, 1999.

皆神山すさ, 秦氏と新羅王伝説, 彩流社, 2010.

大和岩雄, 秦氏の研究: 日本の文化と信仰に深く関与した渡来人集団の研究, 大和書房, 1993.

林俊雄, グリフィンの飛翔: 聖獣からみた文化交流, 雄山閣, 2006.

林俊雄, ユーラシアの石人, 雄山閣, 2005.

지은이 김정민

1973년 서울 출생, 1970년대 중동건설 붐이 불던 시절 부모님을 따라 중동에서 10년을 살면서 많은 외국의 문물과 사람들을 처음 접하면서 역사와 문화에 관심을 가지게 되었다. 그 후, 대부분의 시간을 한국보다는 외국에 머무르면서 취미 삼아 현지의 음악과 문화자료를 수집하던 중, 한국과 유사한 것들이 많다는 것에 흥미를 느껴 자료를 모으기 시작하다 한국의 고대사와 유라시아 지역 국가들의 고대사가 하나로 연결되어 있다는 것을 발견, 본격적으로 연구를 시작하였다. 한국에서의 안락한 직장생활을 포기하고 2007년 카자흐스탄으로 유학을 결심하고 중앙아시아에 간 이후, 9년 동안 현지의 신화, 고대사, 역사책, 문화자료 등등을 수집하며 한국과의 연관성에 대해서 연구하고 있다. 현재 카자흐스탄, 몽골, 터키, 한국 등등을 돌아다니며 유라시아 국가들 간에 공동역사교과서를 만들기 위해 국제학술대회에서 범알타이-투르크 역사철학을 바탕으로 한 경제공동체 건설의 필요성을 발표하고 있다.

www.tengriinstitute.com